高等职业教育精品系列教材·财务会计类

企业财务分析

主　编　庄小欧
副主编　曾晓琴　简　单
参　编　兰玉卫　黄秋露

北京理工大学出版社
BEIJING INSTITUTE OF TECHNOLOGY PRESS

版权专有　侵权必究

图书在版编目（CIP）数据

企业财务分析 / 庄小欧主编. －－北京：北京理工大学出版社，2021.9（2021.10 重印）
ISBN 978－7－5763－0408－4

Ⅰ. ①企… Ⅱ. ①庄… Ⅲ. ①企业管理－会计分析 Ⅳ. ①F275.2

中国版本图书馆 CIP 数据核字（2021）第 197034 号

出版发行 / 北京理工大学出版社有限责任公司	
社　　址 / 北京市海淀区中关村南大街 5 号	
邮　　编 / 100081	
电　　话 /（010）68914775（总编室）	
（010）82562903（教材售后服务热线）	
（010）68944723（其他图书服务热线）	
网　　址 / http：// www.bitpress.com.cn	
经　　销 / 全国各地新华书店	
印　　刷 / 涿州市新华印刷有限公司	
开　　本 / 787 毫米 × 1092 毫米　1/16	
印　　张 / 15	责任编辑 / 王俊洁
字　　数 / 356 千字	文案编辑 / 王俊洁
版　　次 / 2021 年 9 月第 1 版　2021 年 10 月第 2 次印刷	责任校对 / 刘亚男
定　　价 / 45.00 元	责任印制 / 施胜娟

图书出现印装质量问题，请拨打售后服务热线，本社负责调换

前　言

面对经济的快速发展，集中反映企业经济活动信息的载体——财务报表，越来越受到社会各阶层的共同关注；"企业财务分析"也成为高职院校财经类专业的必修课程。为适应高职教育发展的需要，培养社会需要的应用型、技能型人才，我们编写了这本书。

本书以财务报表为基础，运用一系列专门分析方法，结合案例教学，系统阐述财务信息分析的基本框架、主要分析方法、主要财务指标计算及应用。学生通过学习本书，可进一步理解财务信息构成，掌握财务分析的主要方法，具备分析评价企业财务状况与发展潜力的能力，为实际工作夯实基础。

本书主要介绍了三部分内容：第一部分，介绍财务分析的基础知识与基本方法；第二部分，阐述根据财务数据进行计算分析的具体方法，介绍了企业偿债能力分析、资产营运能力分析、获利能力分析、获现能力（现金流量）分析及企业财务综合分析的主要指标及方法；第三部分，讲述财务分析报告撰写的格式、内容、方法，并结合案例进行分析。

本书由内江职业技术学院庄小欧任主编，负责全书的方案制定、大纲编写、审稿、总纂、定稿等工作；由内江职业技术学院曾晓琴、简单任副主编；具体编写工作由内江职业技术学院庄小欧、兰玉卫、曾晓琴、简单、黄秋露老师分工完成。

在编写过程中，我们与天风证券四川分公司艾忠海、万联证券内江分公司胡睿、四川泰信会计师事务所张健等多位企业专家合作，力求本书突出以下特点：

1. 内容新颖

本书按照最新的会计准则体系及相关法律法规编写，避免教学与实务脱节。

2. 强调案例教学的重要性

本书中包含企业财务分析的基本概念、分析方法与分析技巧；以上市公司甲公司的案例为主线进行分项分析，并穿插一些真实案例（案例均来自互联网公开信息），以加强学生对财务信息重要项目的理解，最后对甲公司作出综合评价，并撰写财务分析报告，有利于提高学生的分项分析及综合分析能力。

3. 观点鲜明、中心突出

"充分利用财务报表所揭示的财务信息进行分析，为信息使用者作出经济决策提供依据"，这是本书的中心思想；围绕这一中心思想，本书从多角度对财务信息进行分析，首先从基本内容入手，然后展开专项分析，进而进行综合评价，最后撰写分析报告。

4. 学以致用、学练结合

本书根据教学需要，让学生明确学习目标，各项目后有小结，并提供配套的复习思考题和习题,供学生练习,充分体现学以致用、学练结合的特点。

本书不仅可以作为高职高专财会专业学生的相关课程教材,还可以作为企业财务人员、经济管理人员、证券从业人员的进修、培训参考用书。

本书配套的电子教案、习题答案等教学资料可登录北京理工大学出版社网站下载,或以电子邮件形式向编者索取(邮箱9056783@163.com)。

在本书编写过程中,我们学习和参考了大量相关专著、教材和文献资料,借鉴了同行的研究成果,在此,谨向相关作者表示由衷感谢。由于编者水平有限,书中难免存在疏漏与错误之处,恳请读者批评指正,读者可通过电子邮件与编者联系(邮箱9056783@163.com),以便我们在再版修订时完善。

编 者

目 录

项目一 概论 ... 1
- 学习情景一 企业财务分析的含义 ... 2
- 学习情景二 企业财务分析职业道德素质要求 ... 4
- 学习情景三 企业财务分析的信息来源及分析的程序 ... 8
- 学习情景四 企业财务分析的基本方法 ... 22
- 学习情景五 企业财务分析的局限性 ... 31
- 知识小结 ... 32
- 复习思考题 ... 33
- 习题 ... 33

项目二 企业财务报表阅读与初步分析 ... 36
- 学习情景一 资产负债表的阅读与分析 ... 37
- 学习情景二 利润表的阅读与分析 ... 60
- 学习情景三 现金流量表的阅读与分析 ... 69
- 学习情景四 所有者权益变动表的阅读与分析 ... 75
- 学习情景五 财务报表的粉饰与识别 ... 77
- 知识小结 ... 83
- 复习思考题 ... 84
- 习题 ... 84

项目三 偿债能力分析 ... 91
- 学习情景一 偿债能力概述 ... 92
- 学习情景二 短期偿债能力主要评价指标及分析 ... 94
- 学习情景三 长期偿债能力评价指标及分析 ... 103
- 知识小结 ... 114
- 复习思考题 ... 115
- 习题 ... 115

项目四 资产营运能力分析 ... 119
- 学习情景一 资产营运能力概述 ... 120
- 学习情景二 资产营运能力主要评价指标及分析 ... 122
- 知识小结 ... 134
- 复习思考题 ... 135
- 习题 ... 135

项目五　获利能力分析 ··· 138
　　学习情景一　获利能力概述 ··· 139
　　学习情景二　营业获利能力评价指标及分析 ································· 142
　　学习情景三　资产获利能力评价指标及分析 ································· 153
　　学习情景四　投资获利能力评价指标及分析 ································· 157
　　知识小结 ·· 164
　　复习思考题 ··· 164
　　习题 ··· 164

项目六　现金流量分析 ··· 167
　　学习情景一　现金流量分析概述 ··· 168
　　学习情景二　现金流量趋势分析 ··· 171
　　学习情景三　现金流量结构分析 ··· 174
　　学习情景四　现金流量质量分析 ··· 177
　　学习情景五　现金流量财务比率分析 ······································· 179
　　知识小结 ·· 183
　　复习思考题 ··· 184
　　习题 ··· 184

项目七　企业财务综合分析 ··· 188
　　学习情景一　企业财务综合分析概述 ······································· 189
　　学习情景二　沃尔分析法 ·· 190
　　学习情景三　杜邦分析法 ·· 192
　　学习情景四　我国企业综合绩效评价体系 ································· 199
　　知识小结 ·· 204
　　复习思考题 ··· 204
　　习题 ··· 205

项目八　财务分析报告的撰写 ·· 207
　　学习情景一　财务分析报告概述 ··· 208
　　学习情景二　财务分析报告撰写 ··· 210
　　知识小结 ·· 215
　　复习思考题 ··· 215
　　习题 ··· 215

项目九　财务综合案例分析 ··· 220

参考文献 ··· 230

项目一

概 论

■ **知识目标**

1. 了解企业财务分析的概念、作用;
2. 了解财务分析人员应具备的道德素质与能力素质;
3. 熟悉企业财务分析主体及分析目的,明确分析依据及分析程序;
4. 掌握企业财务分析的比较分析法、比率分析法、因素分析法。

■ **能力目标**

1. 能辨析不同企业财务分析的主体进行财务分析的目的;
2. 能运用企业财务分析的程序开展财务分析工作;
3. 能运用企业财务分析的基本方法作出判断和评价。

■ **素质目标**

1. 正确认识财务分析在经济管理活动中的重要作用,养成财务分析人员的职业道德;
2. 提高学生对专业课程学习的积极性,提高学生运用所学知识为国家建设和社会服务的思想认识。

学习情景一 企业财务分析的含义

一、企业财务分析的概念

财务分析的概念

一般认为,企业财务分析是以财务报表和其他资料为依据,采用科学的评价标准和适用的分析方法,遵循规范的分析程序,通过对企业财务状况、经营成果和现金流量情况的分析比较,进而对企业的财务状况、经营情况及其绩效作出评价、判断,并以此为依据预测企业未来财务状况和发展前景的一项经济管理活动。

二、企业财务分析的作用

(一)评价企业偿债能力与获现能力

通过企业财务分析,可以掌握企业资本成本和资本结构是否合理、资金流动性是否顺畅、现金流量状况是否正常以及偿债能力是否充分等情况,并以此来评价企业财务风险的大小,为企业债权人、投资者、经营者提供有用的决策信息。

财务分析的作用

(二)评价企业获利能力

企业必须具有良好的盈利能力,才能得以生存发展,因此,企业应追求最大的获利能力。通过企业财务分析,可以从销售、投资等多角度对企业获利能力进行分析和评价,并据以预测企业经营风险的大小。

(三)评价企业资产营运能力

资产是企业进行生产经营活动的前提,其管理水平的高低直接影响着企业的偿债能力与获利能力。通过企业财务分析,可以对企业资产配置、利用水平及其周转情况等作出全面分析评价,并据此预测其对企业长远发展的影响程度。

(四)评价企业成本费用水平

企业获利能力的强弱,一方面受销售水平影响,另一方面还受成本费用水平影响。通过企业财务分析,可以对企业一定时期的成本费用情况作出全面分析评价,并对成本费用耗费的构成进行分析,找出成本费用增减变动的原因并据以控制成本费用的耗费。

(五)分析评价企业的发展潜力

企业的发展潜力是投资者、债权人等利益相关者进行合理投资、信贷和经营决策的重要依据。通过企业财务分析,可以根据企业偿债能力、获利能力、资产营运能力和成本费用控制水平等综合信息,对企业未来的发展潜力作出合理预测和客观评价,为企业利益相关者提供决策信息,避免因决策失误而造成损失。

三、企业财务分析的主体及目的

企业财务分析的主体及目的

企业财务分析的主体即财务信息使用者,主要包括投资者、债权人、经营者、政府机构及其他与企业有利益关系的人。

从总体来看,财务信息使用者进行财务分析目的是通过财务报表提供的会计信息,揭示数字背后的信息,了解企业生产经营状况和未来发展趋势,以获取对自己有用的信息,为经济决策提供依据。

在现代社会中,经济关系复杂多变,人们设立公司、开办厂矿、购买债券、投资股票、求职、跳槽……几乎每一个自然人都在充当以上一个或多个角色,而这些经济活动都需要事先了解企业财务信息,因此,从结构上看,财务信息使用者构成复杂,几乎涵盖社会各阶层、各行业;而不同的信息使用者对财务分析的目的各有侧重。

(一)投资者进行财务分析的目的

投资者包括企业所有者和潜在投资者。

作为企业产权所有者,投资者即使不直接参与企业经营管理,也与企业利益休戚相关,他们进行企业财务分析的目的是了解企业的获利状况,因为获利能力是投资人获取报酬的关键。由于投资者向企业提供的是没有规定期限的永久性资本而非短期资本,因而只关心获利能力还不够,为确保资本增值保值,他们还要研究企业的权益结构、股利支付能力及营运状况;只有投资者认为企业有良好的发展前景,才会保持或增加投资,潜在投资者才愿意把资金投入企业。

较高的获利水平不一定意味着向投资者分配较多的利润,这与企业的利润分配政策有关。有些企业可能会一贯采用高利润分配政策,而另一些企业可能会一贯采用低利润分配政策,更多企业会根据实际情况调整利润分配政策;因此,投资者还必须注意分析评价企业的利润分配政策。

综上所述,投资者的财务分析目的包括评价企业获利能力、评价企业长期发展的可能性、分析企业利润分配政策。其最终目的是进行合理的投资决策。

(二)债权人进行财务分析的目的

债权人包括企业借款的银行及金融机构以及购买企业债券的单位和个人等。

资金是企业经营的基本条件,企业资金来源有两大渠道:一是吸收投资,二是负债;一个企业没有负债,并不能说明成功,只说明经营者不会利用财务杠杆获取利润;但过度负债会影响企业生存发展,因此,负债应适度。

债权人从各自经营及收益目的出发,愿意将资金借给企业;同时,出于对资金和收益安全性的考虑,很关心企业的偿还能力和信用关系,因为债务人的偿债能力是债权人权益得以实现的根本保证。一般情况下,债权人不仅要求本金能及时收回,还要求得到相应的报酬或收益(即利息);而收益的大小又与其承担的风险成正比,通常偿还期越长,风险越大;因此短期债权人与长期债权人财务分析的角度又有不同:短期债权人主要关心企业资产流动性及短期偿债能力,长期债权人则更关心企业偿还长期负债及支付债务利息的能力。

综上所述,债权人进行财务分析的主要目的有两个:一是分析其债权是否能及时足额收回,即研究企业偿债能力强弱;二是分析企业的获利能力与风险程度是否相配比。其最终目的是进行合理的信贷决策。

(三)经营者进行财务分析的目的

经营者主要指企业经理及各分厂、部门的管理人员。

企业经营者进行财务分析的目的是多方面的,从对所有者负责的角度看,他们首先关心的是企业的获利能力;除此之外,还关心获利的原因与过程,如管理的质量和效率如何、财务结构及其风险如何、资源配置是否便利有效、未来发展趋势和前景如何等。其目的是及时发现生产经营中存在的问题与不足,并采取有效措施解决这些问题,使企业能充分利用现有资源实现更多盈利并使企业盈利能力保持持续增长。其最终目的是提高资本营运能力,保证企业的可持续经营。

（四）政府有关部门进行财务分析的目的

政府有关部门主要指政府中管理经济的综合经济管理部门和专业经济管理部门，包括中央和地方各级政府部门，如国家发展计划委员会、国家经济贸易委员会、工商、财政、税务以及审计等部门。

政府部门肩负着宏观经济调控的职能，其职能的实现需要相应的信息系统支持，而企业财务信息则是其中的重要组成部分。政府面对的不仅是单个的企业，还面对企业整体；其对企业整体财务状况的了解，又主要通过对单个企业的财务信息汇总而实现。政府部门最关注的是国家资源的配置和运用情况以及企业经营的经济效果和社会效果，其进行企业财务分析的目的的两个：一是监督检查国家各项经济政策、法规、制度在企业的执行情况；二是保证企业财务信息的真实性、准确性。其最终目的是为宏观经济决策提供可靠信息。

（五）业务关联单位进行财务分析的目的

业务关联单位主要指企业供应商、客户等。

企业从事生产经营活动，必然与其他企业发生业务联系。这些单位出于保护自身利益的需要，非常关心往来企业的财务状况和经营情况，要对对方企业进行财务分析。他们在分析时最关注的是企业的信用状况，包括商业信用和财务信用。商业信用是指按时、按质完成各种交易的行为；财务信用则指企业能够及时清算各种款项。通过企业财务分析，可以判断对方企业的支付能力和偿债能力，了解企业完成交易的情况并分析原因，评估企业财务信用状况，进而追溯企业商业信用状况。其最终目的是保证交易安全，维护自身利益。

（六）企业内部职工进行财务分析的目的

企业内部职工是直接利益相关者。企业的现在和将来、生存和发展、经营和理财、财务状况的好和坏，都直接影响职工的切身利益，因此，职工必然关心企业的发展情况。他们最关注的是企业为其所提供的就业机会及其稳定性、劳动报酬高低和职工福利好坏等方面的信息，而这些信息又与企业债务结构和盈利能力密切相关。企业内部职工除需要分析企业资本结构和获利能力外，还需分析职工福利情况，其最终目的是帮助自己作出合理的就业决策。

学习情景二　企业财务分析职业道德素质要求

中共中央办公厅印发的《关于培育和践行社会主义核心价值观的意见》中指出："把培育和践行社会主义核心价值观落实到经济发展实践和社会治理中。"要求："开展各项生产经营活动，要遵循社会主义核心价值观要求，做到讲社会责任、讲社会效益、讲守法经营、讲公平竞争、讲诚信守约，形成有利于弘扬社会主义核心价值观的良好政策导向、利益机制和社会环境。""要注重经济行为和价值导向有机统一，经济效益和社会效益有机统一，实现市场经济和道德建设良性互动"。

在企业财务分析工作中，落实社会主义核心价值观的具体体现是：在财务分析工作中遵循财务工作职业道德要求，做到独立、客观、公正。

一、财务分析人员应具备的素质要求

财务分析人员的职业道德素质概念比较抽象，有些财务人员对此认识比较模糊，导致其在国家、社会公共利益与单位和个人利益发生冲突时，不能坚持原则，利用职务之便为违反

财经法规的行为出谋献策，或为满足个人私欲行欺骗之实，有意提供一些与单位实际情况不符的分析结果，直接影响信息使用者的决策。

（一）财务分析人员应具有的思想政治素质

企业财务分析职业道德素质要求

思想政治素质决定一个人的价值取向，它是财务分析人员综合素质的重要组成部分，主要包括思想观念、价值取向、政策水平、职业道德等方面，人的行为是由其思想所支配的，只有正确的思想，才会有正确的行为。具体来说，财务分析人员应具有的思想政治素质有两点：一是要树立科学的世界观、人生观、价值观；二是要具有强烈的事业心和高度的责任感、使命感，认真履行岗位职责，扎扎实实地搞好本职工作，把财务工作视为自身的一种需要和自我价值的体现，使自己的人生价值在工作中升华。

> 【名言警句】
> 兴亡有责，况在国家。忠贞报国，振我中华。
> ——郑观应《招商局公学开学训词》

（二）财务分析人员应具有的职业道德素质

1. 忠于职守、尽职尽责

1）财务分析人员要忠实于服务主体

财务分析人员不仅要客观真实地反映企业的经济活动状况，还应积极参与经营和决策，参与资金的有效运作。

2）财务分析人员要忠实于社会公众

财务分析人员要正确真实地为社会公众提供被分析企业有关的信息，以便让投资者、债权人及其他社会公众获取客观真实的财务信息，从而进行正确判断和经济决策。

3）财务分析人员要忠实于国家

任何一个法人组织的经济活动都是整个国民经济的组成部分，其经济活动是否合理、合法，都直接或间接地影响着国家的财政收支；财务数据是否真实、完整、准确，影响着国家宏观经济调控的决策。因此，财务分析人员忠实于国家，实际上是对社会整体利益负责，也是衡量会计人员是否称职的基本标准。

> 【名言警句】
> 只有热爱自己祖国，了解本族人民，为自己所属的民族而自豪的人，才能给世界文化带来民族的贡献，使它成为全世界的文化财富。
> ——俄·屠格涅夫《屠格涅夫评传》

4）财务分析人员要尽职尽责

尽职尽责就是要有务实的工作态度和工作作风。财务分析工作是一项政策性、技术性都很强的专业工作，它影响各类财务信息使用者的预、决策判断，影响企业经济控制水平和经济成效，所以财务分析人员要尽职尽责。

2. 诚实守信

财务分析人员诚实守信的道德观念如何，将直接影响财务分析结果的真实性和完整性。

财务分析人员应根据实际经济业务数据，真实正确地进行分析，如实反映被分析企业的真实情况，不为他人所左右，也不因个人好恶而取舍，更不能为牟取个人或小集团私利而弄虚作假。

3. 廉洁自律

1）树立正确的人生观和价值观

人生观即人生价值观，是人们对人生目的和意义的总的看法和观点，其核心是人生价值问题。价值观是指人们对于价值的根本观点和看法，是世界观的一个重要组成部分。包括对价值的本质、功能、创造、认识、实现等有关价值的一系列问题的基本观点和看法。财务分析人员应树立科学的价值观和人生观，自觉抵制享乐主义、个人主义、拜金主义等错误思想，这是财务分析人员在工作中做到廉洁自律的思想基础。

2）公私分明，不贪不占

公私分明即严格划分公私界限，公是公，私是私。不贪不占，要求会计人员不贪、不与人同流合污。廉洁自律的天敌就是贪欲，会计人员因其职业特点，最易犯的就是贪欲。一些财务分析人员利用职务之便贪图金钱和物质上的享受，自觉或不自觉地利用职业特权行贪，有的被动受贿，有的主动索贿、贪污、挪用，有的监守自盗，有的集体贪污，还有的以权谋私。犯贪欲的根本原因是财务分析人员忽视了世界观的自我改造，放松了道德的自我修养，弱化了职业道德的自律。

3）遵纪守法，一身正气

财务分析人员要做到遵纪守法，正确处理职业权利与义务的关系，增强抵制行业不正之风的能力，勇于承担责任，履行义务。同时，不贪污，不损公肥私，做到一身正气，两袖清风。

4. 客观公正

客观公正的基本要求主要有以下三点：

1）依法办事

依法办事，认真遵守法律法规，是财务分析人员工作保持客观公正的前提。遵守会计准则既是会计人员依法办事的核心内容，又是胜任本职工作的基础。财务分析人员进行分析，需要熟悉并依据《会计法》《企业会计准则》等法律、法规和制度进行业务处理，只有熟练掌握并严格遵守会计法律法规，才能客观公正地分析财务数据。"没有规矩，不成方圆"，它要求财务分析人员熟悉并正确运用准则，具有高超的职业技能和足够的专业胜任能力，要不断学习，刻苦钻研，锲而不舍，精益求精，在工作中不唯情、不唯钱，只唯法。

2）实事求是

一切从实际出发，就是从客观存在的事实出发，这是实事求是最基本的内容，也是实事求是的前提和基础，更是实事求是的出发点。财务分析人员要时刻清醒地认识到自己肩负的重任，认识到诚信是对社会的一种基本承诺，要以客观事实为基准，不偏不倚地把真实的财务状况反映出来，为财务信息使用者提供准确信息。

3）如实反映

要做到客观公正，就必须如实反映问题，这样才能做到客观，如果掺杂个人主观意愿，就很难做到公正。所以，如实反映是客观公正最基本的要求。

（三）财务分析人员应具备的文化素质

（1）财务分析人员应具有扎实的会计理论基础和娴熟的实务技能，例如逻辑方法、实证法、比较法和系统科学法，还有一些获取感性知识的方法，如数学、统计方法、历史方法和经验方法等，将各种方法灵活、多变、系统地综合运用，为财务信息使用者服务，用理论来指导实践，发展实践。

（2）财务分析人员应具备经济学、管理学、财务管理、国家金融与贸易、投资学等综合知识。因为财务工作是一种特殊行为，要想很好地参与国际合作，增强国际竞争能力，就必须密切关注和理解各种法律法规、经济政策、发展形势等。

（四）财务分析人员应具备的身体素质与心理素质

周恩来在《我的修养要则》中说："健全自己的身体，保持合理的规律生活，这是自我修养的物质基础。"健康的身体、旺盛的精力，是财务工作者做好财务分析工作的基本条件。财务分析工作纷繁复杂，时常夜以继日，连续工作，没有良好的身体素质是顶不住的。

财务分析人员的心理素质包括意志心理素质和能力心理素质，这是高效工作的强力支撑。面对日趋激烈的行业竞争，财务分析人员不可避免地面临知识经济时代到来的心理问题，加之处于一种相对"静"而紧张的工作环境，容易产生心理疾患。财务分析人员心理素质的差异会导致财务行为的差异，从而形成不同质量的分析信息。因此，财务分析人员需要始终保持一种平和的心态，宠辱不惊、遇事沉稳、保持理智、学会自我调节。

（五）财务分析人员应具备的工作作风

财务分析人员在工作中要有开放式的胸襟，乐意吸收新思想，接受新事物，具有创新能力；具有坚韧顽强、不怕挫折、适应环境变化的意志和品质，具有积极进取、自强不息的人生态度及良好的团队意识。

> 【名言警句】
> 所谓修身在正其心者，身有所忿懥，则不得其正，有所恐惧，则不得其正，有所好乐，则不得其正，有所忧患，则不得其正。心不在焉，视而不见，听而不闻，食而不知其味。此谓修身在正其心。
> ——汉·戴圣《礼记·大学》

二、财务分析人员应具备的能力要求

（一）立体经济知识

在市场经济时代，经济一体化对财务分析人员提出了更高的要求。

1. 宏观形势的理解能力

财务分析人员应具备理解市场经济内涵、把握经济发展脉搏的能力。了解国际国内宏观经济政策形势，把握国际国内经济发展趋势，理顺宏观经济和微观经济的关系，提高对经济政策的理解能力和企业战略决策能力。面对工作中出现的新问题，财务分析人员要有应对措施和正确、具体的处理方法，以适应新的工作模式和理财环境，能根据经济活动的变化，相应地调整财务分析模式，使分析工作适应经济环境。

2. 职业判断能力

随着会计准则的国际化（38项企业会计准则、38项审计准则等），财务分析人员职业判断的空间不断增大。例如关于资产减值的问题，会计准则规定了8项资产减值准备，企业的资产项目如果发生减值，就要提取减值准备。但如何判断企业的某项具体资产减值了多少，统一的会计准则只能规定基本原则和基本方法，企业可根据具体情况判断资产是否发生了减值，应计提多少减值准备；除了对于资产减值项目需要职业判断外，对于收入和预计负债项目，也需要根据职业判断来计量，作为财务分析人员，应有敏锐准确的职业判断能力，判断被分析企业账面数据的准确性及其真实财务状况，提高财务分析信息质量。

3. 财务管理能力

在市场经济环境下，资本市场得到大力发展，企业所处的经济环境、法律环境、信用环境日趋完善，投融资渠道、工具、方式多种多样，企业财务分析人员的工作有了大显身手的空间和机会，所以，财务分析人员要有较强的财务管理能力，对企业的经营活动进行汇总与解析，协助企业建立具有实质竞争力的服务，甚至能为企业经营创造价值。

4. 内部控制能力

近些年，国际国内的重大财务舞弊案件时有发生，企业内部控制越来越受到重视。财政部陆续发布了一系列规范，如货币资金控制规范、销售与收款控制规范、工程项目控制规范等，对企业建立内部规范控制体系进行规范和指导。作为财务分析人员，应具备内部控制的驾驭能力，有能力承担起企业内部规范体系的建立和实施等工作，把敏感的环节和岗位控制住。

5. 综合分析能力

通过财务数据对企业进行全面、透彻、综合的分析，是财务分析人员应具备的基本能力。财务分析人员应了解企业的生产经营流程，利用财务报告等信息资料，结合企业管理中的落后环节和存在的主要问题，提出改进措施和建议。

（二）内外协调的能力

由于企业财务分析很多时候是一项需由多方协作支持完成的工作，作为合格的财务分析人员，不仅需要全面的会计知识、法律知识、经济知识，而且需要内外协调的能力。这种能力包括两个方面：一是对内的组织、协调、沟通能力；二是对外的协调和沟通能力。为保证财务分析的质量，财务分析人员要组建分析团队，与企业采购、生产、保管、销售以及科研等环节和部门的人员来往，有时还需与税务、工商、银行等机构协调，才能全面、系统、总括地了解企业的经营情况，通过对经济活动的分析和汇总，最终向财务信息使用者提供准确完整的数据资料作为决策依据。

> 【名言警句】
> 业精于勤，荒于嬉；行成于思，毁于随。
> ——唐·韩愈《进学解》

学习情景三　企业财务分析的信息来源及分析的程序

一、企业财务分析的信息来源

企业财务分析的信息来源即进行财务分析所依赖的资料及其取得的途径。

取得财务分析所需的资料是财务分析的基础和不可缺少的环节，它对

企业财务分析的信息来源

于保证财务分析工作的顺利进行、提高财务分析的质量和效果具有重要作用。进行财务分析的信息来源很多，根据分析的目的与分析的内容不同，使用的信息资料来源也可能不同。财务分析的信息资料来源可分为企业信息资料、行业信息与产业政策、宏观经济政策与信息。其中，企业信息资料可以进一步分为企业公开信息资料和企业内部信息资料，企业公开信息资料可供企业内部和外部分析人员使用，企业内部信息资料主要供企业内部分析人员使用。

（一）企业公开信息资料

企业公开信息资料是企业公开对外发布的信息资料，主要包括企业对外公开披露的财务报表、管理层的讨论与分析、审计报告、股东大会和董事会发布的各项公告（如招股说明书、配股说明书、临时公告、会议公告等）。

1. 企业财务报表

财务报表是企业向外传递财务信息的主要途径，是进行企业财务分析的主要依据，也是企业公开信息的重要组成部分。

《企业会计准则——基本准则》和《企业会计准则第30号——财务报表列报》中规范了财务报表的概念，明确了通用财务报表的组成及列报要求。准则中明确指出，财务报表是对企业财务状况、经营成果和现金流量的结构性表述；财务报表至少应当包括资产负债表、利润表、现金流量表、所有者权益（或股东权益）变动表和附注。

财务报表可根据需要，按不同标准进行分类。

1）按反映的经济内容不同，可分为静态财务报表和动态财务报表

静态财务报表是反映企业一定时点财务状况的报表，如资产负债表；动态财务报表是反映企业一定时期内资金耗费和资金收回情况的报表，如利润表和现金流量表。

2）按编报期间的不同，可分为中期财务报表和年度财务报表

中期财务报表是以短于一个完整会计年度的报告期间为基础编制的财务报表，包括月报、季报和半年报等，中期财务报表至少应当包括资产负债表、利润表、现金流量表和附注（小企业编制的报表可以不包括现金流量表）；年度财务报表（年报）是指年度终了提供的财务报表。

一般情况下，月报要求简明扼要，及时反映企业的情况；年报要求揭示完整、反映全面；季报和半年报在提供会计信息的详细程度上，介于月报与年报之间。

3）按编报单位的不同，可分为单位财务报表和汇总财务报表

单位财务报表是指企业编制的反映单位本身财务状况和经营成果的报表；汇总财务报表是由企业主管部门或上级机关，根据所属单位报送的财务报表，连同本单位财务报表汇总编制的综合性财务报表。

4）按编报主体的不同，可分为个别财务报表和合并财务报表

个别财务报表是由企业在自身会计核算基础上对账簿记录进行加工而编制的财务报表，主要反映企业自身的财务状况、经营成果和现金流量情况；合并财务报表是以母公司和子公司组成的企业集团为会计主体，根据母公司和所属子公司的财务报表，由母公司编制的综合反映企业集团财务状况、经营成果及现金流量的财务报表。

5）按服务对象的不同，可分为内部财务报表和外部财务报表[①]

内部财务报表是指为适应企业内部经营者管理需要而编制的财务报表，这类报表不对外

---

① 亦有观点认为，财务报表仅指外部报表，不包括内部报表。

公开，没有国家统一规定的格式、内容，也没有统一的指标体系，如产品成本表、存货明细表等；外部财务报表是企业向外提供，供政府部门、其他企业和个人使用的财务报表，这些报表的编制要遵循公认的会计准则和制度规定。

2. 企业公布的其他信息资料

企业公布的其他公开资料较多，与信息披露制度相关的资料，如审计报告、招股说明书、上市公告书、临时公告等，在财务分析过程中应该予以关注。

1）审计报告

审计报告是注册会计师根据审计准则的规定，在实施审计工作的基础上对被审计单位财务报表发表审计意见的书面文件。审计报告分为标准审计报告和非标准审计报告。标准审计报告是注册会计师出具的无保留意见的审计报告，不附加说明段、强调事项段或任何修饰性用语。非标准审计报告是指标准审计报告以外的其他审计报告，包括带强调事项段的无保留意见的审计报告和非无保留意见的审计报告。非无保留意见的审计报告包括保留意见的审计报告、否定意见的审计报告和无法表示意见的审计报告。

注册会计师发表非标准审计报告时，通常会在审计报告的意见段或说明段中进行阐述。由于注册会计师能够接触到企业的原始凭证、记账凭证、账簿、经济合同等第一手资料，站在独立的角度对财务报表的合法性、公允性发表意见。因此，注册会计师出具的审计报告对报表信息使用者而言具有很大的价值，特别是当审计报告为非标准审计报告时，财务分析人员要给予其高度重视。

2）招股说明书和上市公告书

招股说明书是股票发行人向证监会申请公开发行股票的申报材料的必备部分，是向公众发布的旨在公开募集股份的规范性文件。它是社会公众了解发起人和将要设立公司的情况、作出购买公司股份决策的重要依据。公司首次公开发行股票，必须制作招股说明书。招股说明书通常载明本次发行概况、风险因素、发行人基本情况、业务和技术、同业竞争与关联交易、公司董事、监事、高级管理人员与公司治理结构、财务会计信息、业务发展目标、募股资金运用、发行定价及股利分配政策等事项。招股说明书经政府授权部门批准后，即具有法律效力，由发起人通过新闻媒介予以公告，以便社会公众知晓。

上市公告书是发行人于股票上市前，向公众发行与上市有关事项的信息披露文件。公司股票获准在证券交易所交易之后，需公布上市公告书。上市公告书除包括招股说明书的主要内容外，还包括以下内容：发行人对公告内容的承诺；股票上市情况；发行人、股东和实际控制人情况；股票上市前已发行股票的情况；招股说明书刊登日至公告书刊登日发生的重要事项；上市保荐人及其意见。

招股说明书和上市公告书对企业各主要方面的情况披露比较充分，是进行财务分析特别是企业外部人士进行财务分析可供参考的重要资料。

3）临时报告

临时报告是指上市公司在发生法定重大事件时对有关情况的报告。

在证券交易所的交易中，有关上市公司的信息特别是一些重要事项的信息，会对股票价格产生重大影响。为使投资者能更多了解上市公司的有关信息，防止造成证券交易中的不公平，《中华人民共和国证券法》规定，上市公司在发生法定的重大事件时应当制作临时报告。所谓法定的重大事件，是指可能对上市公司股票交易价格产生较大影响而投资者尚未得知的事件，具体包括以下内容：公司经营方针和经营范围的重大变化；公司重大投资行为和重大购置财产的决定；公司订立重要合同；公司发生重大债务和未能清偿到期重大债务的违约情况；公司生产经营的外部条件发生重大变化；公司的董事、1/3 以上监事或者经理发生变动；公司减资、合并、分立、解散及申请破产的决定；或者依法进入破产程序、被责令关闭等。

临时报告披露的内容，由于其突发性特点，往往不包含在已经公布的财务报告中。但这些事项有可能对企业未来的经营活动与财务状况产生重大影响，企业财务分析过程中需要给予高度重视。

（二）企业内部信息资料

企业内部信息资料是指企业未对外公开披露的各种生产经营活动资料，如会计核算明细资料、成本费用资料、统计资料、业务活动资料、计划与预算资料等。企业财务活动受业务活动的影响与制约，财务报表提供的信息，只是对企业生产经营活动的综合概括说明。仅仅只依赖企业对外公开信息进行分析，无法满足企业改善管理的需要。例如，会计报表反映出的存货量过大、存货周转速度慢这一现象，其原因可能是销售不畅引起的，也可能是生产技术出现问题且企业质量管理水平不高导致存货积压，也可能是仓储管理不善导致产品毁损，或者是企业采购缺乏计划性，导致采购量过多等。不论是何种情况，仅仅依靠财务报表的信息，无法对原因作出说明。外部分析者由于无法取得内部信息，也无法作出准确判断。企业管理者或企业内部分析人士，则可以通过查看存货及其相关信息，作出准确判断。企业内部信息资料对于企业管理者和企业内部分析人士来说显得尤为重要。

（三）行业信息与产业政策

企业的财务特点受制于行业特点，财务分析人员对企业财务状况的优劣评价，要结合行业特点和横向类比进行判断。财务分析人员对企业进行财务分析，要熟悉行业特点，掌握行业的一般财务指标特征。例如房地产开发企业，其资产负债率可能比一般行业高，商业企业的存货周转速度要远远高于制造业企业等。收集行业信息，要更多地收集行业标准、行业经验值、行业典型企业的财务值等。财务分析人员对于不熟悉的行业，应从理解行业特点、业务流程、行业环境、发展动态等环节入手。

产业政策是政府为了合理调配经济资源、实现特定经济和社会目标而对特定产业实施干预的政策和措施。特定的产业政策面向特定产业，对产业内的企业发挥作用。产业政策按照其作用方向，可分为产业扶植政策、产业规范政策和产业抑制政策。

产业扶植政策是指运用财政、金融、价格、贸易、政府购买和行政等手段，扶植和保护幼稚产业、主导产业等特定产业发展的政策，它的功能在于倾斜性地为特定产业提供资源并扩大市场。产业规范政策是指为了环保、安全、保护战略资源等经济社会发展需要，规范产业发展方式和发展方向的产业政策。产业抑制政策是指为了供求平衡、环保、安全等原因短期性或长期性地抑制甚至禁止一定产业发展的政策。

产业政策会改变社会经济资源在产业之间和产业内的分配，对企业发展和生产经营活动会产生重要影响，从而改变企业的财务状况和经营成果。国家实行固定资产投资项目资本金制度，对不同行业固定资产投资资本金比例的改变，会影响到相关行业的资本结构、资产负债率，会改变企业的财务风险。国家对特定行业实行淘汰落后产能的政策，会压缩行业内中小企业的生存空间，提高产业集中度，对产业内的大企业和技术先进企业而言，则意味着扩大市场空间。财务分析人员进行财务分析，必须关注产业政策的变化与调整，及其对产业内不同企业的影响。

（四）宏观经济政策与信息

宏观经济政策是指政府调节宏观经济运行的政策与措施。宏观经济政策主要着眼于经济增长、稳定物价、促进就业等目标。它包括财政政策、金融政策和收入分配政策等。宏观经济政策的变化，最终会改变企业的财务运行过程和结果。

财政政策是指政府运用支出和收入来调节总需求、控制失业和通货膨胀、实现经济稳定增长和国际收支平衡的政策。财政政策包括财政支出（政府购买和政府转移支付）、政府税收、国债等。在财政政策中，税收政策对企业的影响最直接。政府会根据经济运行情况和财政政策的特点不断调整国家财政政策。国家财政政策的调整，会直接或间接地影响到企业。国家实行积极财政政策时，财政支出会扩大，社会消费能力会增强，经济增长速度会加快（或经济下降速度会减缓），物价会回升。而国家实行紧缩财政政策时，则会出现相反的效应。财政政策的变化，对不同企业会造成不同的影响。

金融政策是指中央银行为实现宏观经济调控目标而采用各种方式调节货币、利率和汇率水平，进而影响宏观经济的各种方针和措施的总称。金融政策一般是稳定货币供应、维护金融秩序，进而实现经济增长、物价稳定、充分就业和国际收支平衡。它主要包括货币政策、利率政策和汇率政策。

货币政策是指中央银行为实现特定的经济目标而采用的各种控制和调节货币、信用及利率的方针和措施的总称。货币政策分为一般性货币政策和选择性货币政策。前者包括法定存款准备金制度、再贷款、再贴现业务和公开市场操作，后者主要有消费者信用控制、证券市场信用控制、不动产信用控制、信贷配给直接信用控制等。

利率政策是中央银行调整社会资本流通的手段。利率的变化会改变居民的储蓄与消费水平、社会资本的流量与流向、企业的融资与投资策略，可以在一定程度上调节产品结构、产业结构和整个经济结构。

汇率政策对于国际贸易和国际资本流动具有重要的影响，汇率变化对出口型企业和依赖进口的企业会产生不同的影响。

宏观经济信息是国民经济运行情况的信息。宏观经济信息反映了经济运行的一般状况。物价指数、社会商品零售总额、固定资产投资规模、货币供应量、贷款总额、工业品出厂价格、生产用电量、就业人数等指标，都属于宏观经济信息。宏观经济信息的主要来源为宏观经济统计报告。财务分析人员在进行财务分析的过程中，对企业未来发展前景的判断、财务风险大小的预测等，有时需结合宏观经济信息作出正确判断。

以上各类财务分析信息来源中，企业内部信息资料无统一格式、内容及指标，且企业外部信息使用者很难获取此类信息，故本书主要以企业公开信息资料中的对外财务报表为信息基础介绍财务信息阅读与分析的方法，分析过程中辅以产业政策、宏观经济政策等信息。内部财务信息阅读分析的原理、方法与之相同。

二、甲公司案例资料

为方便学习，本书以上市公司甲股份有限公司（该公司系我国上市企业，以下简称甲公司）年度财务报表为信息基础，系统介绍其阅读分析方法，现将主要分析依据介绍如下：

（一）资产负债表

资产负债表是反映企业在某一特定日期财务状况的会计报表。

【案例资料一】甲公司2××6—2××9年年末的资产负债表如表1-1所示。（因分析需

要,表1-1中金额栏列示2××6—2××9年连续四年年末余额,实务中资产负债表金额栏列示"期末余额""年初余额"两列)

表1-1 资产负债表

会企01表
编制单位:甲公司　　　　　　　　　　　　　　　　　　　　　　　　单位:万元

资产	2××6年	2××7年	2××8年	2××9年	负债和股东权益	2××6年	2××7年	2××8年	2××9年
流动资产:					流动负债:				
货币资金	44 273	47 906	84 710	24 229	短期借款				
交易性金融资产					交易性金融负债				
应收票据	83 922	50 150	50 130	73 538	应付票据				
应收账款	20 983	14 417	25 869	21 076	应付账款	2 991	3 046	16 995	18 423
预付款项	20 700	4 938	1 583	998	预收款项				
应收利息					应付职工薪酬	121	445	155	155
应收股利	7 664	10 470	74 140	51 766	应交税费	4 425	666	1 400	-1 482
其他应收款	782	92	233	122	应付利息				
存货	5 476	13 231	1 020	3 396	应付股利		166	166	166
一年内到期的非流动资产					其他应付款	1 084	1 219	619	2 196
其他流动资产					一年内到期的非流动负债	13 836			
流动资产合计	183 800	141 204	237 685	175 125	其他流动负债				
非流动资产:					流动负债合计	22 457	5 542	19 335	19 458
可供出售金融资产			1 408	358	非流动负债:				
持有至到期投资					长期借款	100 000	100 000	100 000	100 000
长期应收款					应付债券				
长期股权投资	366 615	412 816	297 687	363 920	长期应付款				
投资性房地产					专项应付款	137			
固定资产	25 713	24 255	22 743	20 054	预计负债				
在建工程	117	142	562	658	递延所得税负债			239	41
工程物资					其他非流动负债				
固定资产清理					非流动负债合计	100 137	100 000	100 239	100 041
生产性生物资产					负债合计	122 594	105 542	119 574	119 499
油气资产					股东权益:				
无形资产	6 219	5 685	6 389	5 810	实收资本(或股本)	119 647	119 647	133 852	133 852
开发支出					资本公积	193 372	193 421	241 519	240 666
商誉					减:库存股				
长期待摊费用					盈余公积	74 869	77 605	37 541	40 289

续表

资产	2××6年	2××7年	2××8年	2××9年	负债和股东权益	2××6年	2××7年	2××8年	2××9年
递延所得税资产			247	576	未分配利润	71 982	87 887	34 235	32 195
其他非流动资产					股东权益合计	459 870	478 560	447 147	447 002
非流动资产合计	398 664	442 898	329 036	391 376					
资产总计	582 464	584 102	566 721	566 501	负债和股东权益总计	582 464	584 102	566 721	566 501

(二) 利润表

利润表是反映企业在一定会计期间经营成果的会计报表。

【案例资料二】 甲公司 2××7—2××9 年度利润表如表 1-2 所示。（因分析需要，表 1-2 中金额栏列示 2××7—2××9 年连续三年数额，实务中利润表金额栏列示"本期金额""上期金额"两列）

表 1-2 利润表

编制单位：甲公司　　　　　　　　　　　　　　　　　　　　　　　　会企 02 表
　　　　　　　　　　　　　　　　　　　　　　　　　　　　　　　　单位：万元

项目	2××7年度	2××8年度	2××9年度
一、营业收入	177 033	221 673	242 100
减：营业成本	148 083	180 154	183 001
税金及附加	671	751	1 161
销售费用	10 925	14 840	23 566
管理费用	11 669	11 228	12 702
财务费用	-440	61	-1 887
资产减值损失	-688	610	569
加：公允价值变动收益（损失以"-"号填列）			
投资收益	30 094	96 513	7 804
其中：对联营企业和合营企业的投资收益			
二、营业利润（亏损以"-"号填列）	36 907	110 542	30 792
加：营业外收入	181	621	125
减：营业外支出	313	5	
其中：非流动资产处置损失			
三、利润总额（亏损总额以"-"号填列）	36 775	111 158	30 917
减：所得税费用	1 163	2 413	3 439
四、净利润（净亏损以"-"号填列）	35 612	108 745	27 478
五、每股收益：			
（一）基本每股收益	0.158 元	0.481 元	0.122 元
（二）稀释每股收益	0.158 元	0.481 元	0.122 元

（三）现金流量表

现金流量表是反映企业在一定会计期间现金及现金等价物流入和流出的报表。

【案例资料三】 甲公司 2××6—2××9 年度现金流量表如表 1-3 所示。（因分析需要，表 1-3 中金额栏列示 2××6—2××9 年连续四年数额，实务中现金流量表金额栏列示"本期金额""上期金额"两列）

表 1-3　现金流量表

会企 03 表
单位：万元

编制单位：甲公司

项目	2××6 年度	2××7 年度	2××8 年度	2××9 年度
一、经营活动产生的现金流量：				
销售商品、提供劳务收到的现金	90 924	138 016	96 399	116 454
收到的税费返还				
收到其他与经营活动有关的现金	1 103	63	851	3 450
经营活动现金流入小计	92 027	138 079	97 250	119 904
购买商品、接受劳务支付的现金	33 558	25 051	22 552	35 909
支付给职工以及为职工支付的现金	2 721	3 333	5 841	13 477
支付的各项税费	10 010	8 688	9 693	17 866
支付其他与经营活动有关的现金	12 105	18 216	13 108	28 668
经营活动现金流出小计	58 394	55 288	51 194	95 920
经营活动产生的现金流量净额	33 633	82 791	46 056	23 984
二、投资活动产生的现金流量：				
收回投资收到的现金		16 500		
取得投资收益收到的现金	4 899	1 099	18 592	8 173
处置固定资产、无形资产和其他长期资产收回的现金净额		4 205		
处置子公司及其他营业单位收到的现金净额				
收到其他与投资活动有关的现金				
投资活动现金流入小计	4 899	21 804	18 592	8 173
购建固定资产、无形资产和其他长期资产支付的现金	592	233	2 435	422
投资支付的现金	6 743	71 745	8 381	66 676
取得子公司及其他营业单位支付的现金净额				

续表

项目	2××6年度	2××7年度	2××8年度	2××9年度
支付其他与投资活动有关的现金				
投资活动现金流出小计	7 335	71 978	10 816	67 098
投资活动产生的现金流量净额	-2 436	-50 174	7 776	-58 925
三、筹资活动产生的现金流量：				
吸收投资收到的现金				
取得借款收到的现金				
收到其他与筹资活动有关的现金				
筹资活动现金流入小计				
偿还债务支付的现金		13 836		
分配股利、利润或偿付利息支付的现金	33 012	11 965	17 028	25 540
支付其他与筹资活动有关的现金	2 643	3 183		
筹资活动现金流出小计	35 655	28 984	17 028	25 540
筹资活动产生的现金流量净额	-35 655	-28 984	-17 028	-25 540
四、汇率变动对现金及现金等价物的影响				
五、现金及现金等价物净增加额	-4 458	3 633	36 804	-60 481
加：期初现金及现金等价物余额	48 731	44 273	47 906	84 710
六、期末现金及现金等价物余额	44 273	47 906	84 710	24 229

（四）所有者权益变动表

所有者权益变动表是指反映构成所有者权益各组成部分当期增减变动情况的报表。

【案例资料四】 甲公司2××9年度所有者权益变动表如表1-4所示。（表1-4中已反映出2××7—2××9年连续三年数额）

（五）财务报表附注

附注是财务报表的重要组成部分，是对资产负债表、利润表、现金流量表和所有者权益变动表等报表中列示项目的文字描述或明细资料，以及对未能在这些报表中列示项目的说明等。

财务报表中的数字是经过分类和汇总后的结果，是对企业发生的经济业务高度的简化和浓缩的数字；如果没有形成这些数字所使用的会计政策、理解这些数字所必需的披露，财务报表就不可能充分发挥效用；因此，报表使用者要了解企业的财务状况、经营成果和现金流量，应当全面阅读附注。

表 1-4 所有者权益变动表

编制单位：甲公司　　　　2××9年度1—12月　　　　会企04表　　单位：万元

项目	本年金额							上年金额					
	股本	资本公积	减:库存股	盈余公积	未分配利润	所有者权益合计	股本	资本公积	减:库存股	盈余公积	未分配利润	所有者权益合计
栏次	1	2	3	4	5	6	7	8	9	10	11	12
一、上年年末余额	133 852	241 519		37 541	34 235	447 147	119 647	193 421		77 605	87 887	478 560
加：会计政策变更								-648		-45 862	-138 652	-185 162
前期差错更正												
其他												
二、本年年初余额	133 852	341 519		37 541	34 235	447 147	119 647	192 773		31 743	-50 765	293 398
三、本年增减变动金额（减少以"-"号填列）		-853		2 748	-2 040	-145	14 205	48 746		5 798	85 000	153 749
（一）净利润					27 478	27 478					108 745	108 745
（二）直接计入所有者权益的利得和损失		-853				-853		1 086				1 086
1. 可供出售金融资产公允价值变动净额		-1 050				-1 050		1 325				1 325
2. 权益法下被投资单位其他所有者权益变动的影响												
3. 与计入所有者权益项目相关的所得税影响		197				197		-239				-239
4. 其他												
上述（一）和（二）小计		-853			27 478	26 625		1 086			108 745	109 831

续表

项目	栏次	本年金额						上年金额					
		股本	资本公积	减:库存股	盈余公积	未分配利润	所有者权益合计	股本	资本公积	减:库存股	盈余公积	未分配利润	所有者权益合计
		1	2	3	4	5	6	7	8	9	10	11	12
(三) 所有者投入和减少资本								14 205	47 660				61 865
1. 所有者投入资本								14 205	47 660				61 865
2. 股份支付计入所有者权益的金额													
3. 其他													
(四) 利润分配					2 748	−29 518	−26 770				5 798	−23 745	−17 947
1. 提取盈余公积					2 748	−2 748					5 798	−5 798	
其中: 法定盈余公积					2 748	−2 748					5 798	−5 798	
任意盈余公积													
2. 对所有者 (或股东) 的分配						−26 770	−26 770					−17 947	−17 947
3. 其他													
(五) 所有者权益内部结转													
1. 资本公积转增资本 (或股本)													
2. 盈余公积转增资本 (或股本)													
3. 盈余公积弥补亏损													
4. 其他													
四、本年年末余额		133 852	240 666		40 289	32 195	447 002	133 852	241 519		37 541	34 235	447 147

【案例资料五】甲股份有限公司财务报表附注如下：（因附注内容较多，以下仅列示部分主要项目，具体内容从略）

甲股份有限公司财务报表附注

2××9年12月31日

附注一、企业的基本情况

甲股份有限公司（以下简称本公司或公司）的前身是成立于1984年的甲冰箱总厂。经中国人民银行××分行1989年批准募股，在对原冰箱总厂改组的基础上，以定向募集资金1.5亿元方式设立股份有限公司。1993年，经××市股份制试点工作小组批准，由定向募集公司转为社会募集公司，并增发社会公众股5 000万股，于1993年11月在上交所上市交易。本公司主要从事家电及其他相关产品的生产经营。

附注二、财务报表的编制基础

本公司财务报表以持续经营为编制基础。

附注三、遵循企业会计准则的声明

本公司所编制的财务报表符合企业会计准则要求，真实、完整地反映了公司的财务状况、经营成果、股东权益变动和现金流量等有关信息。

附注四、公司主要会计政策、会计估计和前期差错

1. 会计准则

执行《企业会计准则》和《企业会计准则——应用指南》及其补充规定。

2. 会计年度

3. 记账本位币

4. 记账基础和计量属性

会计核算以权责发生制为记账基础。

5. 现金及现金等价物的确定标准

现金是指库存现金以及可以随时用于支付的存款。

现金等价物是指本公司持有的期限短（一般是指从购买日起三个月内到期）、流动性强、易于转换为已知金额现金、价值变动风险很小的投资。

6. 外币业务核算方法

7. 金融资产和金融负债的核算方法

8. 应收账款坏账准备的确定方法、计提标准

本公司应收款项包括应收账款和其他应收款。

对于有客观证据表明发生了减值的应收款项，根据其未来现金流量现值低于其账面价值的差额计提坏账准备；对于经测试后未减值的应收款项，本公司按照余额百分比法计提坏账，计提比例为5%。

9. 存货核算方法

本公司存货包括生产经营过程中为销售或耗用而持有的原材料、在途物资、低值易耗品、在产品、库存商品等。

本公司的存货日常以标准成本核算，对存货的标准成本和实际成本之间的差异，通过成本差异科目核算，并按月结转发出存货应负担的成本差异，将标准成本调整为实际成本。

10. 长期股权投资核算方法

11. 固定资产计价和折旧方法及减值准备的计提方法
12. 在建工程核算方法
13. 借款费用的会计处理方法
14. 无形资产的核算方法
15. 长期待摊费用
16. 除存货、投资性房地产及金融资产以外的其他主要资产减值准备确定方法
17. 预计负债的核算方法
18. 股份支付
19. 职工薪酬
20. 辞退福利
21. 收入确认的原则
22. 所得税的会计处理方法

本公司所得税的会计核算采用资产负债表债务法核算。

23. 政府补助
24. 利润分配
25. 企业合并
26. 合并会计报表的编制方法
27. 主要会计政策、会计估计和核算方法的变更以及重大会计差错更正及其影响

附注五、税项

1. 主要税种及税率（见表1-5）

表1-5 主要税种及税率

税种	计税依据	税率/%
增值税	应税产品销售收入和应税劳务收入	13
城市维护建设税	应纳增值税、消费税税额	7
教育费附加	应纳增值税、消费税税额	3
企业所得税	应纳税所得额	15、25

2. 税收优惠及批文

附注六、企业合并及合并财务报表
附注七、合并财务报表主要项目注释
附注八、母公司财务报表主要项目注释
附注九、关联方关系及其交易
附注十、或有事项
附注十一、承诺事项
附注十二、资产负债表日后事项
附注十三、其他重要事项

董事长：杨某某
甲股份有限公司
2××9年××月××日

三、企业财务分析的程序

建立规范合理的分析程序，目的是使分析工作能够有序地顺利进行，并对分析过程中的正确判断和最终结果作出恰当的评价。企业财务分析是一个复杂的过程，具体分析程序可根据分析目的进行个别设计，不存在唯一的通用分析程序；但分析过程中的一些步骤有一定程度的共性。

企业财务分析的程序

企业财务分析的程序一般包括以下几项：

（一）明确分析目的，确定分析方案

明确分析目的是财务分析的核心，企业财务分析过程中始终围绕着分析目的而进行。分析目的确定之后，就应当根据分析目的确定分析的内容和范围，明确分析的重点内容，分清主次和难易，并据此制定财务分析工作方案。

财务分析工作方案一般包括分析目的和内容、分析人员的分工和职责、分析工作的步骤和完成各步骤的标准以及时间等。只有制定详细周密的工作方案，才能保证分析工作的顺利进行。

（二）搜集、整理和核实分析资料

搜集、整理和核实分析资料是保证分析质量和分析工作顺利实施的基础程序。

通常，在分析技术工作开始之前就应该搜集到主要资料，切忌资料不齐就开始技术性分析工作。整理资料则是根据分析目的和分析人员的分工，将资料进行分类、分组并做好登记保管工作，以提高工作效率。核实资料是此道程序的重要环节，目的是保证分析资料真实可靠和正确无误。在此环节，分析人员要对分析资料全面审阅，发现有不正确或不具有可比性之处，应要求改正或调整。经过注册会计师审计过的财务报表，必须认真审阅审计报告，特别关注非标准意见的审计报告；对其他相关资料也要摸清其可靠程度，对无用、真实性和可靠程度低的资料舍弃不用。

（三）选择恰当的分析方法，进行分析工作

实际工作中，应根据分析目的和分析内容选用恰当的方法，分析方法恰当与否，对分析的结论和质量均有重要影响。

在以上各项工作程序落实后，即可开始分析工作；一般来说，财务分析可以从财务报表质量分析、财务信息分析入手。

1. 财务报表质量分析

财务报表质量分析就是对财务报表进行解读。其中，对资产负债表着重分析资产与负债的流动性，对利润表着重分析收入与费用的配比及真实性，对现金流量表着重分析企业现金流量的合理性与持久性，对所有者权益变动表着重分析股东权益增减变动情况。

通过对报表的解读，可以判断企业会计系统是否恰当地反映了企业的真实经济状况；通过对会计要素的确认、对会计政策适当性与会计估计合理性的评价，可以判断会计数据的真实程度，增强下一步综合分析信息的可靠性。

2. 财务信息分析

有人认为，分析财务信息一般只为某一特定目的，并不需要对企业的全面情况进行分析，例如，投资者认为只要获利能力高就行，债权人认为只要偿债能力强就行……其实，这是财务分析的一个误区。

企业是一个整体，不能孤立地看待，财务分析的目的是决策，而企业是动态变化的，某一方面的变化会迅速影响其他方面发生变化。如获利能力的变化会马上影响企业偿债能力，获现能力的变化会马上影响资金周转等。因此，无论分析的目的如何，都应先对企业进行全面了解，再根据不同的分析目的进行局部重点分析，还可进行有针对性的专题分析，如资产重组、债务重组、信用评估等。

（四）撰写财务分析报告

财务分析报告是分析组织和分析人员反映企业财务状况和财务成果意见的报告性书面文件。分析报告需对分析目的作出明确回答，评价客观、全面、准确，要做必要分析，说明评价依据；对分析的内容、选用的分析方法、分析步骤也要作简要叙述，以备分析报告使用者了解分析过程；此外，分析报告中还应包括分析人员针对分析过程中发现的问题提出的改进措施和建议等。

学习情景四　企业财务分析的基本方法

财务分析方法是指分析工作中用来测算数据、权衡效益、揭示差异、查明原因的具体方法。在实际分析时，由于分析目的不同，为适应不同分析目的的要求，分析人员需掌握多种分析方法并能在实际工作中有效运用。常用的主要分析方法有比较分析法、比率分析法、因素分析法等。

一、比较分析法

比较分析法是企业财务分析中最常见的基本方法。它是指将实际的数据同特定的各种标准相比较，从数量上确定其差异，并进行差异分析或趋势分析的一种分析方法。

企业财务分析的基本方法

差异分析就是指通过差异揭示成绩或差距，作出评价，并找出产生差异的原因及其对差异的影响程度，为今后改进企业管理经营指引方向的一种分析方法；趋势分析是指将实际达到的结果，同不同时期财务报表中同类指标的历史数据进行比较，从而确定财务状况、经营状况和现金流量的变化趋势和变化规律的一种分析方法（一般来说，进行趋势分析至少需 3~5 年数据）。由于差异分析和趋势分析都是建立在比较的基础上，因而统称为比较分析法①。

比较分析法的公式如下：

$$差异 = 实际指标 - 标准指标$$

$$差异率 = \frac{差异额}{标准指标} \times 100\%$$

差异分为有利差异和不利差异两种。正指标（如营业收入、营业利润等）大于零或反指标（如营业成本、管理费用等）小于零的差异为有利差异，反之为不利差异。

例如，甲公司 2××9 年度实际投资收益为 7 804 万元，2××8 年度为 96 513 万元，2××9 年度较 2××8 年度差异额为 7 804 - 96 513 = -88 709（万元），说明投资收益额下降，属不利差异。

---

① 趋势分析也有教材将其单独列为一种分析方法。

（一）比较的形式

比较分析法有绝对数比较和相对数比较两种形式。

1. 绝对数比较

绝对数比较，即利用财务报表中两个或两个以上的绝对数进行比较，以揭示其数量差异。例如，甲公司2××9年度净利润为27 478万元，2××8年度为108 745万元，2××9年与2××8年相比净利润差异额为 –81 267万元，属不利差异。

2. 相对数比较

相对数比较，即利用财务报表中有相关关系的数据的相对数进行对比，如将绝对数换算为百分比、结构比重等进行比较，以揭示相对数之间的差异。例如，甲公司2××9年营业成本占营业收入75.59%，2××8年营业成本占营业收入81.27%，成本比重差异为 –5.68%，这是有利差异。

一般情况下，绝对数比较能说明差异金额而不能表明变动程度；而相对数比较则可进一步说明变动程度；在实际工作中，绝对数比较与相对数比较可交互使用，以便通过比较作出准确的判断和评价。

（二）比较的标准

在比较分析法中，人们需要将实际数据与标准相对比，而采用不同的标准，得出的差异具有不同的经济意义，即标准的选择直接影响分析结果。根据不同的分析目的和要求，常用的比较标准有以下几种：

1. 公认标准

公认标准是指各类企业在不同时期普遍适用的指标评价标准；例如我国在相当长一段时间内流动比率的公认标准为2，速动比率公认标准为1等。通过实际值与公认标准值的比较，可以了解企业与社会公认标准之间的差距并进一步查明产生差异的原因；但要注意，公认标准并非一成不变，在不同时期、不同地区，公认标准存在一定差异。

2. 预算标准

预算标准是指企业通过努力应该达到或实现的理想标准，如企业制定的计划或定额。将实际数据与预定目标、计划或定额相比较，可以了解计划完成情况，揭示产生差异的原因，提出改进措施，强化企业管理。

3. 历史标准

历史标准是指某项指标企业过去曾经达到的标准。历史水平可以选择上年同期水平、历史最高水平、若干期的历史平均水平等；将实际数据与历史水平相比较，一方面，可以了解目前存在的差异，查明产生差异的原因，为完善企业管理提供依据；另一方面，可以揭示企业生产经营的变化规律，为预测企业未来发展趋势提供依据。

4. 行业标准

行业标准是指某项指标的同行业平均水平或同行业先进水平。将实际数据与行业标准相比较，有利于找出本企业与先进企业的差距，了解本企业在同行业竞争中的地位，推动企业改善经营管理，努力达到先进水平。

【例1–1】通过相关资料，对甲公司2××9年度营业收入进行比较分析，如表1–6所示。

表 1-6　甲公司 2××9 年度营业收入分析表　　　　　　　　　万元

项目	本公司资料			行业先进	增加或减少		
	上年数	计划数	实际数		比上年	比计划	比先进
营业收入	221 673	235 000	242 100	244 000	20 427	7 100	-1 900

注：假定同行业先进企业与甲公司同等规模。

通过表 1-6 可以看出，甲公司本年营业收入较上年增加了 20 427 万元，较计划增加了 7 100 万元，低于同行业先进企业 1 900 万元，说明甲公司在经营中取得较大成绩，已接近同行业先进企业，但与行业先进还有一些差距；应注意总结经验、分析原因，提出有效改进措施，争创行业先进。

（三）比较的方法

比较分析法可分为水平分析法（横向比较法）和垂直分析法（纵向比较法[①]）。

1. 水平分析法

水平分析法又称横向比较法，是指将企业实际达到的结果同某一标准（预算标准、历史标准、行业标准等）进行比较，观察这些项目的变化情况，用以揭示这些项目增减变化的原因和趋势。如果能对数期报表的相同项目做比较，可观察到相同项目的发展规律，有助于分析和预测。

水平分析法的表现形式有两种：

1）定比

所谓定比，即以某项指标在某一时期的数据为固定基数，其他各期数据均与该基数进行比较。

【例 1-2】甲公司 2××5—2××9 年连续五年年营业收入如表 1-7 所示。

表 1-7　甲公司 2××5—2××9 年营业收入额　　　　　　　　　万元

项目	2××5 年	2××6 年	2××7 年	2××8 年	2××9 年
营业收入	236 254	145 929	177 033	221 673	242 100

通过表 1-7 可以看出，甲公司 2××6 年营业收入额较 2××5 年有较大幅度下降，2××7—2××9 年较上年均呈上升趋势。

下面以 2××5 年作为基期，采用定比方式进行分析，如表 1-8 所示。

表 1-8　甲公司 2××5—2××9 年营业收入趋势表（定比）

项目	2××5 年	2××6 年	2××7 年	2××8 年	2××9 年
营业收入/%	100	61.77	74.93	93.83	102.47

---

① 对横向比较和纵向比较有另一种解释：企业自身实际与同行实际相比较，称为横向比较；企业自身实际与历史数据相比较，称为纵向比较。

通过表1-8可以看出：2××6年营业收入较2××5年猛降，仅为2××5年的61.77%，此后逐年恢复，直至三年后到2××9年才基本回复至2××5年的收入水平；应进一步分析致使营业收入下降的主要原因，或是否因2××5年营业收入过高而导致基数选择不合理。

通过百分比来进行趋势分析，不仅能看到总趋势，还能精确表明各年的变动程度；但一定要注意基数的代表性，如果基数情况异常，以此计算出的百分比也会反常，影响分析评价。如表1-8中，究竟是2××5年基数过高还是2××6年收入降低，有待于进一步分析。

2）环比

所谓环比，即分别以分析期的前一期数据作为基数，然后将分析期数据与该基数进行比较。

【例1-3】根据【例1-2】中表1-7的资料，采用环比方式对甲公司营业收入进行分析，如表1-9所示。

表1-9 甲公司2××5—2××9年营业收入趋势表（环比）

项目	2××5年	2××6年	2××7年	2××8年	2××9年
营业收入/%	100	61.77	121.31	125.22	109.21

通过表1-9可以看出，2××6年营业收入较上年下降较多，其余各年较上年均有较大幅度增长，2××7年较上年增长21.31%［数据计算（177 033 - 145 929）/145 929×100% = 21.31%］，2××8年较2××7年增长25.22%，2××9年增长幅度略低，但总体处于上升趋势。

水平分析法还经常用于编制比较财务报表。比较财务报表可选取最近两期数据并列编制，一般用于差异分析；也可采用数期数据并列编制，主要用于趋势分析。

【例1-4】以甲公司资产负债表数据为例，编制比较资产负债表简表，如表1-10所示。

2. 垂直分析法

垂直分析法又称纵向比较法或动态分析法，即计算财务报表中各项目金额占总额的百分比；反映财务报表中每一项目与其相关总量之间的比重及其变动情况，进而对各项目作出判断和评价。

在这一方法下，每项数据都与一个相关总量对应，并被表示为占这一总量的百分比形式。这种仅有百分比而不表示金额的财务报表称为共同比财务报表。编制共同比财务报表，即可用于同一企业不同时期的纵向比较，又可用于不同企业之间的比较；同时，这一方法还能消除不同时期（不同企业）之间业务规模差异的影响，有利于分析企业的耗费及盈利水平。

通常，资产负债表的共同比报表（共同比资产负债表）选用资产总额为总量基数，利润表的共同比报表（共同比利润表）则以营业收入为总量基数。

表1-10　甲公司比较资产负债表（简表）

资产	2××8年	2××9年	增加（减少）金额/万元	百分比/%	负债和股东权益	2××8年	2××9年	增加（减少）金额/万元	百分比/%
流动资产：					流动负债：				
货币资金	84 710	24 229	-60 481	-71.40	应付账款	16 995	18 423	1 428	8.40
应收票据	50 130	73 538	23 408	46.69	应付职工薪酬	155	155		
应收账款	25 869	21 076	-4 793	-18.53	应交税费	1 400	-1 482	-2 882	-205.86
预付款项	1 583	998	-585	-36.96	应付股利	166	166		
应收股利	74 140	51 766	-22 374	-30.18	其他应付款	619	2 196	1 577	254.77
其他应收款	233	122	-111	-47.64	流动负债合计	19 335	19 458	123	0.64
存货	1 020	3 396	2 376	232.94	非流动负债：				
流动资产合计	237 685	175 125	-62 560	-26.32	长期借款	100 000	100 000		
非流动资产：					递延所得税负债	239	41	-198	-82.85
可供出售金融资产	1 408	358	-1 050	-74.57	非流动负债合计	100 239	100 041	-198	-0.20
长期股权投资	297 687	363 920	66 233	22.25	负债合计	119 574	119 499	-75	-0.06
固定资产	22 743	20 054	-2 689	-11.82	股东权益：				
在建工程	562	658	96	17.08	实收资本（或股本）	133 852	133 852		
无形资产	6 389	5 810	-579	-9.06	资本公积	241 519	240 666	-853	-0.35
递延所得税资产	247	576	329	133.20	盈余公积	37 541	40 289	2 748	7.32
其他非流动资产					未分配利润	34 235	32 195	-2 040	-5.96
非流动资产合计	329 036	391 376	62 340	18.95	股东权益合计	447 147	447 002	-145	-0.03
资产总计	566 721	566 501	-220	-0.04	负债和股东权益总计	566 721	566 501	-220	-0.04

【例1-5】以甲公司利润表数据为例，编制共同比利润表，如表1-11所示。

表1-11 甲公司共同比利润表 %

项目	2××8年度	2××9年度
一、营业收入	100.00	100.00
减：营业成本	81.270	75.589
税金及附加	0.339	0.480
销售费用	6.695	9.734
管理费用	5.065	5.247
财务费用	0.028	-0.779
资产减值损失	0.275	0.235
加：公允价值变动收益（损失以"-"号填列）		
投资收益	43.538	3.223
其中：对联营企业和合营企业的投资收益		
二、营业利润（亏损以"-"号填列）	49.867	12.719
加：营业外收入	0.280	0.052
减：营业外支出	0.002	
其中：非流动资产处置损失		
三、利润总额（亏损总额以"-"号填列）	50.145	12.770
减：所得税费用	1.089	1.420
四、净利润（净亏损以"-"号填列）	49.056	11.350

通过表1-11可以看出，甲公司2××9年度营业成本比例较上年有所下降，但销售费用、管理费用略有上升；投资收益下降幅度大，受其影响，2××9年营业利润、利润总额及净利润均有较大降幅。

（四）运用比较分析法应注意的问题

在运用比较分析法时，应注意相关指标的可比性，主要有以下几点：

1. 指标内容、范围和计算方法的一致性

在运用比较分析法时，要大量运用资产负债表、利润表等财务报表中的项目数据；必须注意这些项目的内容、范围及使用这些项目数据计算出来的经济指标的内容、范围和计算方法的一致性，只有一致才具有可比性。

2. 会计计量标准、会计政策和会计处理方法的一致性

财务报表中的数据主要来自会计账簿；在会计核算中，如果会计计量标准、会计政策和会计处理方法发生变动，必然会影响数据之间的可比性；因此，在运用比较分析法时，应将因发生以上变动而不具有可比性的数据进行调整，使之具有可比性才可进行比较。

3. 时间单位和长度的一致性

采用比较分析法时，注意使用数据的时间及其长度的一致，包括月、季、年度的对比，不同年度的同期对比，特别是本企业连续数期对比或本企业与先进企业的对比，选择的时间长度和选择的年份都必须具有可比性，这样才能保证通过比较分析作出的判断和评价具有可靠性和准确性。

4. 企业类型、经营规模和财务规模大体一致

在本企业与其他企业相比较时，只有在类型、经营规模和财务规模大体一致时，企业之间的数据才具有可比性。

二、比率分析法

比率分析法是一种特殊形式的比较分析法。它是利用两项相关数据之间的关联关系，通过两数相比计算出比率，以此计量经济活动的变动程度，揭示企业财务活动的内在联系，借以评价企业财务状况和经营成果的一种方法。

比率分析法是企业财务分析中的一种重要方法，实际运用时，需要根据分析的目的和内容，先计算相关比率，在此基础上进行分析；往往利用一个或几个财务比率就能揭示企业某方面的能力。比如，总资产报酬率可以说明企业运用总资产获取利润的能力，投资收益率可以在一定程度上说明投资者的获利能力等。

由于分析目的的不同，财务比率可以有不同类型：

（一）结构比率

结构比率又称构成比率，即某项财务指标的各组成部分数值占总体数值的比重，反映部分与总体的关系，用以分析各部分在结构上的变化规律，分析各构成内容的变化及其对财务指标的影响程度。计算公式为：

$$结构比率 = \frac{某项目财务指标的部分数值}{某项目财务指标的总体数值} \times 100\%$$

（二）相关比率

相关比率，即将两个性质不同但又相互联系的财务指标进行对比所得的比率。我国一般将其分为偿债能力比率、资产营运能力比率、获利能力比率与获现能力比率四类。（具体计算及分析在以后项目中详细介绍）

（三）运用比率分析法应注意的问题

比率分析法的优点是计算简便，计算结果也较容易判断，而且可使某些指标在不同规模的企业之间进行比较，甚至在一定程度上能跨越行业间的差别进行比较。但采用这一方法时应注意以下几点：

1. 对比指标的相关性

计算比率的分子和分母必须具有相关性，把不相关的项目进行对比是没有意义的。在结构比率指标中，部分指标必须是总体指标中的构成部分；在相关指标中，两个对比指标要有内在联系，才能评价有关经济活动之间是否协调均衡、是否安排合理。

2. 对比口径的一致性

计算比率的分子和分母必须在计算时间、范围等方面保持口径一致。

3. 衡量标准的科学性

运用比率分析，有时需要选用一定的标准与之对比，以便对企业的情况作出评价。在我国，常用的衡量标准与比较分析法的比较标准相同，主要有公认标准、预算标准、历史标准、行业标准等。

4. 揭示信息范围的局限性

比率分析法只适用于某些方面，其揭示信息的范围有一定局限性，在实际运用时，不能孤立观察某一个财务比率，必须以指标所揭示的信息为起点，结合其他有关资料及实际情况做深层次的探究，才能作出正确判断与评价，更好地为决策服务。

三、因素分析法

因素分析法是依据分析指标与其影响因素的关系，从数量上确定各因素对分析指标的影响方向和影响程度的一种方法，包括比率因素分解法和差异因素分解法。

企业的经济活动是一个有机整体，每个财务指标的高低都受不止一个因素的影响；从数量上测定各因素的影响程度，可以帮助人们抓住主要矛盾，或更有说服力地评价企业状况。

（一）比率因素分解法

比率因素分解法是指把一个财务比率分解为若干个影响因素的方法。例如，净资产报酬率可分解为总资产利润率与权益乘数两个的乘积；总资产利润率又可进一步分解为资产周转率与销售利润率两个比率的乘积等。

在企业财务分析中，财务比率的分解有着重要意义。财务比率是企业财务分析特有的概念，财务比率分解则是企业财务分析所特有的方法；企业的偿债能力、获利能力等主要用财务比率来评价，而对这些能力的分析往往需要通过对财务比率的分解来完成；财务分析中著名的杜邦分析法就是比率因素分解法的代表，因此，许多学者认为，企业财务分析最重要的方法就是比率分析法（包括比率的比较法和比率的分解法）。

（二）差异因素分解法

为了了解比较分析中所形成差异的原因，需要使用差异因素分解法，例如，产品销售收入差异可以分解为价格差异和数量差异。差异因素分解法又可分为定基替代法和连环替代法。

1. 定基替代法

定基替代法是测定比较差异成因的一种定量分析法。按照这种方法，需要分别用实际值替换影响因素的基数（历史标准、预算标准、行业标准等），以测定各因素对财务指标的影响。

【例1-6】甲公司2××9年E产品销售收入数据如表1-12所示。

表1-12　甲公司2××9年E产品销售收入数据

项目	本年实际	本年计划
E产品销售收入总额/万元	1 500	1 620
销售单价/(元·件$^{-1}$)	150	180
销售数量/万件	10	9

通过表1-12可以看出，2××9年E产品销售收入低于预算120（1 500 -1 620）万元，为不利差异，下面采用定基替代法分析影响计划完成的因素：

1）计划销售收入 = 计划销售单价 × 计划销售数量
　　　　　　　　= 180 × 9 = 1 620（万元）

2）替代销售单价后的销售收入 = 实际销售单价 × 计划销售数量
　　　　　　　　　　　　　　= 150 × 9 = 1 350（万元）

3）销售单价变动对销售收入的影响额 = 1 350 - 1 620 = -270（万元）

即由于实际销售单价的变动,使得销售收入较计划减少270万元。

4)替代销售数量后的销售收入 = 计划销售单价 × 实际销售数量
$$= 180 \times 10 = 1\,800（万元）$$

5)销售数量变动对销售收入的影响额 = 1 800 - 1 620 = 180（万元）

即由于实际销售数量增加,使得销售收入较计划增加180万元。

6)汇总各因素影响额 = 销售单价影响额 + 销售数量影响额
$$= -270 + 180 = -90（万元）$$

通过以上计算可以看出,采用定基替代法计算出的差异,是纯粹因销售数量或销售价格变动所产生的差异,两种差异之和不一定等于总差异。在本例中,两种差异之和为 -90(-270 + 180)万元,就不等于总差异 -120 万元,因为另外的 -30 万元差异是由于价格与数量共同作用而形成的混合差异,无法分配给特定因素。

由于上述原因,在企业财务分析中,一般不使用定基替代法。

2. 连环替代法

连环替代法是另一种测定比较差异成因的定量分析法,是指确定影响指标的各因素,然后依次用实际值替换影响因素的基数(历史标准、预算标准、行业标准等),借以计算分析各因素影响程度的一种方法。

连环替代法的计算程序如下:

(1)以基数(历史标准、预算标准、行业标准等)为计算基础。

(2)按照公式中所列因素顺序,逐次以各因素的实际值替换其基数;每次替换后实际值就被保留下来;公式中有几个因素,就替换几次,直至所有因素都变成实际值为止;每次替换后都求出新的计算结果。

(3)将每次替换后的计算结果,与其邻近的前一次计算结果相比较,两者的差额就是本次被替换因素变动对综合经济指标变动的影响程度。

(4)计算各因素变动影响的代数和,这个代数和应等于被分析指标实际值与基数的总差异。

【例1-7】依前面表1-12的资料,采用连环替代法分析影响计划完成的因素。

1)计划销售收入 = 计划销售单价 × 计划销售数量
$$= 180 \times 9 = 1\,620（万元）$$

2)替代销售单价后的销售收入 = 实际销售单价 × 计划销售数量
$$= 150 \times 9 = 1\,350（万元）$$

3)销售单价变动对销售收入的影响额 = 1 350 - 1 620 = -270（万元）

即由于实际销售单价的变动,使得销售收入较计划减少270万元。

4)替代销售数量后的销售收入 = 实际销售单价 × 实际销售数量
$$= 150 \times 10 = 1\,500（万元）$$

5)销售数量变动对销售收入的影响额 = 1 500 - 1 350 = 150（万元）

即由于实际销售数量增加,使得销售收入较计划增加150万元。

6)汇总各因素影响额 = 销售单价影响额 + 销售数量影响额
$$= -270 + 150 = -120（万元）$$

运用连环替代法,汇总各影响因素之和为 -120 万元,与总差异相等。

根据以上计算评价如下:甲公司2××9年E产品因销售单价比计划下降了30元/件,

使得销售收入降低 270 万元；又因销售数量实际较计划增加 1 万件，使实际销售收入增加 150 万元；两项因素共同作用，E 产品实际销售收入低于计划销售收入 120 万元。由于计划销售单价与销售数量同实际均有较大差异，今后应认真做好市场预测，制定合理的计划标准；或努力开发产品，提升产品性能，以提高销售单价。

（三）运用因素分析法应注意的问题

因素分析法既可全面分析各因素对某一经济指标的影响，又可单独分析某个因素的影响程度，在财务报表分析中应用广泛。但在使用这一方法时应注意以下几点：

1. 因素分解的关联性

即构成经济指标的因素，必须客观上存在因果关系，要能够反映形成该项指标差异的内在构成原因。

2. 因素替代的顺序性

替代因素时，须按照各因素的依存关系，排列成一定的顺序并依次替代，不可随意加以颠倒，否则会得出不同的计算结果。

3. 顺序替代的连环性

在计算每一个因素变动时，都在前一次计算的基础上进行，并采用连环比较的方法确定因素变化影响结果。

4. 计算结果的假定性

在计算各因素变动的影响数时，会因替代计算顺序的不同而有差别，即其计算结果只是在某种假定前提下的结果，使用这一方法不可能使每个因素计算都达到绝对准确。

> 【名言警句】
> 不要心平气和，不要容你自己昏睡！趁你还年轻、强壮、灵活，要永不疲倦地做好事。
> ——安东·巴甫洛维奇·契诃夫

学习情景五　企业财务分析的局限性

通过企业财务分析（以下简称分析或财务分析），利于优化企业经营管理，提高决策水平，促进企业管理目标的实现。但企业财务分析的方法与评价的结果不是绝对的，有可能会与实际情况相去甚远，即企业财务分析有一定的局限性。

一、财务分析依据本身的局限性

财务报表是计算分析的主要依据，而财务报表的产生，受到会计环境和企业会计战略的影响，往往不能反映企业的实际情况。例如，会计规范要求以历史成本报告资产，使财务数据不代表其现行成本或变现价值；会计规范要求币值不变，使财务数据不按通货膨胀率或物价水平调整；会计信息须符合谨慎性要求，使会计预计损失而不预计收益，有可能少计收益和资产；会计规范要求按年度分期报告，只报告短期信息，不提供长期有潜力的信息等。

二、比较基础的局限性

在比较分析时必然要选择比较的参照标准，包括本企业历史数据、同业数据和预算数据。但企业自身不同的情况，如环境影响、企业规模的差别，有时会使财务分析中相关资料的比较基础存在各自的局限性。

（一）同行业比较的局限性

横向比较有时需要使用同行业平均标准，而行业平均数只有一般性的指导作用，不一定有代表性，不一定是合理性的标志；若选一组有代表性的公司求其平均数来作为同业标准，可能比整个行业的平均数更有意义。近年来，不少企业更重视以竞争对手的数据作为分析基础；许多公司实行多种经营，没有明确的行业归属，同业比较更加困难。

（二）趋势分析的局限性

趋势分析往往以本企业历史数据做比较基础，历史数据代表过去，并不代表合理性；经营环境是变化的，今年比上年利润提高了，不一定说明已经达到目标水平，甚至不一定说明管理水平有了改进。

（三）实际与计划差异分析的局限性

实际与计划的差异分析，以计划预算做比较基础；实际与预算出现差异，可能是执行中的问题，也可能是预算不合理，两者的区分并非易事。

总之，对比较基础本身要准确理解，并且要在分析问题时实际应用，避免分析结论的简单化和绝对化。

三、分析方法的局限性

具有可比性是进行分析的前提，而各种分析方法运用的有效性都是以各种条件不变或具有可比性为前提假设的。一旦这些前提条件发生变化或已不再具备，财务分析的结果就会与实际背离，而这种变化是客观存在的。

针对上述种种局限性，在进行财务分析时，可采取如下弥补措施：

（1）应尽可能去异求同，以增强指标的可比性。例如，分析中将某些特殊的、个别事件和因素剔除；选择同行业同等规模的企业进行横向比较等。

（2）应充分考虑物价变动的影响，适当将资金时间价值纳入分析过程。

（3）注意各种指标的综合运用。如定量分析与定性分析相结合、趋势分析与比率分析相结合、横向分析与纵向分析相结合等，以便取长补短，发挥企业财务分析的总体功能效应。

（4）不能仅凭一项或几项指标便匆忙作出结论，必须将各项指标综合权衡，并结合社会经济环境及企业具体经营目标进行系统分析。

（5）不能机械地遵循所谓的标准，而要善于对各种异常现象进行深入剖析。

知识小结

财务报表是企业财务分析的主要依据，对财务分析人员有思想品质素质要求。不同的财务分析主体进行分析的目的不同；企业财务分析的主体主要有投资者、债权人、经营者、政府部门、业务关联单位、企业内部职工等；通过企业财务分析，可以对企业的偿债能力、获利能力、资产营运能力、获现能力等作出评价，有助于提高决策水平。企业财务分析常用的方法有比较分析法、比率分析法、因素分析法，每种方法均有其优缺点，注意企业财务分析的局限性。

复习思考题

一、名词解释
1. 财务报表
2. 比较分析法
3. 水平分析法
4. 垂直分析法
5. 共同比财务报表
6. 比较财务报表
7. 比率分析法
8. 因素分析法

二、简述题
1. 什么是企业财务分析？其作用有哪些？
2. 投资者和债权人进行财务分析的目的分别是什么？
3. 财务分析的主要依据有哪些？
4. 财务分析的主要工作程序是怎样的？
5. 财务分析中常用的比较标准有哪些？
6. 运用比率分析法应注意的问题是什么？
7. 连环替代法的计算程序是怎样的？
8. 财务分析人员应具备的道德素质有哪些？

习 题

一、判断题
1. 债权人通常不仅关心企业的偿债能力，还关心企业的获利能力。（　　）
2. 财务信息的横向分析是对财务数据同一时间不同项目的分析。（　　）
3. 会计分期不同，对利润总额不会产生影响。（　　）
4. 财务报告即外部财务报表。（　　）
5. 比较财务报表是纵向分析法的运用。（　　）

二、单项选择题
1. 企业外部财务报表一般不包括（　　）。
   A. 资产负债表　　　　　　　　B. 成本报表
   C. 所有者权益变动表　　　　　D. 财务报表附注
2. 共同比财务报表是（　　）的一种重要形式。
   A. 纵向分析法　　B. 横向分析法　　C. 比率分析法　　D. 因素分析法
3. 反映某一企业一定会计期间经营成果的财务报表是（　　）。
   A. 资产负债表　　B. 利润表　　C. 现金流量表　　D. 所有者权益变动表
4. 连环替代法属于（　　）中的一种。
   A. 比较分析法　　B. 比率分析法　　C. 因素分析法　　D. 横向分析法

5. 下列信息中，属于非财务信息的是（　　）。
    A. 利润分配情况   B. 资金增减情况
    C. 生产经营基本状况   D. 资金周转情况
6. 某企业本年和上年的 R 产品销售数量分别为 3 000 件和 2 400 件，销售单价分别为 0.45 万元和 0.5 万元，则销售数量变动对销售收入的影响为（　　）。
    A. 300 万元   B. -300 万元   C. 150 万元   D. -150 万元
7. 上题中，采用连环替代法，销售单价变动对销售收入的影响为（　　）。
    A. 300 万元   B. -300 万元   C. 150 万元   D. -150 万元
8. 在企业财务分析中，使用多期数据进行比较分析是为了（　　）。
    A. 了解企业财务状况的发展趋势及变化
    B. 查明某些特定项目在不同年度的差异
    C. 分析企业各项目相对于基期的变化趋势
    D. 比较各年所有项目的变化状态

三、多项选择题

1. 企业财务信息的主要使用者有（　　）。
    A. 债权人   B. 投资者   C. 政府相关部门   D. 潜在投资者
    E. 经营者
2. 财务分析的基本方法有（　　）。
    A. 比较分析法   B. 本量利分析法   C. 因素分析法   D. 比率分析法
    E. 变动成本法
3. 比较分析法的比较标准有（　　）。
    A. 预算标准   B. 历史标准   C. 行业先进标准   D. 公认标准
    E. 行业平均标准
4. 在财务报表附注中应披露的会计估计有（　　）。
    A. 现金及现金等价物的确定标准   B. 固定资产折旧及减值准备的计提
    C. 坏账准备的提取标准   D. 预计负债的核算方法
    E. 企业合并
5. 下列表述正确的有（　　）。
    A. 选取最近两期的数据编制比较财务报表一般做差异分析用
    B. 选取数期的数据编制比较财务报表一般做趋势分析用
    C. 资产负债表的共同比报表通常采用资产总额为基数
    D. 利润表的共同比报表通常采用利润总额为基数
    E. 利润表的共同比报表通常采用营业收入为基数

四、计算分析题

1. A 公司可比产品丙产品的生产成本及产量资料如表 1-13 所示。

表1-13 丙产品的生产成本及产量资料

项目	本年数	上年数
单位成本/元	8 000	9 000
产品产量/台	150	120

要求：

（1）计算本年和上年丙产品生产成本总差异；

（2）分别采用定基替代法和连环替代法分解差异并进行简要分析。

2. B公司某年利润表如表1-14所示。

表1-14 B公司某年利润表　　　　　　　　　　　　　　元

项目	本期金额	上期金额
一、营业收入	1 161 800	1 095 460
减：营业成本	870 200	976 470
税金及附加	30 700	40 300
销售费用	35 000	27 300
管理费用	91 700	20 300
财务费用	3 220	22 400
资产减值损失		
加：公允价值变动收益（损失以"-"号填列）		
投资收益		30 000
二、营业利润（亏损以"-"号填列）	130 980	38 690
加：营业外收入	20 000	35 000
减：营业外支出	11 000	2 000
其中：非流动资产处置损失		
三、利润总额（亏损总额以"-"号填列）	139 980	71 690
减：所得税费用	34 995	17 922
四、净利润（净亏损以"-"号填列）	104 985	53 768

要求：

（1）编制比较利润表并作简要评价；

（2）编制共同比利润表并作简要评价。

项目二

企业财务报表阅读与初步分析

■ **知识目标**

1. 熟悉企业财务分析的基本框架,了解基本会计报表编制方法;
2. 掌握资产负债表、利润表等主要报表的结构分析及趋势分析方法;
3. 了解企业财务报表粉饰的目的与主要方法。

■ **能力目标**

1. 能正确阅读企业基本财务信息;
2. 能通过不同的分析方法对企业主要的财务数据作出判断和评价。

■ **素质目标**

1. 养成耐心细致、严谨务实的精神品质;
2. 提高自主分析和解决问题的能力。

学习情景一　资产负债表的阅读与分析

一、资产负债表概述

资产负债表是反映企业在某一特定日期财务状况的报表。它以会计方程式"资产=负债+所有者权益"为理论依据，按照一定分类标准，将资产、负债和所有者权益予以适当排列，按月编制，提供给信息使用者。它是一张静态会计报表。

（一）资产负债表的作用

1. 全面了解企业资产规模、资产结构及资产的质量

资产负债表左端揭示了企业资产分布及构成，有助于分析与评价企业持续生产与经营的能力，分析其盈利潜力与偿债实力。

2. 全面了解企业的资本结构或权益，即债权人权益和所有者权益

企业资产的取得途径就是企业的资本构成，根据权益的不同内容，分别列示为负债及所有者权益。资产负债表的右端充分揭示了企业的资金来源及其构成情况，预测企业财务风险的大小，提供反映举债经营能力的相关信息。

3. 全面分析判断企业的财务能力、掌握企业财务资金的流动性强弱、增值性的高低和安全性大小

通过对资产负债表左右两端的解读与分析，报表使用者可以了解企业的财务实力、偿债能力和支付能力大小及资本结构，结合企业现金流量表反映的信息，有助于使用者分析和预测企业未来资金流入与流出需求、企业财务风险状况，以及企业未来的盈利能力和财务状况变动趋势。

（二）资产负债表的格式及结构

资产负债表的格式国际上流行的有报告式和账户式两种，根据《企业会计准则第30号——财务报表列报》的规定，我国资产负债表采用账户式格式，主要由表头、表体两部分构成。

1. 表头部分

列示报表名称、编制单位、日期、货币计量等内容。

2. 表体部分

列示资产负债表主体内容，反映资产、负债和所有者权益。该主体部分按一定标准和程序分类排列。

（三）资产负债表的内容

资产负债表包括资产、负债和所有者权益三大类项目。

1. 资产项目

资产是指企业过去的交易或者事项形成的、由企业拥有或者控制的、预期会给企业带来经济利益的资源。资产必须同时具有以下条件才能确认为资产：首先是与该资源有关的经济利益很可能流入企业；其次是该资源的成本或者价值能够可靠地计量。

资产负债表的资产项目按流动性分为流动流产和非流动资产。流动资产主要包括货币资金、交易性金融资产、应收及预付款项、存货等；非流动资产主要包括可供出售金融资产、持有至到期投资、长期股权投资、投资性房地产、固定资产、生物资产、无形资产、递延所得税资产等。这种分类为报表使用者提供了分析财务报表的丰富信息。

（1）提供了企业变现能力的信息。流动资产的变现能力强于非流动资产，而流动资产中速动资产的变现能力又更强，从而对债权人、经营者提供了有用的偿债能力信息。

（2）提供了企业资产结构信息。如有形资产与无形资产结构的合理性，流动资产与固定资产结构的合理性、流动资产内部速动资产与非速动资产结构的合理性等，从而有利于企业资源的合理配置与使用管理。

（3）提供了反映企业资产管理水平的信息。如应收账款、交易性金融资产、长期待摊费用等项目，在一定程度上反映企业应收账款等资产的管理水平。

2. 负债项目

负债是指企业过去的交易或者事项形成的、预期会导致经济利益流出企业的现时义务。只有同时满足下列两个条件，才能确认为负债：一是与该义务有关的经济利益很可能流出企业；二是未来流出的经济利益的金额能够可靠地计量。

负债项目按偿还期限分为流动负债与非流动负债。流动负债主要包括短期借款、应付及预收款项、应付职工薪酬、应交税费、应付利息、应付股利等项目。非流动负债主要包括长期借款、应付债券、长期应付款、预计负债、递延所得税负债等项目。这种项目分类为财务信息分析者提供了下列有用信息：

（1）提供了反映企业总体债务水平的信息。企业负债要按期偿还，其负债规模大小，反映了风险的大小，这种风险对于企业的债权人、投资者和经营者都具有十分重要意义。

（2）提供了反映企业债务结构的信息。负债通过流动负债与非流动负债划分，经营者可以合理调整负债结构，降低资金成本，并按还款的轻重缓急安排资金需要量，明确短期偿债能力与长期偿债能力。

3. 所有者权益项目

所有者权益是指企业资产扣除负债后，由所有者享有的剩余权益，即企业投资者对企业净资产的所有权。公司的所有者权益又称为股东权益。所有者权益的来源包括所有者投入的资本、直接计入所有者权益的利得和损失、留存收益等。所有者权益的主要内容有实收资本（或股本）、资本公积、盈余公积、未分配利润等项目。所有者权益按其永久程度高低分类排列，为财务报表使用者提供了下列有用信息：

（1）提供了反映企业所有者权益内部结构信息。它的内部结构反映了企业自有资金来源构成，该结构的合理性对于投资者和债权人有着重要影响。

（2）提供了企业收益分配情况信息。盈余公积和未分配利润等项目变动反映了利润分配状况，这对于投资者和政府管理监督部门都有十分重要意义。

（四）资产负债表的编制

资产负债表各项目金额分为期末余额与年初余额，其中"年初余额"根据上年年末资产负债表的期末余额栏的金额填列，如果资产负债表的项目名称、内容有变化，则应根据规定对上一年年末资产负债表相关项目的内容、金额进行调整，按照调整后的金额填入当年资产负债表的年初余额栏。"期末余额"栏的填列方法有以下四种：

1. 直接根据总账余额填列

直接根据总账余额填列，就是直接将总账中的余额填列进资产负债表的相关项目，如："应收票据""短期借款""实收资本"等项目。

2. 根据若干总账余额计算填列

根据若干总账余额计算填列，就是集中反映某类会计信息，将分散在若干账户中的数据加总后填列在资产负债表的一个项目中。例如，"货币资金"项目就是根据"库存现金""银行存款"和"其他货币资金"三个总账期末余额相加填列；"存货"项目就是根据"在途物资"或"材料采购""原材料""生产成本""库存商品""发出商品""委托加工物资""周转材料"等账户期末余额之和，与"存货跌价准备"账户期末余额相减后的差额填列。

在计算填列"存货"项目时，如果材料采用计划成本核算，还应加（或减）"材料成本差异"的借方余额（或贷方余额），如果"库存商品"采用售价金额核算，还应减去"商品进销差价"账户贷方余额。

"固定资产"项目根据"固定资产"账户期末余额减去"累计折旧"和"固定资产减值准备"账户期末余额后差额填列。

3. 根据总账所属明细账的余额方向分析填列

根据总账所属明细账的余额方向分析填列，就是为了更准确地报告企业的财务状况，对具有双重性质内容的总账内容进行分析，根据所属明细账的余额方向具体内容的性质分别填列。

资产负债表中这类项目主要是具有双重性质的往来账户，例如，"应收账款""预收账款"项目，应当根据"应收账款"和"预收账款"两个总账的明细账户余额方向分析填列，将其中有借方余额的明细账余额加计起来，再减去"坏账准备"项目中有关应收账款计提的坏账准备期末余额后的金额填列在"应收账款"项目中；而将其中具有贷方余额的明细账余额加计起来，填列在"预收账款"项目。对于"应付账款""预付账款"项目，应当根据"应付账款"和"预付账款"两个总账的明细账户余额方向分析填列，将其中有贷方余额的明细账余额加计起来，填列在"应付账款"项目中；而将其中具有借方余额的明细账余额加计起来，填列在"预付账款"项目。

4. 根据账户余额内容分析填列

根据账户余额内容分析填列，就是为了更准确地反映资产、负债的流动性，对相关非流动资产、非流动负债账户的余额进行分析，将其中符合流动资产或流动负债的部分分离出来单独报告。

常见的项目有"一年内到期的非流动资产""持有至到期投资""一年内到期的非流动负债""长期借款"等。例如，"一年内到期的非流动资产"项目，就是根据各非流动资产账户的内容分析后，将其中一年内到期的部分加计后单独填列在该项目；将"持有至到期投资"账户中有一年内到期收回的部分扣除后的剩余金额填列在"持有至到期投资"项目。"一年内到期的非流动负债"项目，就是根据"长期借款"等非流动负债账户的余额内容分析加计填列；将"长期借款"账户余额中将要在一年内到期的部分剔除后的金额填列在"长期借款"项目中。

二、资产负债表项目阅读与分析

资产负债表项目阅读与分析，就是通过对资产负债表组成项目内涵的解析，从质与量的方面初步掌握企业资产负债表数据的综合情况，从资产负债表反映的筹资活动、投资活动的具体财务状况中综合掌握

资产负债表初步分析

企业整体财务状况。资产负债表项目阅读分为两大环节：第一，应用财务报表分析技术方法，对资产负债表进行水平分析、垂直分析、趋势分析；第二，在基本数据的变化解读中进行资产负债表构成项目数量与性质的分析。技术分析提供的基础数据为组成资产负债表的内容分析提供了基本线索，项目内容的深入解读与分析为数据质量做了深入的说明。

（一）资产负债表初步分析

资产负债表初步分析的主要内容有三点：一是从筹资角度分析其筹资内容及其结构，初步了解企业财务风险、资金成本、财务杠杆等财务状况；二是从投资角度初步分析资产规模和结构变动趋势是否合理，对进一步评价企业资金运用的合理性提供线索；三是通过筹资与投资活动的综合分析，掌握企业资金来源与运用的适应程度，评价企业的风险与收益的适应程度。

1. 资产负债表水平分析

资产负债表水平分析，就是将资产负债表的实际数与上年同期数（或标准数、基数）进行比较，以揭示资产负债表各项目变动差异，提供深入分析各组成项目变化原因的分析方法。具体做法是编制资产负债表比较分析表，计算各项目变动额与变动率，并进行简单评价。根据资产负债表水平分析法，具体计算分析见项目一表1-10甲公司比较资产负债表（简表）。

通过表1-10的比较分析数据，我们可以了解到甲公司总资产2××9年较2××8年减少了220万元，下降幅度为0.04%。造成下降的原因主要是流动资产下降较多，为上年的26.32%，其中，货币资金、其他应收款及预付款项尤为突出。而非流动资产中，主要是可供出售金融资产较上年下降了74.57%，为此，应重点分析该项目的内容及质量问题。

2. 资产负债表结构分析

资产负债表结构分析（或垂直分析），就是通过对企业资产负债表中各项目与总资产或总权益的对比，分析企业的资产构成、负债构成和所有者权益构成，揭示企业资产结构及权益结构的合理程度，以深入分析企业资产结构、资本结构及资产与资本结构适应程度的优化问题。基本操作是，首先编制共同比资产负债表（或资产负债表垂直分析表）；其次，通过共同比资产负债表，阅读与评价企业的资源分配和资金结构情况，以便深入分析资产结构的合理性、偿债能力的质量高低。现以项目一表1-1的数据为基础，编制甲公司共同比资产负债表，如表2-1所示。

表2-1 甲公司共同比资产负债表

项目	2××8年		2××9年	
	金额/万元	比重/%	金额/万元	比重/%
流动资产合计	237 685	41.94	175 125	30.91
非流动资产合计	329 036	58.06	391 376	69.09
资产总计	566 721	100.00	566 501	100.00
流动负债合计	19 335	3.41	19 458	3.43
非流动负债合计	100 239	17.69	100 041	17.66
负债合计	119 574	21.10	119 499	21.09
股东权益合计	447 147	78.90	447 002	78.91
负债和股东权益总计	566 721	100.00	566 501	100.00

根据表2-1，可以初步解读甲公司是以制造业为主的生产经营企业，非流动资产占总资产比重58.06%，2××9年非流动资产增加到69.09%，较上年同期上升11.03个百分点；股东权益占总资本的78.91%，2××9年权益比重变化不大，表明企业自有资金充足。对于企业在资产方面的结构分布与调整，分析人员应对项目质量做深入分析，看是否符合产业结构政策及投资规模发展。

通过资产负债表的垂直分析表，我们还可以得到如下评价理论：不同企业、不同时期的筹资结构与投资按不同偏好可以选择不同类型，但要求这种类型应与企业规模、所处发展时期相互适应。这些不同类型的资产与资本平衡类型有三种，即保守型结构、激进型结构和适中型结构。

保守型结构表现为流动资产＞流动负债，非流动资产＜非流动负债及所有者权益，保守型结构如图2-1所示。

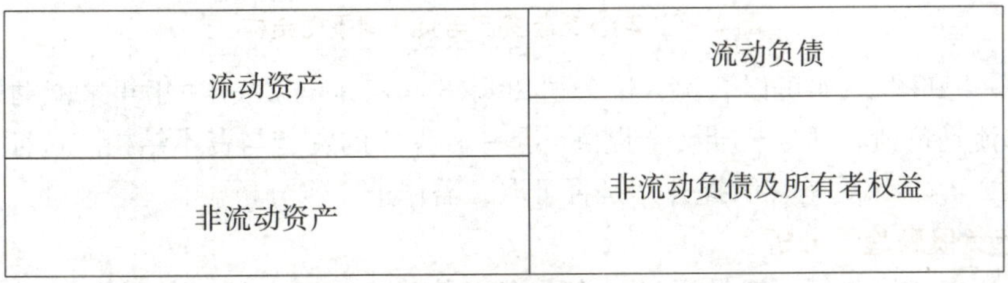

流动资产	流动负债
非流动资产	非流动负债及所有者权益

图2-1 保守型结构

激进型结构表现为流动资产＜流动负债，非流动资产＞非流动负债及所有者权益，激进型结构如图2-2所示。

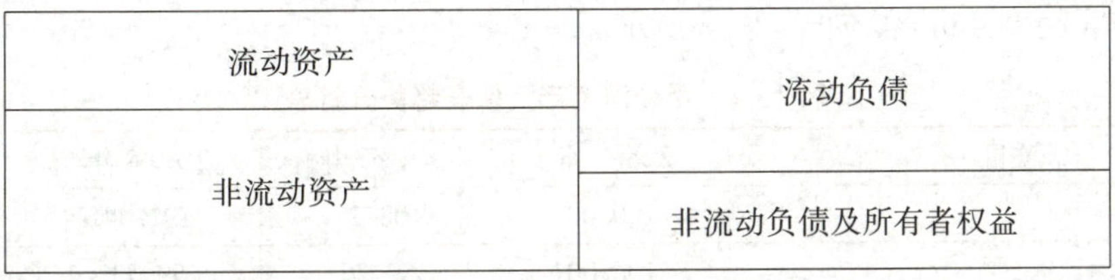

流动资产	流动负债
非流动资产	非流动负债及所有者权益

图2-2 激进型结构

适中型结构表现为流动资产＝流动负债，非流动资产＝非流动负债及所有者权益，适中型结构如图2-3所示。

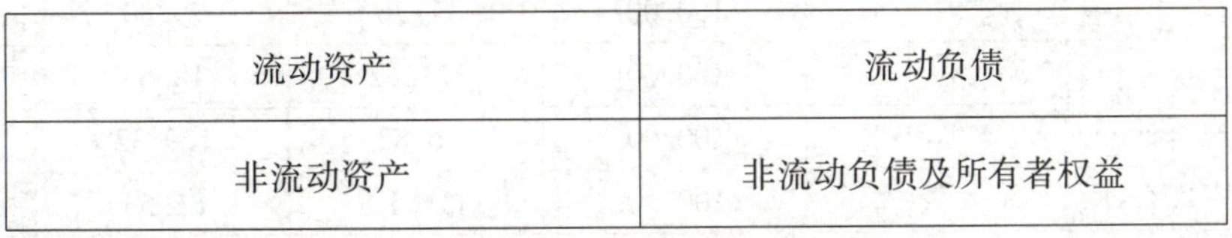

流动资产	流动负债
非流动资产	非流动负债及所有者权益

图2-3 适中型结构

以甲公司为例，根据其资产负债表的资料，可以得到该企业资产与资本间平衡结构，如图2-4和图2-5所示。

图 2-4 2××8 年资产与资本间平衡结构

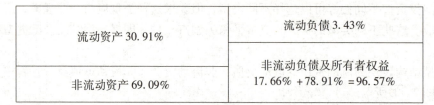

图 2-5 2××9 年资产与资本间平衡结构

从图 2-4 和图 2-4 可以看出，甲公司 2××8 年年末与 2××9 年年末流动资产所需资金均由全部流动负债和部分长期资金提供，是一种保守的资产与资本结构。这种过于保守的平衡结构在 2××9 年更是有所提升，是否可取，需作进一步分析。

3. 资产负债表趋势分析

资产负债表趋势分析，就是通过对企业资产负债表中各项目在较长期间（一般三至五年及以上）的变动情况进行观察，计算其总资产及主要资产、总负债及主要负债、所有者权益及主要项目的定比或环比数据的变化，以揭示变化趋势，找出筹资活动、投资活动的状况、规律及特征，发现企业财务活动的成绩与问题。现以甲公司的资产负债表资料为例，编制资产负债表趋势分析表，如表 2-2 所示。

表 2-2 甲公司资产负债表趋势分析表   %

项目	2××6 年	2××7 年	2××8 年	2××9 年
货币资金	100.00	108.21	191.34	54.73
应收票据	100.00	59.76	59.73	87.63
应收账款	100.00	68.71	123.29	100.44
预付款项	100.00	23.86	7.65	4.82
应收股利	100.00	136.61	967.38	675.44
其他应收款	100.00	11.76	29.80	15.60
存货	100.00	241.62	18.63	62.02
流动资产合计	100.00	76.82	129.32	95.28
非流动资产合计	100.00	111.10	82.53	98.17
资产总计	100.00	100.28	97.30	97.26
流动负债合计	100.00	24.68	86.10	86.65
非流动负债合计	100.00	99.86	100.10	99.90
负债合计	100.00	86.09	97.54	97.48
股东权益合计	100.00	104.06	97.23	97.20
负债和股东权益总计	100.00	100.28	97.30	97.26

从表2-2中计算的数据可以看出，该公司本年总资产呈弱性下降趋势，其中流动资产与非流动资产呈波动性变化，2××8年流动资产增长较快，达到129.32%；而非流动资产2××8年为82.53%，2××9年又达到98.17%。在趋势变化较大的项目中，应收股利变化幅度较大，近两年趋势比率数值分别是2××6年的9.67倍和6.75倍，对此，应重点关注投资效益的分析，加强投资规模及回报的监控与管理，进一步深入分析长期股权投资、固定资产、在建工程等投资项目。在流动资产方面，存货近年库存起伏较大，在固定资产规模有所提升的前提下，流动资产增减是否与生产能力提高相适应，还要做进一步分析。

从负债和所有者权益部分趋势看，总负债资本较2××6年均有下降，股东权益也呈下降趋势，但下降比重不大，基本保持平稳。

（二）流动资产项目分析

资产负债表项目分析，就是在对资产负债表进行一般性数据分析的基础上，对影响企业资产、负债和所有者权益的主要项目内涵质量进行深入分析，尤其注意分析由于会计政策、会计估计等变动对有关项目的影响。为了与偿债能力结合分析，首先对流动资产项目进行分析，流动资产项目是总资产的重要组成部分，根据其变现能力的快慢，将流动资产划分为速动资产和存货项目。

1. 速动资产分析

速动资产是指企业为了解决生产经营管理活动急需且能够立即变为货币资金的流动资产，包括货币资金、交易性金融资产、预付账款与其他应收款等，即流动资产扣除存货等变现能力较差的资产后的差额。

1）货币资金

货币资金是指企业生产经营过程中处于货币状态的那部分资产，包括库存现金、银行存款和其他货币资金。货币资金具有流动性极强、收支频繁、营利性较低等特点。企业保持货币资金的动机主要是交易、预防和投机。因此，对货币资金进行分析，最主要的是分析其持有量是否合理，若企业货币资金规模过小，意味着企业获取现金能力较差，偿债能力与支付能力存在较大风险；过高，则可能意味着企业正在丧失潜在的投资机会，分析时主要注意以下几点：

货币资金项目分析

（1）货币资金规模以及发生变动的原因。企业货币资金发生增减变动可能由于下列原因：

①销售规模的变动。当企业销售规模发生变动时，货币资金规模也会随之发生变动。

②信用政策的变动。如企业采用严格的信用政策，提高现销比例，可能会导致货币资金规模提高。

③为大笔现金支出做准备。如准备派发现金股利、偿还到期巨额银行借款。

（2）货币资金结构及其变化是否合理。比重高低主要结合企业下列因素分析：

①资产规模与业务量。企业资产规模越大，业务量越大，货币资金形态的资产就多。

②筹资能力。企业信誉良好，筹资渠道通畅，则没有必要持有大量货币资金。

③运用货币资金能力。企业经营者利用货币资金能力较强，货币资金比重可维持较低水平。

④行业特点。金融行业与非金融行业对货币资金持有量差异较大，前者要求较多，后者较少。

(3) 企业是否存在歪曲现金余额的现象。有的企业在实际中为了修饰其偿债能力，通常会于会计期末将在下一会计期间所收到的收入列入本期现金，以此提高企业流动比率和速动比率，因此，在分析时应注意发现并予以调整。

近年来，常有上市公司利用货币资金弄虚作假，分析时一定要核实清楚其真实性。

【例2-1】2015—2018年期间，延安必康（002411）这家药企控股股东及其关联方非经营性占用上市公司资金累计44.97亿元，为掩盖其非法占用上市公司资金的事实，在控股股东的操刀下，通过伪造银行对账单、虚假财务记账的手法，导致上市公司相关年度报告披露的货币资金账实不符。

该公司《2015年年度报告》虚增货币资金794 326 924.96元，占当期披露的经审计总资产的8.99%和净资产的15.18%；《2016年年度报告》虚增货币资金2 057 005 338.69元，占当期披露的经审计总资产的11.40%和净资产的24.31%；《2018年年度报告》虚增货币资金811 866 582.26元，占当期披露的经审计总资产的3.94%和净资产的8.47%。

上述财务信息造假涉嫌的违法事实主要包含三个方面：

一是2015年至2018年间，延安必康的控股股东及其关联方非经营性占用上市公司资金44.97亿元。二是为掩盖上述资金占用问题，延安必康以虚假财务记账、伪造银行对账单的形式，在年报中虚增货币资金。从2015年到2018年，虚增的货币资金数额，从数亿元到数十亿元不等，虚报货币资金累计36.63亿元。三是财务信息披露内容不准确，存在误导性陈述。

大股东非正常挪用或侵占资金的结果是恶化上市公司的财务状况，形成其经营业绩的重大利空。

【例2-2】辅仁药业（600781）2019年一季报显示，辅仁药业货币资金期末余额为18.16亿元，却迟迟不能派发6 271.58万元的现金红利。上交所火速问询，要求辅仁药业说明未能按期划转现金分红款项的具体原因，核实目前货币资金情况，并核实是否存在资金占用及违规担保的情况。辅仁药业在回复问询函时表示，截至2019年7月19日，辅仁药业及子公司拥有现金总额1.27亿元，其中受限金额1.23亿元，未受限金额377.87万元。

18.16亿元变1.27亿元，两者之间相差巨大，现金总额"蒸发"16.89亿元。这笔现金是否真实存在过？是否存在控股股东与关联方占款以及违规关联担保等情形？引发了业内对其财务造假的质疑。2019年7月26日，因辅仁药业涉嫌违法违规，证监会对辅仁药业立案调查。

经证监会查明，辅仁药业涉嫌违法的事实如下：

《2015年年度报告》披露的货币资金，期末余额10 315.74万元虚假，虚增货币资金6 380万元，占当年年度报告披露的期末净资产的15.17%。《2016年年度报告》披露的货币资金，期末余额10 512.37万元虚假，虚增货币资金7 200万元，占当年年度报告披露的期末净资产的16.63%。

《2017年年度报告》披露的货币资金，期末余额128 909.47元虚假，虚增货币资金46 710万元，占当年年度报告披露的期末净资产的10.02%。《2018年年度报告》披露的货币资金，期末余额165 636.49万元虚假，虚增货币资金133 663.28万元，占当年年度报告披露的期末净资产的24.45%。

以上虚假信息为投资者带来巨大损失。

2）交易性金融资产

交易性金融资产是指企业为了近期内出售而持有的金融资产，如企业为赚取差价从二级市场购入的股票、债券、基金等。交易性金融资产以公允价值计量，即无论是在其取得时的初始计量还是在资产负债表日的后续计量，交易性金融资产均以公允价值计量。企业在持有该项资产期间，其公允价值变动在利润表上以公允价值变动损益计入

交易性金融资产项目分析

当期损益；出售之时，一方面要确认出售损益，另一方面要将原计入公允价值变动损益的金额转入投资收益。因此，对交易性金融资产进行质量分析，主要是关注投资风险与效益大小，重点分析以下问题：

（1）规模是否适度。持有该资产的目的就是将货币资金转化为有价证券，以获得额外收益；同时在需要时又可以及时将其转换为现金，故一般交易性金融资产应适度，规模不宜过大。

（2）业绩是否较好。通过会计报表附注和利润表揭示企业对交易性金融资产的投资业绩，一是关注同期利润表中的"公允价值变动损益"及其在会计报表附注中对该项目的说明，了解该项投资产生的公允价值变动损益是正还是负；二是关注同期利润表中的投资收益及其在会计报表附注中对该项目的说明，看该项投资收益为正还是负，收益率是否高于同期银行存款利率。

（3）有没有人为调节交易性金融资产的现象。若资产负债表中同样的证券年复一年被列为交易性金融资产，则有人为操纵的可能。

3）应收账款

应收账款是指企业因销售商品、提供劳务等而形成的债权（含企业因销售商品而代垫的运费等）。应收账款作为商品的衍生物，在促进销售时，包含了潜在的信用风险坏账损失，根据目前企业会计准则的规定，坏账损失应采用备抵法进行账务处理，按应收账款年末余额百分比法、账龄分析法、销货百分比法等计提坏账准备。资产负债表中

应收账款项目分析

的"应收账款"项目用"应收账款"余额扣减"坏账准备"贷方余额后的净额填列。因此，对应收账款的分析，应联系企业主营业务收入增长分析其数额大小、质量高低以及计提坏账准备的影响。

（1）应收账款的规模。应收账款的规模与企业主营业务收入有密切关系，一方面，要结合企业经营方式、所处行业特点分析量的变动，如大部分工业企业、批发企业采用赊销方式较多，应收账款较多；商业零售企业现销业务多，应收账款较少。另一方面，结合企业信用政策分析，企业放松信用政策，会刺激销售，增加应收账款，发生坏账损失的可能性较大，反之，企业紧缩信用政策，制约销售，减少应收账款，发生坏账损失的可能性较小。

（2）应收账款质量。应收账款质量是指债权转化为货币的能力。该项内容分析主要是通过应收账款的账龄进行分析。应收账款的账龄越长，应收账款不能收回的可能性就越大，发生坏账损失的可能性越大，分析时从以下几点入手：

①应收账款的债务人分布。观察企业应收账款的债务人是集中还是比较分散，有的企业的主要客户非常少，主要向一两个客户进行销售，由此形成的应收账款可能具有较大的风险，但是如果企业的客户群非常分散，客户众多，一方面会降低上述风险，另一方面也增加了应收账款的管理难度和管理成本，因此在分析时应当综合考虑以上因素。

②应收账款是否长期挂账,不计提坏账准备。一些企业借助计提或转回坏账准备金额人为调整应收账款项目,以期达到粉饰经营成果、粉饰报表的目的,因此,要注意对企业资产减值准备明细表的内容做进一步分析。

③关联方交易中形成的应收账款在应收账款总额中的比重。若关联方交易形成的应收账款比重和规模过大,有可能存在通过关联交易虚增企业资产和利润之嫌。

(3) 坏账准备政策的影响。资产负债表上的应收账款是以净额列示的,因此,应关注计提坏账准备的合理性与合规性。分析时重点关注计提方法和计提比率。首先应当观察企业计提方法是否在不同期间保持一致,企业是否对计提方法的改变作出了合理解释。企业计提比率是否恰当,是否低估了坏账比率,是否遵循《基本会计准则》中可比性的要求。

一些企业出于某种动机,少提或不提坏账准备,虚增应收账款净额和利润;也有一些企业过度计提坏账准备,导致该年利润大幅下降,下一年度利润又快速回升,俗称"洗大澡"。

【例2-3】风华高科(000636)公司在开展贸易业务时,形成约6 319万元的应收账款,对应债权并没有抵押物等担保,且多次向债务人催款未果。为了解决应收账款挂账问题、延长应收账款计提坏账准备时间,风华高科开始花式玩弄应收账款。

2016年3月29日,风华高科《2015年年度报告》附注中披露:"2016年本公司将广州鑫德、广州华力应收款项以合计6 803 168.69元的价格转让,相关款项已收回""2016年本公司将应收广东新宇款项38 965 085.43元、应收广州亚利款项15 721 520.83.43元转让,相关款项已收回。"

附注对应本案所涉应收账款,占风华高科2015年年报利润总额的比例为70.12%,该附注披露内容与实际不符。

经虚构上述应收账款后,2016年风华高科大部分应收账款账龄都回归到了1年以内。

2017年3月21日,风华高科披露《2016年年度报告》,其中列示的应收账款事项,也未包含本案所涉应收账款,导致风华高科少计提资产减值损失,虚增利润总额61 921 185.13元,占风华高科2016年年报利润总额的33.05%。

2019年8月,风华高科收到广东监管局下发的《行政处罚事先告知书》,该公司存在信息披露虚假记载、未及时披露董事会监事会决议两项违法事实。2020年7月12日,风华高科收到广东省广州市中级人民法院送达的《民事判决书》等相关法律文书。据判决书显示,广州中院已对何宇等28名自然人股东起诉公司财务信息虚假陈述责任纠纷案件审理终结并作出一审判决。根据判决结果,被告风华高科于判决发生法律效力之日起十日内向原告何宇等26人赔偿投资差额损失、佣金、印花税、利息合共88 555 496.31元。

本案例虽然披露的造假科目只有应收账款,但涉及的还有货币资金、预付账款项目。人们分析财务信息时除了要了解企业利用应收账款科目造假、虚增利润的手法之外,还需从财务报表的科目数字的变化中敏锐地察觉出潜在的财务造假行为的动机和意图。就本案例而言,风华高科财务造假的主要动机是将应收账款坏账这一潜亏项目从资产负债表中抹去,从而虚增利润。

4) 预付账款与其他应收款

(1) 预付账款项目。

预付账款是企业根据购货合同或协议的要求,在接受商品之前预先支付给供货方的货款所形成的一项债权。在商品市场逐渐向买方市场转换的

预付账款与其他
应收款项目分析

过程中,预付账款在企业流动资产中所占的比重相对较小。除特殊情况外(如预收货款的企业未能按约提供商品),在未来不会导致现金流入,其变现性差。因此,该项目分析主要是判断其规模是否合适,主要结合采购特定存货的市场供求状况加以分析。如果该项资金在企业流动资产中所占份额不正常地偏大,则应该考虑企业是否有非法转移资金、非法向有关单位提供贷款及抽逃资金等不法行为。

(2) 其他应收款项目。

其他应收款是指企业发生非购销活动而产生的应收债权。具体包括应收的各种赔款、罚款,应收出租包装物租金,存出保证金,应向职工收取的各种垫付款项,以及不符合预付款性质而按规定转入其他应收款的预付账款等。

正常情况下,其他应收款一般也不会太多。该项资产如果长期大量存在,常常与关联公司、特别是母公司或其大股东非正常挪用或侵占资金、转移销售收入偷逃税款等有关。因此,分析时要借助会计报表附注分析其具体构成项目的内容和发生时间,关注其金额较大、时间较长、来自关联方的其他应收款项。

【例 2-4】中水渔业(000798)是我国有名的远洋捕鱼企业,但因为在《2015 年半年度报告》披露的合并资产负债表中,其他应收款项目期末金额少计近 8 402 万元,存在虚假记载、重大遗漏,2017 年收到证监会的《行政处罚决定书》(〔2017〕7 号)。

经中国证券监督管理委员会北京监管局查明,中水渔业主要存在三大违法事实:

(1) 将资产账实不符金额计入其他应收款。中水渔业在编制 2015 年第一季度报告财务报表时,将账实不符金额 84 399 221.64 元调整到其他应收款——其他项目中;

(2) 以利润分配冲减其他应收款。

(3) 知悉资金占用详情,但半年报不披露。在明知大额款项被股东占用的情况下,编制 2015 年半年度报告财务报表时,中水渔业仅将 2015 年第一季度初步确认的账实不符金额 84 399 221.64 元调整到其他应收款——其他项目中,与根据审计报告测算的大股东张某某其他应收款余额 168 424 045.13 元相比,相差 84 024 823.49 元。因此,中水渔业《2015 年半年度报告》披露的合并资产负债表中其他应收款项目期末金额少计 84 024 823.49 元,占中水渔业 2015 年经审计的财务报表所披露净资产 842 233 388.66 元的 9.97%,影响投资者决策。

2. 存货

存货是指企业在正常生产经营活动中持有以备耗用或出售的,或者为了出售而正处于生产过程中的各类物资。存货在企业流动资产中占有较大比重,其储存量的大小应根据企业生产经营活动、成本与效益作出平衡,寻找最佳储存量。否则,存货持有数量过多,会降低存货周转率,降低资金使用效率,增加存货储存成本;反之,如果持有

存货项目分析

量过少,会使企业面临缺货的危险。因此,对存货质量分析应重点关注存货内容及构成、存货计价、存货周转状况和存货跌价准备等。

1)存货内容及构成

存货内容包括库存商品、在产品、原材料、周转材料等。企业的存货类别较多,每种类别的存货对企业盈利能力以及自身周转情况不同。为此,对存货内容的分析应重点加强对存货内容真实性的分析,一是对原有的实物价值与账面价值核对,看是否账实相符;二是检查各种存货是否完好,其真实性和合理性如何。对存货构成进行分析时,结合会计报表附注中

的存货明细表，从存货市场前景、盈利能力和技术状况进行分析。其分析要点如下：

（1）与存货市场状况相结合。对于生产销售多种产品的企业，分析人员应当仔细判断每种产品的市场状况和盈利能力，每种产品对外界环境变化的敏感程度，哪种产品是企业主要的利润来源，企业是否将较多的资源配置在日后有发展潜力的产品上等。

（2）存货与产业链的关系。分析企业的产品是否在同一产业链上，具有上下游的关系，这种关系能否增加企业存货的销售，降低存货的成本。如果企业存货中的原材料较多，应观察这种情况是企业的正常安排，还是因为预计原材料即将涨价而做的临时储备。

（3）存货的技术构成。由于当今技术发展迅速，产品的更新换代很快，不同技术层次的存货，其价值会有较大的差异，同时在生产成本上也有差别。所以应当仔细分析企业存货的技术竞争力，判断该存货的市场寿命。

2）存货计价

存货取得的入账是按实际成本计量的，而计算存货耗用成本或销售成本时，则采用一定计价方法进行核算。根据《企业会计准则第1号——存货》的规定，企业应采用先进先出法、加权平均法、移动加权平均法或个别计价法确定发出存货的实际成本。存货成本计算得正确与否，不仅影响本期的资产负债表和利润表，还会影响下期的收益。在不同的计价方法下，计算得出的发出存货的成本有所不同，导致当期利润及资产（结存存货的成本）也有所不同，也可能因此影响会计信息使用者得出对企业不同财务状况的评价。

在通货膨胀期间，不同的存货计价方法对资产负债表和利润表的影响如表2-3所示。

表2-3 不同的存货计价方法对资产负债表和利润表的影响

项目	对资产负债表的影响	对利润表影响
先进先出法	存货价值基本得到反映	收益被高估
加权平均法	存货价值略被低估	收益略被高估
个别计价法	存货价值得到真实反映	收益得到真实反映

因此，分析存货计价时，重点关注企业所采用的会计核算方法。看存货的计价方法是否随意变更；确有必要变更时，是否说明变更的理由与变更内容，以及变更对企业财务状况与以往经营成果的累积影响数。从而避免企业利用不同会计处理方法的选择与变更人为调整报表信息。

3）存货周转状况

判断存货数据质量高低的另一个标准就是观察存货能否在短期内变现，因此存货周转的速度直接关系存货数据质量。一般而言，存货周转的快慢主要是使用存货周转率和存货周转天数来衡量，在分析判断时应当注意以下三点：

（1）如果企业的销售具有季节性，应当使用全年各月的平均存货量；

（2）注意存货发出的计价方法的差别，企业对于相同的存货流转，如果存货发出的计价方法不同，最后得到的期末存货价值一般也不相同，但是这种差异与经济实质无关，应当对其进行调整；

（3）如果能够得到存货内部构成数据，应当分类别分析周转情况，观察具体是何种存货导致了本期存货周转率的变动，以便分析企业存货周转的未来趋势。

4）存货跌价准备

根据现行会计制度规定，所有上市公司必须提取存货跌价准备。即存货项目应扣减存货跌价准备，因此，分析存货跌价准备时，要注意存货可变现净值确定的合理性、期末存货数量多少、存货用途划分的规范性。重点关注存货可变现净值与账面金额的比较。一般情况下，大多数存货的可变现净值较高。但是对于出现下列情况的存货，应当关注是否存在可变现净值低于账面价值的情况：

（1）市价持续下跌，并且在可预见的未来无回升希望；

（2）企业使用该项原材料生产的产品成本大于产品的销售价格；

（3）企业因产品更新换代，原有库存原材料已不适应新产品的需要，而该原材料的市场价格又低于其账面成本；

（4）因企业所提供的商品或劳务过时，或消费者偏好改变而使市场的需求发生变化，导致市场价格逐渐下跌。

存在以上情况时，应当观察企业是否已经计提了相应的存货跌价准备，分析时注意观察企业的计提的存货跌价准备是否充足，计提的标准是否前后各期一致。

5）存货的真实性分析

资产负债表上列示的存货应与实物相符，待售商品应完好无损，产成品质量应符合相应产品质量要求，库存原材料应属生产所需。对存货项目分析，应结合资产负债表附注信息进行。

【例2-5】2014年10月，獐子岛（002069）突发公告，称2011年与2012年的底播海域虾夷扇贝，因冷水团异动导致近乎绝收，上演扇贝跑路；合计影响净利润7.63亿元，全部计入2014年第三季度损益，导致公司前三季度业绩发生巨大反转，由上半年的盈利4 845万元转为亏损约8.609亿元。一夜之间，獐子岛从一支连续盈利的绩优股转为巨亏，导致大量个人投资者和机构投资人遭受巨额损失。此事件后，公司一度披星戴帽，连亏两年，差点退市；2016年扭亏为盈。

2018年1月，獐子岛再次发公告，声称2017年降水减少，导致饵料短缺，再加上海水温度异常，上演扇贝饿死。2017年业绩变脸，巨亏7.23亿。

2019年10月，面对深交所的业绩关注函，公司自信地表示，扇贝的投放采捕正按计划进行，不存在减值风险。

2019年11月，獐子岛再次曝出扇贝存货异常、大面积自然死亡的消息。

为了查办獐子岛案，证监会最终借助了北斗导航定位系统，委托专业机构，通过獐子岛采捕船卫星定位数据，揭开獐子岛的财务造假手段。通过对比发现，2016年，该公司实际采捕的海域面积比账面记录多出近14万亩，这意味着实际成本应高于账面成本6 000万元；根据獐子岛成本核算方式，在部分海域没有捕捞的情况下，2016年年底重新进行底播，重新底播区域的存货资产应作而未做核销处理，涉及存货损失7 111万元。通过这两种方式，獐子岛成功地在2016年实现了所谓的"账面盈利"（实际獐子岛2016年真实利润总额-4 822.23万元，净利润-5 543.31万元），成功摘帽，保住上市公司地位。到了2017年，獐子岛故技重施，再度宣称扇贝跑路和死亡，借此消化掉前一年隐藏的成本和亏损，共计约1.3亿元。这种乾坤大挪移，把2016年的成本和损失移转到2017年的做法，是典型的寅吃卯粮、操纵财务报表的行为。2020年，证监会发布消息，依法向公安机关移送獐子岛及相关人员涉嫌证券犯罪案件。

> 【名言警句】
> 宁可清贫自乐，不可浊富多忧。
>
> ——北宋·释道原《景德传灯录》

（三）非流动金融资产项目质量分析

非流动金融资产即长期金融资产，包括可供出售金融资产、持有至到期投资和长期股权投资。

1. 可供出售金融资产

对于公允价值能够可靠计量的金融资产，企业可以将其直接指定为可供出售金融资产。例如，在活跃市场上有报价的股票投资、债券投资等，如果企业没有将其作为交易性金融资产、持有至到期投资和长期股权投资，则应将其作为可供出售金融资产处理。

可供出售金融资产项目分析

可供出售金融资产的计量同交易性金融资产相同，都是按照公允价值进行计量，区别在于公允价值变动并不对应计入当期损益，而是直接计入所有者权益项目，排除了企业据此操纵利润的可能。对可供出售金融资产的质量分析应参照交易性金融资产进行。因此对其分析时要注意以下两点：

（1）判断其分类是否恰当，是否符合有关金融资产的确认标准；

（2）会计处理的正确性，是否存在粉饰业绩的情况，将持有的可供出售金融资产的公允价值变动损益直接确认为损益（正常情况下应计入资本公积——其他资本公积），计入利润表。

【例2-6】雅戈尔（600177）于2018年1月底预告2017年经营利润同比下跌90%；同年4月10日公布2018年一季度财务信息，公司一季度净利润增加93亿元，股价次日即大涨6.85%。

阅读分析其财务报表可知，从2015年开始，雅戈尔斥巨资买入港股中信股份，结果买入后中信股份一路下跌，截至2017年年底，两年合计亏损达到70.82亿元。2018年3月9日，雅戈尔再次买入中信股份1 000股，雅戈尔的这一次增持使自身所持中信股份比例从4.99%上升到5.0%。

相关会计准则规定，只要公司持有标的公司5%以上股票且向标的公司董事会派驻非执行董事，标的公司的性质就可以从一笔投资转变为联营公司，体现在财务报表上，就是从可供出售金融资产变为长期股权投资。

根据会计准则的规定及雅戈尔的实际情况，按可供出售金融资产计价方式，采用的是二级市场交易的股价（公允价值），为每股10.98港币，按长期股权投资计价方式，为账面净资产（权益法），中信股份的每股净资产为18.94港币，这样，每股价格就变成了每股18.94港币。

同一笔资产，因改变计价方式，每股账面价值立刻多了8港币，因为公司持股14.5亿万股，所以最后的结果就是增加了收入93亿人民币。

雅戈尔以其出色的财务技巧，展示在业务没有发生实质变化的前提下，通过多买1 000股来增加93亿元利润，摇身一变就成了业绩暴增。

2. 持有至到期投资

持有至到期投资是指到期日固定、回收金额固定或可确定，且企业有明确意图和能力持有至到期的非衍生金融资产，一般指长期债券投资，对其质量分析应当注意以下几点：

持有至到期投资项目分析

1）对债权相关条款的履约行为进行分析

应当观察被投资企业是否存在到期不能付息的情况，如果是分期还本的债权，还应当注意是否存在到期不能支付本金的情况；该项投资持有至到期后，被投资单位是否不能按时还本，存在违约行为。上述种种不能完全履行债权条款的行为都会使得持有至到期投资的质量下降。

2）分析债务人的偿债能力

虽然被投资企业截至分析前都已经按照条款履约，但是应当关注债务人未来的偿债能力，关注其现金流是否充分，是否存在违约风险。

3）持有期内投资收益的确认

依据会计准则的规定，按照权责发生制原则，投资企业依据债权条款，按照时间的推移，对已经发生的债权利息，无论是否收到现金，都确认投资收益。

3. 长期股权投资

长期股权投资指企业以货币资金、实物资产或无形资产等资产对外投资所获得的被投资方的股权而形成的资产。由于会计核算上对股权投资存在着两种不同的处理方法——成本法与权益法，导致其在不存在长期投资减值准备的情况下，账面金额所反映的含义也各不相同。对于长期股权投资的质量分析应重点关注长期股权投资的初始计量、后续计量及其投资收益核算方法，具体分析内容如下：

长期股权投资项目分析

1）在长期股权投资的初始计量中，应关注构成控制关系的情况

在长期股权投资的初始计量中，应关注构成控制关系的情况，也就是形成控股合并的投资行为计量方法。

2）长期股权投资后续计量的确定

即投资与被投资企业之间因控制或影响程度而采用的是成本法还是权益法核算。不同的核算方法会产生不同的核算结果。虽然会计准则中对企业长期股权投资所采用的核算方法做了原则上的规范，如当投资方能够对被投资单位实施控制、不具有共同控制或重大影响，并且在活跃市场中没有报价、公允价值不能可靠计量时，应该采用成本法核算；但当投资方对被投资单位具有共同控制或重大影响时，则应该采用权益法进行核算。然而，由于一些不确定性因素的存在，一些企业在具体核算时仍会出于报表业绩等相关方面的考虑，在方法选择及其变更上加入较多的主观因素。所以，分析时应注意人为的调整因素。

3）投资收益核算

长期股权投资中的投资收益因为采用不同的会计核算方法而质量不同。在成本法下，投资收益来自被投资单位的现金股利；而在权益法下，确认的投资收益一般大于收到的现金股利，最后造成的结果是，一定的投资收益没有对应的现金流支撑。

此外，应当关注长期股权投资的减值准备是否充分。对于有市价的长期股权投资，其质量是否恶化，比较容易判断，而对于没有市价的长期股权投资，其价值是否减损，应当对被投资企业进行综合调查分析。

【例2-7】A企业对外投资2 000万元，与其他单位合资进行煤矿开采业务，占被投资企业16%的股份，采用成本法核算，预期3年收回投资。但该企业经营后，连续发生亏损。3年后，投资企业准备收回投资时，发现被投资企业资不抵债，被投资企业账面价值尚余50万元。不得已进行破产清算，2 000万元投资所剩无几。

投资企业的长期股权投资如果采用成本法核算，其账面价值不会随被投资企业当期发生的盈利或亏损上下浮动。信息不通畅，既无法了解被投资企业的经营情况，又无法控制被投资企业的经营行为，在这种情况下，一旦被投资企业破产，则投资方血本无归。

（四）固定资产项目分析

固定资产是指同时具有下列特征的有形资产：

第一，为生产商品、提供劳务、出租或经营管理而持有的；第二，使用寿命超过1个会计年度。包括企业自用的房屋及建筑物、机器设备、运输工具、工具器皿等。

固定资产项目分析

资产负债表中的固定资产项目是由固定资产账户余额减去累计折旧贷方余额和固定资产减值准备贷方余额的净值反映，因而对固定资产项目进行质量分析，应重点关注以下几个方面的问题：

1. 固定资产计量及规模的合理性

在《企业会计准则第4号——固定资产》（以下称《第4号准则》）中，更加强调固定资产价值的相关性，考虑了现值和企业未来期间与固定资产相关的预计负债问题。

1）固定资产初始确认的正确性

（1）分析固定资产是否为取得及使其达到正常可使用状态所付出的全部代价，相关资本化借款费用确认是否正确；

（2）特殊购买原始价值确认正确与否。如根据《第4号准则》，对于融资租赁性质的固定资产，其入账价值以所有付款额的现值之和确定；即若企业购买固定资产付款期较长，超过正常使用条件（通常3年以上），此融资租赁购买行为的固定资产入账价值不能以所有付款额之和确定，而应考虑付款的资金时间价值（现值之和）。同时规定对于存在弃置义务的固定资产，在初始确认时还应考虑弃置费用。弃置费用是指根据国家法律和行政法规、国际公约的规定，企业承担的环境保护和生态恢复等义务所确定的支出，如核电站核设施等的弃置和恢复环境义务。因为弃置费用一般在固定资产使用期满时支付，所以其现值与实际支付金额之间差距较大，应当在固定资产初始确认时将其现值计入固定资产的账面价值，同时确认一笔预计负债。

2）固定资产规模的合理性

企业固定资产代表了生产能力的强弱，但是并非固定资产数量越大越好，超量的固定资产挤占了企业资金，短期内不能变现，造成企业转产困难；再者，固定资产的数量与行业之间有很大关系，应查看企业固定资产的数量是否符合行业水平。

【例2-8】尔康药业（300267）总部位于湖南省，曾是国内品种最全、规模最大的专业药用辅料生产企业之一，公司上市后，2014—2016年净利润保持高速增长，从2013年度净利润1.92亿元到2016年实现年度净利润7.5亿元，成为众多投资者的投资目标。

有投资者分析尔康药业发布的财务报表时发现，公司固定资产数量飞速增加，仅2015年，固定资产账面价值翻了6倍，从类别上来看，大部分固定资产是房屋。也就是说，这家公司两年内固定资产（含在建工程）增加了20亿元，固定资产占比远高于同行业公司，通常只有类似于房地产的重资产企业才能有超过40%的固定资产，而在医药行业，几乎是不存在的，因而对尔康药业固定资产的真实性产生了怀疑。2017年，证监会对尔康药业立案调查，查证其虚增资产虚增净利润，共计处以罚款201万元，并被投资者索赔5.3亿元。

2. 固定资产的结构

企业特有的固定资产并非完全为生产所需，还有相当数量的非生产用固定资产，以及生产中不需用的固定资产。据此可以评价企业固定资产的利用率以及生产用固定资产的比率，如果这两个比率较低，应当降低对固定资产总体质量的评价。

3. 固定资产的折旧及减值准备

1）固定资产在使用中产品的有形损耗与无形损耗，应按规定原则计算与确认

其中直线法有平均年限法、工作量法，加速折旧法有双倍余额递减法、年数总和法，不同的折旧方法对企业各期的成本费用与固定资产净值会产生不同的影响。具有不同用途的固定资产若在技术上有差距，则折旧方法及价值差距明显，如随着技术的发展，计算机的贬值速度很快。企业对此应当通过加速折旧来使账面净值接近资产的公允价值。财务分析人员应当分析企业哪些固定资产受技术进步的影响较大，是否应当采用加速折旧，企业计提的折旧是否充分，企业是否有随意变更固定资产的折旧年限及折旧方式，从而操纵利润的情况。

2）根据《第4号准则》的规定，企业可就期末固定资产的实际价值状况计提减值准备

在分析时应关注企业的固定资产实质上已经减值，但却不提或少提减值准备以虚增资产和利润的情况。为此，主要查看资产减值准备明细表，分析企业计提固定资产减值准备的正确性与合理性。

【例2-9】三钢闽光（002110）在2016年1月发布了《关于调整部分固定资产折旧年限的公告》，将原折旧年限为13~18年的机器设备类固定资产折旧年限调整为13~20年；原折旧年限为20~35年的房屋及构筑物类固定资产折旧年限调整为20~40年。调整后，增加当期利润1.46亿元。在调整折旧年限的助力下，公司2016年实现利润4亿元。

通过调整固定资产折旧年限粉饰利润的企业非常多，特别是上市公司，因固定资产金额庞大，通过调整折旧年限对利润的影响是巨大的，动辄数以亿计，河北钢铁仅在2014年一年，就通过调整折旧年限的手段，增加15亿元的净利润。

（五）在建工程、无形资产、商誉及递延资产

1. 在建工程

在建工程是指企业正在建造中的，未来将形成自有固定资产的工程，包括固定资产新建工程、改扩建工程等。企业存在在建工程的目的是最终使其成为固定资产，增加企业的生产经营能力，因此保质保量地早日完工对企业具有重大意义。在建工程项目质量分析应重点关注以下内容：

在建工程无形资产项目分析

1）借款费用资本化

在建工程的一个特殊会计问题是借款费用资本化，依据《企业会计准则17号——借款费用》的规定，在符合一定条件下，与固定资产建造过程有关的借款费用可以资本化，计入在建工程。企业应当严格确定资本化区间，把握借款费用开始资本化的时点，暂停资本化的时间和条件，以及停止资本化的时点。在不允许资本化期间的借款费用应当严格限制其计入在建工程。因此，在分析时要看企业是否将不能资本化的借款费用挤入了在建工程。同时，如果企业自建的固定资产价值因为资本化的借款费用而高于其公允价值，则这部分借款

费用应考虑是否剔除。

【例 2-10】 2017 年，林州重机（002535）在没有收到设备实物，也没有相关物流单据与发票的情况下，将预付账款转入在建工程，并将相关利息费用资本化，导致林州重机 2017 年合并资产负债表虚增在建工程 20 691.88 万元，虚减预付账款 19 500 万元，合并利润表虚减财务费用 1 124.41 万元，虚增利润总额 1 124.41 万元，占当期合并利润总额的比例为 48.72%。

2）固定资产投资变动率

首先分析企业在建工程年初、年末数额的增减变动及其在固定资产合计数中的比重变化，反映是否合理安排工程支出，减少未完工工程比重；其次，结合在建工程所提供的项目明细资料，进行在建工程完工程度分析和支出结构分析。

2. 无形资产

无形资产是指企业拥有或控制的没有实物形态的可辨认的非货币性资产。该资产具有初始计量的灵活性与后续计量的摊销性，即企业研究开发支出根据不同情况可作为无形资产入账或计入当期损益，而后续计量主要是确定使用寿命，并在寿命期内摊销。因此，对无形资产的质量分析，应注意其账面价值可能高估或低估实际价值，为此，分析时要注意以下两个方面的问题：

1）无形资产的账面价值大于实际价值的情况

会计准则允许企业的开发性支出在一定条件下可以资本化，因此分析人员应当关注企业是否严格遵循了相关要求，是否有扩大资本化的倾向。另外，分析人员应当检查企业无形资产的摊销政策，对于应当采用加速摊销的，是否使用了直线法摊销，是否多计了无形资产的残值等。对于土地使用权，按照当前的经济形势，这种无形资产从长期看基本处于价值上升的状态，因此最初取得该资产的历史成本可能已经不能反映其实际价值。

2）无形资产的账面价值小于实际价值的情况

鉴于相关支出作为无形资产入账的严格要求，使得企业实际形成无形资产的一些支出（尤其是自创的无形资产）只能费用化，从而形成账外无形资产。例如对于企业自创商标的支出，其中发生的大额广告费用在财务分析时就不能仅仅将其计入当期损益。

此外在实际分析时，应当注意无形资产与有形资产的结合程度，观察企业是否具有一定的物质条件落实无形资产的价值，产生较好的经济效益。

【例 2-11】 昊华能源（601101）五年前多计超 28 亿元无形资产，遭证监会立案调查。

2020 年 4 月 28 日，昊华能源发布《董事会关于会计差错更正事项的专项说明》显示，"京东方能源探明矿区权利"由更正前的 53.18 亿元更正为 24.93 亿元，该事项对 2019 年 1 月 1 日合并资产负债表的影响是，公司无形资产由更正前的 78.84 亿元更正为 50.59 亿元，减少 28.25 亿元；未分配利润由更正前 22.93 亿元更正为 8.91 亿元，减少 14.02 亿元；少数股东权益由更正前的 46.76 亿元更正为 32.64 亿元，减少 14.12 亿元。

公司自曝 2015 年归母净利润虚增约 14 亿元，其 2015 年财报显示，当年实现归母净利润 5 760 万元，若剔除虚增部分，公司在 2015 年实际亏损或超过 13 亿元。据公司公告，该事项仅影响当年利润，未导致公司出现连续亏损。

受相关事件影响，昊华能源股价一路下跌，从 5.43 元/股下跌至 3.5 元/股，市值跌至近 42 亿元。2020 年 5 月 21 日，证监会立案调查昊华能源涉嫌信息披露违法违规行为。

> 【名言警句】
> 小利，大利之蛀；贪小利，则大利必亡。
>
> ——北齐·刘昼《刘子·贪爱》

3. 商誉

商誉是指企业在购买另一个企业时，购买成本大于被购买企业可辨认净资产公允价值的差额。在企业合并中，对于非同一控制下的吸收合并，企业合并成本大于合并中取得的被购买方可辨认净资产公允价值份额的差额，应确认为商誉，在合并方的资产负债表上列示；对于非同一控制下的控股合并，企业合并成本大于合并中取得的被购买方可辨认净资产公允价值份额的差额，在合并方的个别资产负债表上不确认为商誉，而在合并报表中列示为商誉。

商誉的后续计量不可摊销，只是每个会计期间进行减值测试，测试方式是结合相关的资产组或者资产组组合进行减值测试，相关的资产组或者资产组组合应当是能够从企业合并的协同效应中受益的资产组或者资产组组合。

对商誉项目进行分析，应重点关注企业合并时的出价是否合理，对于被合并企业的可辨认净资产公允价值的确认是否恰当，以及商誉价值在未来的可持续性，判断商誉减值准备是否充分等。

【例2-12】2018年1月31日，天神娱乐（002354）发布业绩预告，称预亏损78亿元，其中预计提商誉为65.49亿元。

天神娱乐一年的利润最多的时候才12亿元，它在2010年上市，这78亿元把上市以来赚的所有利润亏完都还不够。

4. 递延所得税资产

递延所得税资产是因为企业可抵扣暂时性差异导致的。可抵扣暂时性差异是指在确定未来收回资产或清偿负债期间的应纳税所得额时，将导致产生可抵扣金额的差异，该差异在未来期间转回时会减少转回期间的应纳税所得额，在可抵扣暂时性差异产生当期，应当确认相关的递延所得税资产。对该项目进行分析，应重点关注以下两个方面的问题：

（1）产生的原因是否合理。递延所得税资产产生于可抵扣暂时性差异，该差异不宜过高，一般以可能取得用来抵扣暂时性差异的应纳税所得额为限。

（2）企业在以后期间能否取得足够可利用当期可抵扣暂时性的应纳税所得额。

（六）负债项目分析

负债是企业筹集资金的重要手段，企业资金来源除业主投资和内部积累外，就是对外举债。举债就像一把双刃剑，举债过多，企业会面临无力偿债而被清算或被接管的风险；举债过少，企业不能充分利用财务杠杆获利，一般会倾向于少披露负债来粉饰财务报表。因此，分析时应充分关注企业是否存在未披露或少披露的负债，以及企业对各种负债的偿还能力。

1. 流动负债分析

流动负债主要包括短期借款、应付账款、应付票据、预收账款、应付职工薪酬、应交税费、应付股利（或利润）及其他应付款等。确认流动负债的目的，主要是将其与流动资产进行比较，反映企业的短期偿债能力。

流动负债项目分析

1）短期借款

短期借款是指企业向银行或其他金融机构等借入的偿还期限在 1 年以下的各种借款。短期借款用于解决企业流动资金匮乏，一般不用于长期资产的资金需求。偿还短期借款，主要的保障是企业的流动资产。对短期借款进行分析，应主要关注以下几个问题：

（1）短期借款的数量是否与流动资产相关项目的需要量相适应。季节性或临时性需要产生短期借款，其资金量的变动期间短，金额较小。

（2）借款的偿还时间与偿还能力。短期借款期限较短，风险大且利率较低，故分析时要注意企业是否有足够的现金偿还本息。

2）应付账款及应付票据

应付账款及应付票据都是因商品交易产生的，因为具体产生的条件不同，分析时应分别关注以下内容：

（1）应付账款。应付账款是指企业在正常的生产经营过程中因购进货物或接受劳务应在 1 年内偿付的债务。分析人员应关注企业应付账款的发生是否与企业购货之间存在比较稳定的关系，是否存在应付账款发生急剧增加以及付款期限拖延的情况，并测定其未来现金流量对应付账款的偿还能力。

（2）应付票据。应付票据是指企业采用商业汇票结算方式延期付款购入货物应付的票据款。相对应付账款而言，其压力和风险较大，分析人员应注意以下两点。

①应付票据是否带息，企业是否发生过延期支付到期票据的情况；

②企业开具的商业汇票是银行承兑汇票还是商业承兑汇票，如果是后者居多，应当进一步分析企业是否存在信用状况下降和资金匮乏的问题。如果是关联方发生的应付票据，应了解关联方交易的事项、价格、目的等因素，是否存在使用票据方式进行融资的行为。

3）预收账款

预收账款是指企业在销货之前预先向购买方收取的款项，应在 1 年以内使用产品或劳务来偿还。该债务是一种良性债务，其增加对企业有利，预示企业产品销售情况很好，供不应求。但预收账款若是由大量的关联交易产品产生的，则应注意是否是企业之间的一种变相借贷方式。因此，分析预收账款的重点应该是关注该预收账款是否是企业因产品销售形成的，否则该项目增加就是低质量的。

4）应付职工薪酬

职工薪酬是指职工在职期间和离职后提供给职工的全部货币性薪酬和非货币性薪酬，既包括提供给职工本人的薪酬，也包括提供给职工配偶、子女或其他被赡养人的福利等。应付职工薪酬分为应付非货币性福利、辞退福利、股份支付产生的应付职工薪酬进行内容确认与核算，因此，分析人员应关注企业是否存在少计负债以及是否利用应付职工薪酬来调节利润的情况，主要关注以下几点：

（1）企业是否将提供给职工的全部货币与非货币性福利全部计入了应付职工薪酬，是否存在少计、漏计的情况；

（2）辞退福利是或有负债，应检查计入应付职工薪酬的部分是否符合确认的条件，企业对其数据的估计是否合理准确；

（3）现金结算的股份支付是否按照权益工具的公允价值计量，企业在可行权日后的每个资产负债表日以及结算日，是否对应付职工薪酬的公允价值重新计量。

5）应交税费

应交税费是指企业在生产经营过程中产生的应向国家缴纳的各种税费，主要包括增值

税、消费税、城市维护建设税、教育费附加等。因为税收种类较多,分析人员在分析时应注意以下两点:

(1) 税款内容及构成,有针对性地分析企业欠税原因。分析企业是否有拖欠国家税款现象,是否符合国家税法规定的确认条件。

(2) 结合企业实现利润的情况,分析各项税金计算的正确性及合理性。若该项目与实现利润同增同减,说明企业经营正常,若该项减少,而流动资产、实现利润增加,说明企业经营管理水平有所提高。

6) 应付股利(或利润)及其他应付款

应付股利是指企业根据董事会提请股东大会批准的利润分配方案中所确定的应分配给股东但尚未支付的现金股利或利润金额。企业作为独立核算的经济实体,当实现盈利并按规定提取了必要的盈余公积之后,若资金情况许可,一般会依据一定的利润分配政策进行利润分配。通常,若企业为非股份有限公司,应付而尚未支付的利润称为应付利润;而若企业为股份有限公司,则应付而尚未支付的现金股利称为应付股利。对其分析时要注意区别股份有限公司发放股利的形式,即企业发放股票股利不涉及负债,其实质是股东权益结构调整;而企业应付未付的现金股利才是资产负债表上反映的应付股利,注意有无虚增虚减负债状况。

其他应付款是指企业除应付账款与预收账款之外,应付或暂收其他单位与个人的款项。一般包括暂收其他单位与个人的保证金和押金、应付保险费、应付经营性租入资产的租金、应付统筹退休金,等等。对该项目分析时应注意与主营业务的债务相比,其数额不应过大,时间不应过长,重点关注企业是否有利用该项目进行非法资金拆借、转移营业收入等违规行为。

2. 非流动负债分析

非流动负债是企业资金来源的一个重要组成部分,其主要项目有长期借款、应付债券、长期应付款、预计负债和递延所得税负债等,它与短期负债相比,具有期限长、利率高、约束性强、偿还金额较大等特点,在一定程度上也会形成对企业的资金压力,因此,分析时应重点关注其持有长期负债的风险状况和未来现金流出量的现值。

1) 长期借款

长期借款是指企业从银行或其他金融机构借入的期限在 1 年以上的款项。分析时,应重点关注以下几点:

(1) 应当观察企业长期借款的用途,长期借款的增加是否与企业长期资产的增加相匹配,是否存在将长期借款用于流动资产的支出。

长期借款项目分析

(2) 企业长期借款的数额是否有较大的波动,波动的原因是什么。

(3) 观察企业的盈利能力,因为与短期借款不同,长期借款的本金和利息的支付来自企业盈利,所以盈利能力应与长期借款规模相匹配。

(4) 注意其借款有无抵押或担保条款。

2) 应付债券

应付债券是指企业为筹集长期资金而实际发行的债券及应付的利息。分析时,应重点关注以下几点:

(1) 债券的有关条款。查看该债券的付息方式是到期一次还本付息、分期付息到期还本还是分期还本付息。

（2）利息调整的处理。看企业对于溢折价发行部分和实际利息费用的确认是否准确。

（3）关注债券是否存在可赎回条款，企业是否具有可用于赎回的资金准备。

应付债券项目分析

（4）债券是否具有可转换条款。在分析可转换债券的质量时，应检查企业当前的股票价格与条款中规定的转换价格之间的差异，如果当前的股价远低于规定的转换价格，应当怀疑到期转换的可能性；反之，如果当前的股价高于规定的转换价格，则可以预见到期转换是可能实现的，企业最终将不承担还本付息的义务，减少未来期间权益现金流出，有助于减少企业的财务压力。

3）长期应付款

长期应付款是指企业除长期借款和应付债券以外的各种长期应付款项，包括在采用补偿贸易方式下引进国外设备应付的价款、融资租入固定资产的租赁费等。

补偿贸易是从国外引进设备，再用设备所生产的产品归还设备价款，这样，既销售了产品又偿还了债务。对该项目分析应当关注企业设备安装是否及时到位，生产能否如期进行，产品的成本能否得到有效的控制等。

融资租赁是企业的一种融资方式，该方式可以使企业在资金不足的情况下获得所需要的生产设备，此后又以租赁费的方式分期还款，减少了到期一次还款的压力。对企业融资租入的固定资产，应关注以下问题：

（1）企业的租赁是否符合融资租赁的确认条件；

（2）资产的入账价值是否正确合理；

（3）是否采用与自有固定资产相一致的折旧政策计提折旧。

此外，在分析时，应当注意企业融资租赁的固定资产是否已经按照企业最初的意愿形成生产能力，其资产收益率能否超过融资租赁的内含报酬率，否则将影响长期应付款的偿还。

4）预计负债

预计负债来自或有事项和或有负债。

或有事项是指过去的交易或者事项形成的，其结果须由某些未来事项的发生或不发生才能决定的不确定事项。对企业来说，或有事项可能是一种潜在的权利，形成或有资产，也可能是一种现时或潜在的义务，形成或有负债。鉴于谨慎性原则，或有资产一般不应在企业会计报表及其附注中披露，只有在或有资产很可能给企业带来经济利益时，才在会计报表附注中披露其形成的原因及其财务影响。

或有负债是指过去的交易或者事项形成的潜在义务，其存在须通过未来不确定事项的发生或不发生予以证实。在符合下列条件下，或有负债应当被确认为预计负债：

（1）该义务是企业承担的现时义务；

（2）履行该义务很可能导致经济利益流出企业；

（3）该义务的金额能够可靠地计量。

企业涉及预计负债的主要事项包括未决诉讼、产品质量担保债务、亏损合同、重组义务等。鉴于预计负债的确认和计量涉及较多的财务判断，企业可能倾向于尽量少地披露相关债务，因此分析时应当仔细寻找有关预计负债的存在踪迹，查看企业售后条款、发生的诉讼事项等，并注意企业对预计负债的计量是否正确，对最佳估计数的估计是否合理等。

5）递延所得税负债

递延所得税负债产生于应纳税暂时性差异，该暂时性差异是指在确定未来可收回资产或清偿负债期间的应纳税所得额时，将导致产生应税金额的暂时性差异，该差异在未来期间转回时，会增加转回期间的应纳税所得额，因而增加应付税金义务，所以应确认相关递延所得税负债。资产的账面价值大于其计税基础或负债的账面价值小于其计税基础，都会产生应纳税暂时性差异，由此产生递延所得税负债。财务分析人员应当关注资产和负债的计税基础和账面价值，核实企业的递延所得税负债是否真实，是否存在少计、漏计的情况。

（七）所有者权益项目分析

所有者权益表现为实收资本（股本）、资本公积、留存收益、未分配利润四个部分，对其进行分析时应重点关注各组成项目的内涵及增减变动情况。

所有者权益项目分析

1. 实收资本（股本）

实收资本是指所有者在企业注册资本的范围内实际投入的资本，在股份公司中称为股本。所有者可以使用不同形式的资产进行出资，包括货币和非货币资产。

一般情况下，实收资本金额相对固定，数额上同注册资本一致，除非发生减资或企业清算，否则将永远留在企业内部。分析时应注意以下几点：

（1）是否有新增加的投资，或缩小规模的状况。

（2）初始成立的投资额。企业在初始成立时，注册资本是否已经到位，如果没有，应查明原因。

（3）接收非货币性资产计价。分析该资产的公允价值是否与投资双方达成的合同金额相符，是否存在高估资产而导致企业资本亏损的情况。

2. 资本公积

资本公积是企业收到投资者出资额超出其在注册资本（或股本）中所占份额的部分，以及直接计入所有者权益的利得和损失等。

资本公积从本质上讲属于投入资本，但与实收资本有所不同。实收资本一般是投资者投入的为谋求价值增值的原始投资，与企业注册资本相一致，其在来源和金额上有比较严格限制。而资本公积在金额上没有严格限制，来源也较为广泛，可来自投资者额外投入（资本溢价）、国家拨款转入、股权投资准备（指企业对被投资单位的长期股权投资采用权益法核算时，因被投资单位接受捐赠等原因增加的资本公积，企业按其持股比例计算而增加的资本公积）等。

对该项目进行分析，应当仔细分析其构成，看企业是否把一些其他项目混入资本公积之中，使资产负债率下降。

3. 留存收益

企业的盈余公积与未分配利润都是来自历年企业经营净利润的留存，通称为留存收益。留存收益能够为企业的再发展提供资金来源，同时可以增加企业的净资产，增强企业的信用能力。对于留存收益的分析，一是看其是否遵守《公司法》规定的分配顺序及比例；二是分析动态变化，结合企业历年的利润及其分配情况，分析其合理性。

4. 未分配利润（略）

学习情景二　利润表的阅读与分析

一、利润表概述

（一）利润表的意义

利润表反映的是企业一定时期的收入、费用、利润等经营成果以及资本利得或损失等情况，属于一张动态会计报表。现行会计制度规定，企业每个月都应该编制当月的利润表，用以反映企业利润的组成以及所得与所耗之间配比效果方面的信息等。

（二）利润表的作用

1. 对解读、评价和预测企业经营成果和获利能力提供了重要信息

利润表反映的主要内容是企业在一定期间内所有的收益与所有的费用，并据以计算出该期间的利润（或亏损）总额。通过利润表反映的收入、费用、利得、损失等会计信息，企业经营者、投资者、债权人能够获取企业前后各期的销售利润率、成本利润率、营业利润率，从而了解企业的获利能力，据以预测企业在未来一定时期内的盈利趋势，对各层次财务报表使用者分析评价企业的经营业绩具有重要作用。

2. 对解读、评价和预测企业的长期偿债能力提供了重要信息

反映企业偿债能力的重要因素是获利能力，尤其企业的长期债权人，他们关注的重点是企业未来的发展状况。借款还本付息离不开其借款产生的经济效益，获利能力强，则偿债能力强；获利能力弱或亏损，则非但不能偿债，还将导致企业财务状况的恶化。因此，通过对利润表各项目的解读与分析，运用财务成果与收入比率、财务成果与成本费用比率，可以分析评价企业的长期偿债能力。

3. 对评价和考核企业管理者的绩效提供了重要信息

企业的受托责任人的工作及管理业绩，在利润表各项目的数据中得到了集中体现。利润表所反映的企业营业收入、营业成本、费用等信息，是企业经营管理者的能力水平高低、管理工作好坏的重要体现；可以说明他们在生产、经营和理财方面的管理效率和效益，是企业经营绩效的直接反映。通过利润表各构成项目指标的对比分析、比率分析和因素分析，对考核经营者受托责任的履行情况具有重要作用。

（三）利润表的编制

1. 利润表的内容与结构

利润表的主要内容包含收入、费用与利润三要素，并根据"收入－费用＝利润"原理编制。利润表的结构有两种：单步式和多步式。多步式的利润表充分体现了利润的形成过程与内容，因此，我国现行企业会计准则规定，企业采用多步式的利润表格式（其格式和具体内容见项目一表1-2）。

2. 利润表的编制

1）单步式利润表

先分别计算所有的收入类总和与费用类总和，再将其相减，得出利润总额，而不考虑收入与成本的配比关系。虽然该表简单、易编、直观，但不利于对利润构成进行分析。

2）多步式利润表

它是将"收入－费用＝利润"这一基本会计等式，按照收入与费用之间的因果关系进行配比，先分步计算不同运营类型的盈亏得失，再汇总计算利润总额和净利润。多步式利润表一般分如下几步进行计算与编制：

（1）从营业收入出发，按照"营业收入－营业成本－税金及附加－销售费用－管理费用－财务费用±资产减值损失±信用减值损失±公允价值变动损益±投资收益＝营业利润"这一顺序，反映当期主要经营活动直接创造的经营利润。

（2）从营业利润开始，依据"营业利润＋营业外收入－营业外支出＝利润总额"的关系式，披露和反映利润总额各组成要素的当期影响金额。

（3）在利润总额的基础上，减去所得税费用，得出净利润。

二、利润表的初步分析

利润表的初步分析包括的主要内容有利润表水平分析、垂直分析、趋势分析及利润表项目分析四个方面。其中，在前三项内容数据计算与分析的基础上，应加强对利润表项目内涵重点的分析，即对影响企业净利润的主要项目，如主营业务利润、营业成本、费用等项目进行深入分析。

利润表的初步分析

（一）利润表水平分析

1. 利润表水平分析的意义

利润表水平分析，就是将利润表的实际数与对比标准或基数进行比较，以揭示利润变动差异的分析方法。当把它与预算基数相比时，分析的目的在于评价利润预算完成的情况，揭示影响利润预算完成的原因；当把它与上年利润相比时，分析的目的在于评价利润增减变动情况，揭示本年利润与上年利润产生差异的原因。

2. 利润表水平分析表的编制与评价

1）利润表水平分析表的编制

首先，根据利润表对表格进行设计，就是在利润表的基础上根据不同时期增加两栏"增减额""增减百分比"，计算变动数据；然后，按分析项目计算对比差异额和差异率，最后，根据计算数据进行评价。根据项目一表1-2的资料，编制利润表水平分析表，如表2-4所示。

表2-4 甲公司利润表水平分析表

项目	2××8年度利润/万元	2××9年度利润/万元	2××9年度	
			增减额/万元	增减百分比/%
一、营业收入	221 673	242 100	20 427	9.21
减：营业成本	180 154	183 001	2 847	1.58
税金及附加	751	1 161	410	54.59
销售费用	14 840	23 566	8 726	58.80
管理费用	11 228	12 702	1 474	13.13
财务费用	61	-1 887	-1 948	-31.93
资产减值损失	610	569	-41	-6.72

续表

项目	2××8年度利润/万元	2××9年度利润/万元	2××9年度	
			增减额/万元	增减百分比/%
加：公允价值变动收益（损失以"-"号填列）				
投资收益	96 513	7 804	-88 709	-91.91
其中：对联营企业和合营企业的投资收益				
二、营业利润（亏损以"-"号填列）	110 542	30 792	-79 750	-72.14
加：营业外收入	621	125	-496	-79.87
减：营业外支出	5		-5	-100.00
其中：非流动资产处置损失				
三、利润总额（亏损总额以"-"号填列）	111 158	30 917	-80 241	-72.19
减：所得税费用	2 413	3 439	1 026	42.52
四、净利润（净亏损以"-"号填列）	108 745	27 478	-81 267	-74.73
五、每股收益：				
（一）基本每股收益	0.481元	0.122元	-0.358	-74.43
（二）稀释每股收益	0.481元	0.122元	-0.358	-74.43

2）利润表水平分析表的评价

根据利润表水平分析表可知，甲公司2××9年比2××8年净利润下降74.73%，主要原因是期间费用增加较快，其中销售费用增幅50%以上，投资收益下降最多，降幅达92%。虽然2××9年因为金融危机的影响，导致公司经营业务水平全面下降，但是，对于公司主要依赖投资收益获利的情况要深入分析，应结合投资项目与收入水平进行项目相关性分析。

（二）利润表垂直分析

利润表垂直分析（或共同比利润表）是通过计算利润表中各项目或各因素在营业收入中所占比重，分析各项财务成果及成本费用的结构及其增减变动的情况。具体可从静态与动态两方面分析利润构成，即静态只计算实际（或报告期）利润构成；而动态分别计算出实际利润构成、标准（或基期）利润构成，然后将二者对比，从而得出不同的分析内容。

1. 利润表垂直分析表的编制

编制利润表垂直分析表，要在利润表的基础上根据不同时期增加两栏"构成比率""构成比率变动百分比"，以营业收入作分母，以下其他各项分别做分子，计算构成比率；然后，按分析项目构成比率与比较期的差异率，根据计算数据进行评价。

利润表垂直分析表的格式和内容见项目一表1-11，具体编制方法此处不再赘述。

2. 利润表垂直分析表的评价

分析评价的总体思路是以利润表垂直分析表的数据为依据，分析企业利润净额、利润总额、营业利润等结构变动情况及变动原因，重点关注利润来源。

根据表 1-11 的计算数据（表 1-11 中为三位小数，此处分析四舍五入为两位小数）可知，甲公司净利润构成本年为 11.35%，比上年的 49.06% 降低了 37.71%；利润总额本年度12.77%，比上年度的 50.15% 降低了 37.38%；营业利润本年度 12.72%，比上年度的49.87% 下降了 37.15%。由此可见，甲公司利润构成情况、盈利能力比上年度都有所下降，且下降幅度达到三层以上，获利能力不乐观。各项利润结构下降的原因，与前述甲公司利润表水平分析结论吻合，具体项目还要做进一步分析。

（三）利润表趋势分析

利润表趋势分析就是通过计算利润表中各项目在一个较长时期的变动情况，观察各项利润构成及影响因素的变动趋势，从而揭示企业的经营活动业绩与特征，为利润预测、决策、编制预算指明方向。

1. 利润趋势分析表的编制

利润趋势分析既可就全部利润表项目进行变动情况的计算与分析，也可就表中主要项目进行趋势计算与分析。根据甲公司资料表 1-2，运用定比计算方法，编制甲公司定比趋势利润分析表，如表 2-5 所示，也可编制环比趋势百分比利润分析表（此处从略）。

表 2-5　甲公司定比趋势利润分析表（简表）　　　　　　%

项目	2××7年	2××8年	2××9年
一、营业收入	100.00	125.22	136.75
减：营业成本	100.00	121.66	123.58
税金及附加	100.00	111.92	173.03
销售费用	100.00	135.84	215.71
管理费用	100.00	96.22	108.85
财务费用	100.00	-13.86	428.86
资产减值损失	100.00	-88.66	-82.70
投资收益	100.00	320.71	25.93
二、营业利润（亏损以"-"号填列）	100.00	299.51	83.43
加：营业外收入	100.00	343.09	69.06
减：营业外支出	100.00	1.60	0.00
三、利润总额（亏损总额以"-"号填列）	100.00	302.27	84.07
减：所得税费用	100.00	207.48	295.70
四、净利润（净亏损以"-"号填列）	100.00	305.36	77.16
五、每股收益：			
（一）基本每股收益	100.00	304.43	77.22
（二）稀释每股收益	100.00	304.43	77.22

2. 利润趋势分析表的评价

通过利润趋势分析，我们可以对趋势数据分别从利润构成项目进行分析，也可以从总体到分项进行分析。从总体分析如下：

(1) 从各项利润趋势进行总体评价。

(2) 从营业收入和营业成本变动趋势进行评价。

在进行利润趋势分析时,要注意各种方法的综合运用,注意以下几个问题:一是详细分析营业收入变化的原因,可作销售数量、单价因素的分析,进而分析企业占有的市场份额,分析未来竞争力;二是分析营业成本变化的原因,注意其价格及相关因素变动;三是将定比分析与比较报表分析结合,深入判断各项目的重要程度。

根据表2-5的数据,可以看到甲公司2××8年、2××9年各利润构成项目相对于基年2××7年的变化趋势和增减幅度如下:

(1) 近两年营业收入增幅为25.22%和36.75%,营业成本增幅为21.66%和23.58%,营业利润分别为增长199.51%和降低16.57%,说明该企业一方面经营业绩较好,扩大了销售,降低了营业成本;另一方面营业利润本年较上年降低速度达到16.57%,经营管理水平及业绩增长能力衰减较大,发展前景令人担忧。

(2) 近两年该公司期间费用的基本趋势波动较大,销售费用增幅为35.84%和115.71%,管理费用增幅为-3.78%和8.85%,财务费用为-113.86%和328.86%,说明企业在期间费用的管理方面本年较上年有较大差距,尤其是销售费用与财务费用的大幅增长,严重影响了营业利润的增长。

(3) 投资收益本年增长速度为25.93%,比上年320.71%下降了74.07%,投资收益的具体内容值得深入分析,为此,还应结合资产负债表长期投资和交易性金融资产内容做深入分析。

(4) 从净利润变动趋势看,较基期呈现出先增后减趋势,2××8年大幅度增长,而2××9年则为负增长22.84%,主要原因就是销售费用与财务费用增幅较大,分别达到了2××7年的2.16倍和4.29倍,且投资收益下降。

总之,该公司基本业务的开展还是有成绩的,但在金融危机的影响下,在理财管理方面存在的不足是显而易见的,加强费用管理、提高获利能力的任务还很艰巨。

三、利润表的项目阅读与分析

利润表的项目阅读与分析就是根据利润表中各项目内容质量内涵进行逐一分析,以确定利润形成过程和利润结果质量高低。

(一) 企业利润质量主要从两个方面进行分析

(1) 利润结果是否有现金支撑,若有足够现金支撑,利润质量高。

(2) 利润形成是否主要来自未来持续性较强的经济业务,如以主营业务利润为主体,此时利润质量较高。以下按营业利润、利润总额、净利润三个层次的项目构成进行质量分析。

(二) 具体分析项目

营业利润是企业的营业收入与营业成本、税金及附加、期间费用、资产减值损失相抵减,加上公允价值变动损益、投资收益得到的结果,是企业利润的核心部分。具体分析项目如下:

1. 营业收入

企业营业收入是指企业在从事销售商品、提供劳务和让渡资产使用权等日常经营过程中取得的收入,分为主营业务收入和其他业务收入两部分。主营业务收入是指企业进行经常性业务取得的收入,是利润形成的主要来源,不同行业的主营业务收入内容差异很大,如工商企业的主营业务收入主要为企业销售商品的收入,而金融、保险、建筑、通信等行业的营业收入主要为企业提供服务的收入。

营业收入项目分析

营业收入是企业利润的主要来源,如果企业的利润总额绝大部分来自营业收入,则企业的利润质量较高。在分析营业收入时,需要注意以下几个问题:

1) 营业收入确认是否符合企业会计准则规定

分析时应查看收入确认条件是否规范,是否有将本期入账收入延至下期或不应在本期入账收入又确认为本期,即是否有以下三种操作收入的行为:一是提前确认收入;二是推迟确认收入;三是先确认后又销货退回或回购处理,达到调节收入、粉饰利润的目的。

2) 营业收入是否与应收账款配比

将营业收入与资产负债表中的应收账款相配比,查看企业信用政策。一般而言,若赊销比重较大,且远高于同期实际行业水平,则营业收入质量不高。

3) 营业收入构成是否合理

主要分析企业经营的产品或服务的品种是否适合市场需要,以及销售数量与销售价格对收入的影响。前者分析的方法一般是计算各经营品种的收入占全部营业收入的比重,通过比较比重的变化程度发现企业经营品种结构的变化幅度。对企业营业收入的品种构成进行分析,可以观察企业的产品和服务是否与市场需求一致,企业产品品种的变化也反映了企业发展战略的变化。若营业收入大小受销售收入、销售价格影响程度较大,可用因素分析法进行分析。

4) 收入是否来自关联方交易

对于企业的营业收入来自与关联方的交易,应注意其交易价格是否公允。因为一些企业为了粉饰财务报表,在企业与关联方交易中采取有失公允的协议定价,按自己需要定价,使利润在公司之间人为转移,因此,分析时应将其单列,或对其按公允价值调整或剔除。

【例 2-13】 瑞幸咖啡是中国在美国上市的公司。著名做空机构浑水公司雇用了 92 个全职和 1 418 个兼职调查员,蹲点瑞幸咖啡 620 个直营店,收集了 25 843 张小票,11 260 个小时的门店录像,通过翔实的调查数据,缜密地推算得出瑞幸咖啡财务造假的事实,并于 2020 年 2 月 1 日发布做空报告《瑞幸咖啡在 2019 年三、四季度分别虚报销量 69% 和 88%》!

瑞幸咖啡的年审会计师事务所——安永华明会计师事务所通过审查发现,自 2019 年 5 月起,瑞幸咖啡新增的 B 端大客户和新增供应商多达十几家。比如,青岛志炫商务咨询有限公司扮演 B 端大客户的角色,这家公司从 2019 年 5 月至 11 月期间,以大手笔订单方式购买咖啡代金券 100 多次,每次订单金额高达 90 多万元。而这家公司注册资金不过 500 万元,且通过公开渠道查询,这家公司不仅与瑞幸咖啡的多名董事和高管存在共同投资等关联关系,而且公司的公开电话竟然与神州租车的一家分支机构相同,并以神州优车的一个电子邮箱地址注册。瑞幸咖啡是 2019 年 5 月 17 日上市,这意味着其上市后的销售收入大部分是伪造的。

2020 年 4 月 2 日,瑞幸咖啡被迫发布公告,承认通过虚构商品券业务虚构收入 22 亿元人民币,当天股价暴跌 75.5%,盘中数次暂停交易。瑞幸咖啡于 6 月 29 日停牌并进行退市备案。

> 【名言警句】
> 职权，对廉洁者是一根人生的拐杖；对贪婪者是一把自刎的利刃。
>
> ——佚名

2. 营业成本

营业成本是指与营业收入相关的，已经确定了归属期对象的成本。它是为取得营业收入而付出的代价，反映了资源的耗费情况。对营业成本的解读有助于观察企业成本控制的能力和成本的变动趋势，并且与营运收入进行配比后，可得出企业营业利润的情况。由于企业不对外公布成本的构成和计算方法，所以外部分析人员较难作出准确的成本分析。但是在对营业成本进行质量分析时，仍需注意以下几点：

营业成本项目分析

1）营业成本的确认

营业成本是与营业收入相配比的，企业应在确认收入的同时结转相关营业成本。因此，分析时应注意两点：一是收入确认的同一会计期间，相关成本是否同时结转；二是若一项交易收入尚未确认，即使商品发出，其相关成本也不应结转。

2）成本的计量方法

根据日常存货发出方法，其成本有先进先出法、加权平均法、移动平均法和个别认定法。如果企业采用计划成本法，应关注企业所制定的计划成本是否符合实际。

3）有无操纵成本的现象

企业操纵成本的方法有以下几种：一是将营业成本作资产挂账，使当期费用低估，资产价值高估，利润虚增；二是将资产列作费用，使当期费用高估，资产低估，利润虚减；三是随意变更成本计算的方法和费用分配方法，使成本数据波动不正常。

3. 税金及附加

税金及附加是指企业从事生产经营活动、按税法规定应缴纳并在会计上应从营业利润中扣除的税金及附加，包括消费税、关税、资源税、城市维护建设税以及教育费附加等。

分析时应将该项目与营业收入对应分析，因为企业在一定时期内取得的营业收入要按国家规定缴纳各种税金；同时注意税中税的计算依据是否正确，即以增值税、消费税为计算依据而缴纳的城市维护建设税及教育费附加等的变动，因该金额影响营业利润相对较小，故不是分析的重点。

4. 销售费用

销售费用是指企业在销售过程中发生的各项费用以及专设销售机构的各项经费，包括应由企业负担的运输费、装卸费、包装费、保险费、广告费、展览费、售后服务费，以及销售部门人员的薪酬、差旅费、办公费、折旧费、修理费和其他经费等。销售费用是一种期间费用，与本期营业收入有较强的相关关系，分析要注意两点：

销售费用项目分析

（1）根据销售费用功能分层分析，不要片面追求其费用降低率。因为销售费用中有与业务活动规模相关的费用（运输费、包装费、保险费等），有与企业从事销售活动人员待遇有关的费用（营销员薪酬），有与企业未来市场发展、开拓市场相关的展览费、广告费等，其分析应与市场规模相一致。

（2）企业对在新地域和新产品上投入较多的销售费用，应与对今后期间收入增加效应相匹配分析。

5. 管理费用

管理费用是指企业行政管理部门为组织和管理生产经营活动而发生的各项费用，包括企业在筹建期间的开办费、公司经费、董事会费、工会经费、职工教育经费、技术转让费、无形资产的摊销、诉讼费、咨询费、业务招待费、研究费用、排污费等。

管理费用项目分析

管理费用内容繁杂，分析难度较大，分析时应重点注意以下两点：

（1）分项归类分析，将管理费用中属于体现未来发展开支的项目增减变化与前期比较，分析企业开支水平与企业规模是否相适应。如企业研究费用、职工教育经费等的下降会限制企业今后的发展，如果企业本期资金充裕，将不会减少此类支出。

（2）固定性管理费用效率分析。管理费用中多数项目属于固定性费用，其与企业营业收入在一定范围和期间内没有很强的相关性，因此，一方面，分析不能仅仅依据营业收入的一定比率来判定管理费用的支出效率；另一方面，因为企业提高管理效率的最优途径就是增加收入，使得一定数额的管理费用支持更大的营业规模，所以通过与预算数的对比，可以更容易地得到企业管理费用的质量状况。

6. 财务费用

财务费用是指企业在筹集资金过程中发生的各项费用，包括生产经营期间发生的不应计入固定资产价值的利息费用（减利息收入）、金融机构手续费、汇兑损失（减汇兑收益）以及其他财务费用。

财务费用项目分析

对财务费用进行质量分析，应当细分内部结构，观察企业财务费用的主要来源，并注意下面三点：

（1）将财务费用分析与企业资本结构分析结合。财务费用是由短期或长期借款形成的，分析时注意资本化的财务费用是应合理计入资产还是应计入财务费用。

（2）购销中发生的现金折扣是否合理取得，有无因现金流动紧张而放弃现金折扣的情况。

（3）观察外币业务中汇率对财务费用的影响，观察企业对外币资产和债务的管理能力。

7. 资产减值损失、信用减值损失

资产减值损失是指企业计提各项资产减值准备所形成的损失，其中对金融资产计提的坏账准备即为信用减值损失。对该项目分析时应当关注报表附注中的资产减值明细表，明确其构成，评价计提每项减值准备是否充分，是否存在计提不足或过度计提的状况，并且与历史资产减值状况对比，观察减值准备的异常变化，看企业是否应用减值准备来调节利润。

【例 2-14】 中海油服（601808）主要提供钻井、勘探等服务，石油行业不景气，近几年来营收一直下滑，净利更是由 2015 年的 11 亿元直线下降到 2016 年的 -114.59 亿元。深挖这亏损背后的原因，就是因为当年高达 82.73 亿元的资产减值损失。如果剔除 2016 年 82.73 亿元的资产减值损失，中海油服只亏损 30 多亿元。

在 2017 年的三季报里，中海油服又把之前单项计提的坏账准备转回 1.21 亿元，最终实现 2017 年度净利润 8 092 万元。突然在某一年计提了大额资产减值损失，第二年轻松盈利，这样的案例值得思考。

8. 公允价值变动净损益

公允价值是指在公平交易中，熟悉情况的交易双方自愿进行资产交换或者债务清偿的金额。以此方式计量的主要资产包括以公允价值计量且其变动计入当期损益的金融资产和金融负债，以及以公允价值计量的交易性房地产等。该项目主要衡量的是这些资产在存续期间内没有实现的价值变动，但应当注意的是，当这些会计项目在日后出售时，应当将其前期出现的公允价值变动损益转入投资收益，即将未实现的价值变动转为已实现的部分。因此，该项目出现正值，并不表明企业当期一定获得未实现的投资收益，该项目出现负值，也并不表明出现的是未实现的投资损失。

分析该项目内容时，关键是要注意企业获取的相关资产的公允价值是否合理，是否将不适合使用公允价值计量的资产或负债划分为此类，企业在出售相关资产或偿付相关负债后，前期发生的公允价值变动损益是否计入了投资收益。

9. 投资净收益

投资净收益是指投资收益与投资损失的差额，当投资收益大于投资损失的差额时为投资净收益，反之为投资净损失。分析该项目主要注意以下几点：

（1）企业投资目的是否正常。投资收益不属于企业主营业务收入，除投资公司之外，一般企业不应动用正常生产经营资金进行投资。

（2）企业投资收益一般不具有可持续性，即使当期企业获取较大的投资收益，也不宜对其评价过高。

（3）该项目构成内容分析。该项目中除投资收益会计事项外，还有公允价值变动损益转入的内容，故应与公允价值变动损益结合分析。

【例2-15】2017年年初，由于天成控股（600112）长期经营亏损，扭亏无望，且存在大量潜在损失，便将本该分年计提的坏账损失一次性全额计提，以实质重于形式的理由把本该在2016年反映的"西仪股份"投资收益计算到2017年，果然，2017年度天成控股实现盈利2 700万元，全靠"西仪股份"这笔4 777万元的投资收益。

10. 营业外收支

营业外收支包括营业外收入与营业外支出，营业外收入是指企业在经营业务以外取得的收入，主要包括固定资产出售净收益、罚款收入和政府补助收入等。营业外支出是指企业在经营业务以外发生的支出，包括固定资产盘亏、毁损、报废和出售的净损失，以及非常损失、公益性捐赠支出、赔偿金和违约金等。

对本项目进行分析，一要关注发生收支的原因，其收支不具配比性，应分具体内容具体分析；二要注意收支该数额不应过大，关注其是否存在关联方交易，是否有违法经营行为等。

11. 所得税费用

企业所得税是企业的一项费用，但是该项目并不是直接由当期利润总额乘以税率得到的。利润表上的所得税费用特指企业在一定会计期间，在不影响向国家缴纳应交所得税的前提下，按照企业所得税会计政策所确认的所得税费用。因为税法与会计准则对于企业会计项目金额的认定不同，使企业所得税费用与当期应交所得税不同，当期所得税费用分为两部分，即应交所得税与递延所得税。前者是按税法计算的数额，后者是按照新会计准则计算的数额，因为会计准则和税法对企业资产和负债的认定差异，按照新会计准则的规定，所得税的核算采用资产负债表债务法，资产和负债的账面价值与其计税基础之间的差额为暂时性差异，该差异乘以税率就得到了递延所得税。导致后期的应交所得税大于所得税费用的当期递延所得税称为递延所得税负债，导致后期的应交所得税小于所得税费用的当期递延所得税称为递延所得税资产。

对该项目分析应重点注意以下几点：

（1）结合相关项目共同分析。主要相关项目有资产负债表中的递延所得税资产、递延所得税负债和应交税费项目，将所得税与之结合分析。

（2）资产负债表的计税基础是否公允。注意如果存在非同一条件下的企业合并，则递延所得税应调整商誉，对于可供出售金融资产公允价值变动导致的递延所得税，应计入所有者权益，对于这两项资产负债账面价值与计税基础导致的递延所得税，不能计入所得税。

（3）递延所得税资产不应超过未来期间可用于抵扣暂时性差异的应纳税所得额，因超出部分在后期不能转回，故不能作为本期递延所得税资产。

12. 每股收益

每股收益是指普通股股东每持有一股所能享有的企业利润或需承担的企业风险。每股收益包括基本每股收益和稀释每股收益。基本每股收益中只考虑当期实际发行在外的普通股股份，按照归属于普通股股东的当期净利润除以当期实际发行在外的普通股的加权平均数计算确定。稀释每股收益是以基本每股收益为基础，假设企业所有发行在外的稀释性潜在普通股均已转换为普通股，从而分别调整归属于普通股股东的当期净利润以及发行在外的普通股的加权平均数计算而得的每股收益。

每股收益是投资者分析企业盈利能力的重要指标，分析时应注意以下两点：

（1）每股收益计算的局限性。对于本期内发生送股和配股的公司，每股收益与前期相比可能有较大的下降，但这种变化只是因为企业发行在外的股票数量变动引起的，并不说明企业盈利能力的下降。

（2）每股收益的行业差别。对每股收益的比较分析尽量在同行业之内进行，因为不同行业，企业每股收益有差异。

学习情景三　现金流量表的阅读与分析

一、现金流量表概述

现金流量表是反映企业一定会计期间现金和现金等价物流入和流出的报表。其中，现金是指企业库存现金以及可以随时用于支付的存款。现金等价物是指企业持有的期限短、流动性强、易于转换为已知金额现金、价值变动风险很小的投资。现金流量表为会计信息使用者提供了企业一定会计期间内现金和现金等价物流入和流出的信息，便于会计信息使用者了解和评价企业获取现金和现金等价物的能力，并据以预测企业未来期间的现金流量。

（一）现金流量表的作用

现金流量表是基于收付实现制的基础而编制的，主要作用有以下几点：

（1）反映企业在未来会计期间产生净现金流量的能力；

（2）提供企业偿还债务、支付企业所有者的投资报酬能力；

（3）反映企业的利润与经营活动所产生的净现金流量差异及原因；

（4）反映会计年度内影响或不影响现金的投资活动和筹资活动。

（二）现金流量表的编制

现金流量表的格式分为正表与补充资料两部分，正表（现金流量表）采用报告式结构，基本结构中包含三大内容：经营活动产生的现金流量、投资活动产生的现金流量、筹资活动产生的现金流量。按现金流动方向，每一种现金流量又分为流入量和流出量，因此，以上三大类型又分为经营活动流入的现金、经营活动流出的现金、投资活动流入的现金、投资活动流出的现金、筹资活动流入的现金、筹资活动流出的现金6种。根据《企业会计准则第31号——现金流量表》的规定，现金流量表的具体格式与内容见项目一表1-3。

现金流量表的编制方法有直接法和间接法两种。这两种编制方法都是相对于经营活动产生的现金流量净额的不同表现形式而言的。其中，直接法是指以营业收入为起算点，通过调整与经营活动有关的各个项目的增减变动，计算经营活动的现金流量。现金流量表的正表部分采用直接法填列，按现金收入和现金支出的主要类别反映来自企业经营活动的现金流量。而间接法则是以净利润为起算点，通过调整不涉及现金（但涉及利润）的收入、费用、资产减值准备等有关项目，以及不涉及利润（但涉及现金）的应收、应付款项目以及存货等有关项目的增减变动，计算经营活动的现金流量。补充资料部分采用间接法将净利润调节为经营活动产生的现金流量。两种方法得到的经营活动现金净流量相等。

采用直接法编制的现金流量表，便于分析企业经营活动产生的现金流量的来源和用途，预测企业现金流量的未来前景；采用间接法编制的现金流量表，便于将净利润与经营活动产生的现金流量净额进行比较，了解净利润与经营活动产生的现金流量差异的原因，从现金流量的角度分析净利润的质量。

二、现金流量表的初步分析

现金流量表的初步分析即现金流量表的趋势分析和结构分析。

现金流量表的趋势分析和结构分析将在项目六中详述。

三、现金流量表的质量分析

现金流量表的质量分析就是现金流量的质量分析。

现金流量的质量是指企业现金流量能满足企业生产经营活动需要正常运行的质量，因此，高质量的现金流量具有以下特点：

（1）现金流量的状态体现企业发展战略要求；
（2）经营活动现金流量与经营活动所对应的利润密切相关。

企业对于现金流量的质量分析主要从两个方面进行：

（1）对三类现金流量各自的整体质量进行分析；
（2）对各个现金流量项目的质量分析。

本节主要从第二个方面进行分析。

（一）经营活动现金流量质量分析

经营活动现金流量是现金流量分析的重点，它体现了企业现金的主要来源。

1. 经营活动现金流量分析

经营活动产生的现金流量，是企业在日常营业活动中从事正常经营业务所产生的现金流量，包括物资的采购、商品的销售、提供或接

经营活动现金流量质量分析

受劳务、缴纳税款、支付工资、发生相关经营销售费用等行为中所涉及的现金流量。在持续经营的会计基本前提之下，经营活动现金流量反映的是企业经常性的、持续的资金流入和流出情况。

2. 对该项目的分析要注意以下重点项目

1) 销售商品、提供劳务收到的现金

该项目反映企业从事正常经营活动所获得的、与销售商品或提供劳务等业务收入相关的现金收入（含在业务发生时向客户收取的增值税额等）。具体包括在本期发生的业务并在本期收到的现金收入、在以前会计期间发生但在本期收到款项的业务收入，以及至今尚未发生但在本期已经预收了业务款项的现金收入等。分析时主要关注企业的资金所得，是否要依赖于其日常销售商品、提供劳务收到的现金。即注意分析两点：

（1）经营活动取得的现金流入是否与利润表中的营业收入总额相匹配；

（2）收取现金比率是否较高，与企业采取的收账政策结合分析。

【例2-15】2015年，千山药机（300216）虚构九江清源实业集团有限公司、江西康胜医疗设备有限公司、广西裕源药业有限公司、淮安润德机械设备有限公司、山东康和医药包装材料科技有限公司、上海中成融资租赁有限公司6家客户的销售回款。

千山药机账目及相关网上银行电子回单等原始凭证显示，上述6家客户向千山药机的工商银行等银行账户转入销售回款，但银行对账单显示大量的回款没有相应的资金流水记录，经营活动实际现金流量与账面不符。经查证，该公司涉嫌虚增销售收入、虚增利润、虚增在建工程等行为；之后，其股票价格从3.9元下跌至0.17元，2020年9月15日暂停上市。

> 【名言警句】
> 前车之覆轨，后车之明鉴。
> ——唐·房玄龄《晋书·孙楚传》

2) 购买商品、接受劳务支付的现金

本项目反映企业本期购买商品、接受劳务实际支付的现金，包括增值税进项税额，以及本期支付前期购买商品、接受劳务的未付款项和本期预付款项，减去本期发生的购货退回收到的现金。分析时应关注该项目的内容和构成，同时将其与销售商品、提供劳务收到的现金对应分析，因为它是企业经营收入的物质基础与劳务保证。

3) 收到的税费返还

本项目反映企业收到返还的增值税、营业税、所得税、消费税、关税和教育费附加返还款等各种税费返还款。该项目数额不大，很多企业该项目为零，只有外贸出口型企业、国家财政扶持领域的企业或地方政府支持的上市公司才有可能涉及。因此，该项目分析要注意以下两点：

（1）应当与企业的营业收入相结合，同时注意有些企业虚构收入，但现金流量表中却没有收到相应的税费返还情况；

（2）应当关注企业享受的税收优惠在未来可持续的时间，以及哪些税收项目享受优惠。

【例2-16】2019年8月，国家税务总局银川市税务局第一稽查局出具《税务处理决定书》及《税务行政处罚决定书》，认定*ST中绒（000982）（宁夏中银绒业股份有限公司）

的违法情况。2012年至2013年间，与群泰国际商贸有限公司、东胜国际贸易有限公司、中国数码商城有限公司、德利纺织（香港）有限公司、香港鸿源纺织品有限公司等11家公司签订了489份虚假的出口销售合同，不提供资金和产品，只借用中银绒业股份有限公司的出口资质，假报出口业务，通过虚假收汇，提供虚假资料，在无货出口的情况下，通过"买单""配货"申报出口，获得盖有海关验讫章的出口货物报关单后，向税务机关申请退税。2012年至2013年间，虚假报关出口货物合计119 111 708.59美元，骗取出口退税款120 330 654.53元。

4）收到其他与经营活动有关的现金

本项目反映企业收到的罚款收入、经营租赁收到的租金等其他与经营活动有关的现金流入。该项目分析时要注意：因其内容具有偶然性，不应过多关注，如果其金额较大，应观察剔除该项目后企业经营活动净现金流量的情况。

5）支付给职工以及为职工支付的现金

本项目反映企业本期实际支付给职工的工资、奖金、各种津贴和补贴等职工薪酬，不包含在建工程、无形资产负担的职工薪酬以及支付的离退休人员的职工薪酬。分析时应关注项目内容，观察企业是否将不应纳入其中的部分计算在内，同时该项目在一定程度上也反映了企业生产经营规模的变化。

6）支付的各项税费

本项目反映企业本期发生并支付的、本期支付以前各期发生的以及预交的教育费附加、矿产资源补偿费、印花税、房产税、土地增值税、车船使用税、预交的营业税等税费，计入固定资产价值、实际支付的耕地占用税、本期退回的增值税、所得税等除外。通过分析该项目，分析人员可以得到企业真实的税负状况。

7）支付的其他与经营活动有关的现金

本项目反映企业支付的罚款支出、差旅费、业务招待费、保险费、经营租赁支付的现金等其他与经营活动有关的现金流出。该项目金额不宜过大，分析时主要关注其内容构成变化。

（二）投资活动现金流量质量分析

投资活动是指企业对外的股权、债权投资，以及对内的非货币性资产（固定资产、无形资产等）投资。投资活动对企业未来期间的损益有直接影响，一般情况下，投资活动现金净流量大于或等于零。其主要分析项目如下：

投资活动现金流量质量分析

1. 投资活动现金流入质量分析

1）收回投资收到的现金

本项目反映企业出售、转让或到期收回除现金等价物以外的交易性金融资产、长期股权投资而收到的现金，以及收回持有至到期投资本金而收到的现金，但持有至到期投资收回的利息除外。分析时主要关注以下两点：

（1）是否存在现金流量紧张情况，如将原划分为持有至到期投资在其未到期前出售，以缓解资金缺乏压力。

（2）弄清处置长期股权投资的原因，弄清处置长期股权投资是因为被投资企业收益下滑，还是调整企业未来期间战略。

2）取得投资收益收到的现金

本项目反映企业因股权性投资而分得的现金股利，从子公司、联营企业或合营企业分回利润而收到的现金，以及因债权性投资而取得的现金利息收入，但股票股利除外。

3）处置固定资产、无形资产和其他长期资产收回的现金净额

本项目反映企业出售、报废固定资产、无形资产和其他长期资产所取得的现金（包括因资产毁损而收到的保险赔偿收入），减去为处置这些资产而支付的有关费用后的净额，但现金净额为负数的除外。分析时主要关注以下两点：

（1）企业处置长期资产的目的，是因为调整经营方向还是缩减经营规模；

（2）这些资产在企业总体经营中的地位与作用，重视企业是否因现金危机将正在使用的资产处置了。

4）处置子公司及其他营业单位收到的现金净额

本项目反映企业处置子公司及其他营业单位所取得的现金减去相关处置费用后的净额。同上一个项目相同，分析人员应关注企业处置子公司的目的，并确定这种行为对企业的长远影响。

2. 投资活动现金流出质量分析

1）购建固定资产、无形资产和其他长期资产支付的现金

本项目反映企业购买、建造固定资产、取得无形资产和其他长期资产所支付的现金及增值税款、支付的应由在建工程和无形资产负担的职工薪酬现金支出，不包括购建固定资产而发生的借款利息资本化部分、融资租入固定资产所支付的租赁费。分析时重点关注以下两点：

（1）分析增减数额变动，观察企业是否有调整经营规模或方向的意图。

（2）分析企业经营周期变动对增减数额的不同影响，初创和成长期投资较多，金额较大，衰退期则相反。

2）投资支付的现金

本项目反映企业取得的除现金等价物以外的权益性投资和债权性投资所支付的现金以及支付的佣金、手续费等附加费用。分析人员应当关注企业在本项目的支出金额是否来自闲置资金，是否存在挪用主营业务资金进行投资的行为。

3）取得子公司及其他营业单位支付的现金净额

本项目反映企业购买子公司及其他营业单位购买出价中以现金支付的部分，减去子公司或其他营业单位持有的现金和现金等价物后的净额，分析时应关注其内涵对组成的影响。

（三）筹资活动现金流量质量分析

一般情况下，企业经营活动中的资金需求主要来自经营活动产生的资金流入，"以收抵支"略有剩余。但当企业处于初创、成长期，或遇经营危机时，则会通过外部筹资满足资金需求，此时筹资活动现金流量大于零。

筹资活动现金流量质量分析

筹资活动现金流量，反映了企业出于各种需求而进行资金筹措活动所产生的现金流入与流出金额。对这类现金流量的分析，关键在于理解企业所筹资金的来源渠道及其规模大小，推测企业所筹资金的用途或动机，以及可能对未来产生的资金压力，等等。主要分析内容如下：

1. 筹资活动现金流入质量分析

1）吸收投资收到的现金

本项目反映企业以发行股票、债券等方式筹集资金实际收到的款项，减去直接支付给金融企业的佣金、手续费、宣传费、咨询费、印刷费等发行费用后的净额。该项目增加的现金流可以增加企业的信用能力，并有利于企业长期发展。

2）取得借款收到的现金

反映企业举借各种短期、长期借款而收到的现金。分析时应关注借款用途及内容。

2. 筹资活动现金流出质量分析

1）偿还债务支付的现金

本项目反映企业以现金偿还债务的本金。分析本项目，应与取得借款收到的现金结合起来，可以观察企业债务使用的方法；与企业经营活动现金流量结合，可以观察企业日常经营所需流动资金是自己创造，还是一直靠借款维持。

2）分配股利、利润或偿付利息支付的现金

本项目反映企业实际支付的现金股利、支付给其他投资单位的利润或用现金支付的借款利息、债券利息。分析本项目应关注内容组成变化，看其是否能够满足现金需要量。

3）收到其他与筹资活动有关的现金、支付其他与筹资活动有关的现金

本项目反映企业除上述四个项目外，收到或支付的其他与筹资活动有关的现金流入或流出，包括以发行股票、债券等方式筹集资金而由企业直接支付的审计和咨询等费用、为购建固定资产而发生的借款利息资本化部分、融资租入固定资产所支付的租赁费、以分期付款方式购建固定资产已各期支付的现金等。

（四）现金流量表补充资料涉及的项目

现金流量表补充资料就是指用间接法来计算经营活动的现金流量净额，即以净利润为起算点，通过对影响利润或现金流量的一些相关项目金额的调整，倒推出经营活动现金净流量。它一方面与正表中经营活动现金净流量相对应；另一方面也反映了企业当期所发生的不涉及现金收支的投资、筹资活动信息。这些活动在当期不涉及现金收支，但对企业未来各期的现金流量可能会产生明显的影响。

在现金流量表的补充资料中，涉及调整的项目主要有以下几个：

1. 当期没有实际收到或付出现金的经营活动事项

如赊购物资、赊销商品、摊销费用、计提资产减值准备等。这些项目虽然构成了企业的当期收入或费用，影响着企业的当期利润，但却没有形成企业的现金流入或流出，自然也不会影响现金净流量。

2. 不属于经营活动的损益项目

如当期发生的利息费用、固定资产处置净损益等。这些项目的产生，与企业的筹资与投资活动息息相关，却不属于企业日常生产经营活动项目，也不构成企业经营活动的现金净流量。

3. 经营性应收、应付项目的变动

如应收、应付账款，应收、应付票据，预收、预付账款，应付职工薪酬、应交税费，其他应收、应付款，等等。这些项目的变动，可能并不影响企业的当期利润，但却对当期的现金流量有直接的影响。

学习情景四 所有者权益变动表的阅读与分析

一、所有者权益变动表概述

所有者权益变动表是指反映构成所有者权益各组成部分当期增减变动情况的报表。当期损益、直接计入所有者权益的利得和损失，以及与所有者的资本交易导致的所有权益的变动，应当分别列示。它不仅揭示了企业所有者权益总量及其增减变动，还反映了直接计入所有者权益的利得和损失，揭示了企业所有者权益增减变动的原因。

所有者权益变动表的阅读与分析

（一）所有者权益变动表的作用

（1）所有者权益变动表是连接利润表和资产负债表的纽带；
（2）所有者权益变动表揭示企业所有者权益的变动原因；
（3）所有者权益变动表提供企业全面收益的信息。

（二）所有者权益变动表的编制

1. 主要信息及内容

所有者权益变动表的主要信息有六个方面：
（1）净利润；
（2）直接计入所有者权益的利得和损失项目及其总额；
（3）会计政策变更和差错更正的累积影响金额；
（4）所有者投入资本和向所有者分配利润等；
（5）按照规定提取的盈余公积；
（6）实收资本（或股本）、资本公积、盈余公积、未分配利润的期初和期末余额及其调节情况。

其具体内容见项目一表1-4。

2. 列报格式

所有者权益变动表由表头和主体部分构成。表头部分包括报表的名称、编制单位的名称、报表的编制时间及金额单位等。主体部分有两大内容：一是所有者权益的组成项目；二是各项目年初至年末的增减变动金额。所有者权益变动表的列报格式如下：

（1）净利润、直接计入所有者权益的利得和损失、所有者投入资本的增加和减少、利润分配以及所有者权益内部各项目间的相互结转，以纵向列示；
（2）以横向列示对应受到影响的项目，包括实收资本、资本公积、盈余公积、未分配利润以及库存股。
（3）变动比较信息，将各项目金额分为本年金额和上年金额。

3. 列报方法

上年金额栏各项目根据上期所有者权益变动表的本年金额栏的金额填列，本年金额栏填列方法有两种：
（1）根据有关账户本期发生额分析填列。
（2）根据表内项目计算填列。

二、所有者权益变动表的初步分析

所有者权益变动表的初步分析内容同样分为水平分析、结构分析、趋势分析，因所有者权益的结构复杂，变化原因更为复杂，故在初步分析时应重点进行所有者权益变动表的结构分析，这对评估企业的发展前景以及所有者财富增减变化的趋势具有重要意义。（此处从略）

三、所有者权益变动表的质量分析

根据所有者权益变动表的内容，分析时应重点关注影响本年所有者权益增减变动的项目。

（一）净利润项目

该项目反映了企业当年实现的净利润或发生净亏损的数据。它是根据利润表中净利润项目的金额填列在未分配利润栏目中。若是净亏损，以"－"号填列。分析时，重点关注表与表之间数据的衔接、内容的真实性与合法性。

（二）直接计入所有者权益的利得和损失

该项目反映企业当年直接计入所有者权益的利得和损失，主要包括以下几项：

（1）可供出售金融资产公允价值变动净额；
（2）权益法下被投资单位其他所有者权益变动影响；
（3）与计入所有者权益项目相关的所得税影响；
（4）其他。

分析时应关注这四个组成内容的形成原因，分析其真实性与可靠性。

（三）所有者投入和减少资本

该项目反映企业当年所有者投入的资本和减少的资本。由"所有者投入资本""股份支付计入所有者权益的金额"及"其他"组成。分析时应重点关注其构成内容的真实性与合法性。

（四）利润分配项目

该项目反映企业当年的利润分配金额，其内容由"提取盈余公积""对所有者（或股东）的分配"以及"其他"组成。分析时一方面应关注增减量的变动，另一方面应结合对企业留用利润产生影响的法律、资本成本、扩张投资、偿债能力、资本结构等因素分析其合理性与合法性。

（五）所有者权益内部结转

该项目反映企业构成所有者权益的各组成部分之间的增减变动情况，由"资本公积转增资本（或股本）""盈余公积转增资本（或股本）""盈余公积弥补亏损"及"其他"四项内容构成。分析时应重点关注以下几点：

（1）各组成部分之间的增减变动，以及数据中表与表的相互勾稽关系（与利润表、资产负债表），了解其变动的真实原因。
（2）所有者权益变动的影响因素，分析增减变动的合理性与合法性。
（3）股利支付方式对所有者权益变动的影响。如现金股利的支付使现金流出，减少资产和所有者权益，并影响企业整体投资与筹资决策，既影响所有者权益内部结构，也影响资本整体结构。

学习情景五 财务报表的粉饰与识别

财务报表粉饰是企业管理层采用编造、伪造等手法编制财务数据，粉饰企业真实财务状况、经营成果与现金流量情况的行为。

一、财务报表粉饰动机

（一）业绩考核动机

企业的经营业绩考核，一般以财务指标为基础，利润计划的完成率、投资回报率、总产值、营业收入、资产保值增值率、资产周转率、销售利润率等，均是考核经营业绩的重要财务指标，而这些财务指标的计算都涉及会计报表数据。企业外部考核如行业排行榜，主要也是根据营业收入、资产总额、利润总额等财务信息来确定的。

财务报表粉饰动机

经营业绩的考核，不仅关系到企业总体经营成果的评价，还关系到企业管理层经营管理业绩的评定，并影响其晋升职务、提高奖金福利等。为了达到经营业绩考核的目标，企业就很有可能对其财务信息的主要载体——会计报表进行编造包装。可以说，基于业绩考核而粉饰财务报表是最常见的动机。

> 【名言警句】
> 创业难，守业亦难，须知物力唯艰，事事莫争虚体面；居家易，治家不易，欲自我身作则，行行当立好规模。
> ——吴玉章《为嫡孙吴本清撰客厅门联》

（二）信贷资金获取动机

在市场经济环境下，银行等金融机构出于风险考虑和自我保护的需要，不愿贷款给经营亏损、偿债能力差的企业，这样的企业也难以赢得供应商的信赖，获取商业信用；对于企业而言，资金又是其在激烈的市场竞争中取胜的要素之一，为获得银行等金融机构的信贷资金或其他供应商的商业信用，经营业绩欠佳、财务状况不好的企业，难免要将其财务报表数据粉饰一番。

（三）股票发行和上市资格维持动机

股票发行分为首次发行（IPO）和后续发行（SEO），如配股或增发。在 IPO 的情况下，根据《中华人民共和国证券法》等法律规定，企业必须最近三个会计年度连续盈利。增发还要求最近三个会计年度加权平均净资产收益率不低于 6%，才能通过证监会的审批。为了顺利通过发行审核，尽可能多地募集资金，降低募集资金的成本，拟上市公司往往对财务报表进行包装粉饰。

根据退市规则，连续三年亏损的上市公司，其股票将暂停交易。在暂停交易的第一个半年内，如果仍无法实现盈利，则其股票将被摘牌，在交易所停止交易。这一政策给业绩差的公司带来了很大压力。濒临退市边缘的上市公司，其会计报表粉饰的动机就特别强烈。

【例 2-17】 *ST 泸天化（000912）是以基础化工与精细化工制造为主要业务的化肥生产企业。泸天化 2013 年、2014 年亏损达到 3.3 亿元和 11.4 亿元，从而戴上了 "*ST"（特别处理）帽子，公司股票于2015年被警示有退市风险。

2016年3月1日，*ST泸天化发布的《2015年年报》显示，公司实现营业收入30.28亿元，下滑24.37%，净利润1 827万元，增长101.60%。公司将业绩大幅增长的原因归于转让子公司四川天华股权取得的股权处置收益、主要产品尿素销量和价格有所上升、收到泸州市财政局退返的土地款等。实际上，*ST泸天化《2015年年报》中的净利润1 827万元，在扣除非经常性损益后，实际亏损2.82亿元。公司粉饰财务数据采用的手法如下：

（1）利用资产产生的利息收入。*ST泸天化2015年12月31日公告称，泸州市财政局拟退还公司土地款及利息总计2.37亿元，其中9 344.8万元为政府长期占用公司资产所支付的利息，剩余14 333.2万元为返还公司2008年预缴的土地款。截至公告披露日，公司仅收到1.2亿元土地返还款，*ST泸天化已将上述9 344.8万元全额确认为2015年当期损益。

（2）利用政府补助款。为了防止退市处理，地方政府不仅大力支持重组，而且真金白银支持公司"保壳"。《2015年年报》显示，该公司2015年收到政府补贴达到5 405万元，2014年仅有1 130万元。

（3）利用股权转让收益。2015年，*ST泸天化出售控股子公司四川天华60.48%的股权，产生了1.61亿元的投资收益。

由此可见，*ST泸天化主要是通过非经常性损益来扭转亏损，粉饰利润，实现"保壳""摘帽"的目的。

> 【名言警句】
> 不做假账。
> ——朱镕基《会计学院题词》

（四）纳税筹划动机

根据我国有关税收法律法规的规定，增值税、所得税等主要税种项目的计缴基础与企业的收入、成本、费用等会计报表数据密切相关，基于减少或推迟纳税的目的，企业往往会对会计报表进行粉饰。当然，有时企业为满足资金筹措和操纵股价的需要，不惜多缴税，虚构收入，隐瞒成本费用，夸大利润。

（五）责任推卸动机

企业为了推卸责任也会粉饰财务信息，比如更换高管人员时会进行离任审计，可能暴露会计问题。新任总经理就任当年，为了明确责任或推卸责任，大刀阔斧地对陈年老账进行清理，甚至将本应在未来会计期间确认的成本费用提前至本期确认。企业高管卷入经济案件时，企业也很可能粉饰财务报表。

二、财务报表粉饰手法

（一）利用关联交易调节利润

我国许多具备相应规模的大公司与其他公司之间普遍存在着错综复杂的关联关系和关联交易。企业利用关联交易调节利润，其主要方式包括以下几种：

财务报表粉饰手法

（1）采用大大高于或低于市场价格的定价方式，与关联企业进行购销活动、资产置换和股权转让，获取巨额收益。

(2) 与关联企业签订旱涝保收的委托经营或受托经营合同，抬高公司的经营业绩。

(3) 向关联方收取高于银行同期贷款利息的资金占用费。

(4) 通过向关联企业收取、支付管理费或与关联企业分摊"共同费用"进行利润调节。

(5) 协助购销。

(二) 利用会计估计调节利润

会计估计是指企业对其结果不确定的交易或事项以最近可利用的信息为基础所做的判断，如固定资产的预计使用年限等。会计估计是一种计量，有较大弹性空间，会计政策和会计估计存在可选择性，中间有大量职业判断的弹性空间。

(1) 可能因为掌握信息有限。

(2) 赖以判断的基础发生变化。

(3) 若作出判断的会计人员经验不足，会导致会计估计与事实有较大出入，也可能被一些企业作为调节利润的工具，即滥用会计估计。

(三) 利用股权投资和合并会计报表调节利润

随着我国市场经济持续高速地发展，企业对外实施股权投资、企业之间股权转让以及企业合并等经济行为增加，另外，关于企业股权投资、企业合并和合并会计报表方面的会计规范相对薄弱。因此，不少大型企业和上市公司看到在这些方面会计规范的薄弱之处，利用对股权投资、企业合并和合并会计报表不同处理方法的挑选进行粉饰和利润调节。

(四) 利用资产重组调节利润或转移资产

资产重组是企业为了优化资本结构、调整产业结构、完成战略转移等目的而实施的资产置换和股权置换。资产重组已被许多大型企业用来作为粉饰财务报表、调节利润或转移资产的重要工具。

【例 2-18】 *ST 大唐 （600198） 公司 2018 年因连续亏损被特别处理，当年成功扭亏；在这之后的 2019 年及 2020 年又连续亏损，导致 2021 年 4 月再度披星戴帽，公司持续经营能力欠佳。2021 年 5 月 12 日，*ST 大唐披露重组预案，公司拟向自己的控股股东电信科研院、大唐控股等发行股份，购买其持有的大唐联诚 100% 股权，并向自己控股股东电信科研院的控股股东中国信科集团募集配套资金 10 亿元。这么一番操作，大唐电信净资产转正，上市公司之位保住了。

(五) 借助补贴收入，粉饰经营业绩

出于种种原因，有些国家或地区的地方政府可能直接为上市公司提供财政补贴，有的财政补贴数额巨大，有的补贴没有正当理由，往往是"业绩不够，补贴来凑"。如果没有政府补贴，有些公司可能会发生"业绩变脸"的现象。财务分析者在分析财务报表时须保持警惕，才能"雾里看花"。

(六) 利用虚拟资产调节利润

会计准则认为资产是企业控制的、能够为企业带来未来经济利益流入的资源。不能带来未来经济利益的项目，即使按照权责发生制的要求，列入资产负债表的资产项目中，也不能说是真正意义上的资产，由此就产生了虚拟资产的概念，即指已经实际发生的费用或损失，但由于企业缺乏承受能力而暂时挂列为长期待摊费用、待处理流动资产损失和待处理固定资产损失等项目。利用虚拟资产作为"蓄水池"，不及时确认已经发生的费用和损失，也是一些企业粉饰财务数据、调节利润的手法。

（七）利用利息资本化调节利润

我国现行制度规定，企业为购建固定资产专门借款而发生的利息、折价或溢价的摊销和汇兑差额等借款费用，在资产支出及借款费用已经发生、为使资产达到预定可使用状态所必要的购建活动已经开始的情况下，应开始资本化。当所购建的固定资产达到预定可使用状态时，应当停止相关借款费用的资本化；以后发生的借款费用应当于发生当期确认费用。在实际工作中，有些企业无视规定，随意进行利息资本化，借以粉饰财务数据、调节利润。有些企业利用利息资本化调节利润的做法更隐秘，往往利用自有资金和借入资金难以界定的事实，通过人为划定资金来源和资金用途，将用于非资本性支出的利息资本化。

（八）利用其他应收款和其他应付款调节利润

其他应收款和其他应付款科目主要用于反映除应收账款、预付账款、应付账款、预收账款以外的其他款项内容。然而，其他应收款和其他应付款已成为某些企业创造经营业绩的"魔法箱"和藏污纳垢的"垃圾筒"，某些企业利用这两个往来款科目进行财务粉饰和利润调节。通常的做法是，经营困难时，用其他应收款科目隐藏大额成本、支出、费用和潜亏，虚增利润；反之，业绩出色时，将大笔收入、利润"储存"于其他应付款科目中"备用"。在这些企业的财务报表上，其他应收款和其他应付款科目的期末余额巨大，与应收账款、预付账款、应付账款和预收账款的余额不相上下，甚至超过这些科目的余额。

（九）虚构收入调节利润

一些企业为了在年终能给股东一份"满意"的答卷，利用收入确认时间差调节利润。其中较为普遍的做法是，在年末开具发票虚构营业收入，次年再以质量不合格为由做销售退回，冲回已确认的营业收入。

（十）利用资产评估消除潜亏

按照谨慎性要求，企业应以合理的方法估计存在的潜亏，并依照程序，通过计提资产减值准备的方式在资产负债表、利润表中予以反映。然而，一些企业在资产重组、对外投资、租赁、抵押时，往往将坏账、滞销和毁损存货、投资损失等资产潜亏确认为资产评估减值，冲抵评估增值产生的"资本公积"，而未计入当期损益，从而达到虚增利润、粉饰会计数据的目的。

（十一）不计提预计负债

根据会计准则的规定，企业对外与或有事项相关的义务如果符合有关确认条件，应当确认为预计负债；不符合确认条件的，应予以披露。但有些企业不确认预计负债，隐瞒可能对公司造成不利影响的重大事项。

比如《公司法》规定，"公司的公积金可用于弥补公司亏损、扩大公司生产经营或者转增公司资本。"由于该规定中公积金并未指明是盈余公积，一些企业就想出了用资本公积弥补亏损的新对策，以使那些为了避免虚增利润而计入资本公积的损益再度利润化。

（十二）随意追溯调整，逃避监管规定

根据《会计政策、会计估计变更和会计差错更正》的规定，企业变更会计政策（包括自愿变更和强制变更）或发生重大会计差错时，须采用追溯调整法，将会计政策变更的累积影响或重大会计差错的影响数在以前年度进行反映。而对于会计估计变更，则采用未来适用法，将变更的影响数在当期及以后各期反映。然而，在实际工作中，会计政策变更、会计估计变更和会计差错更正的区分界限有时并不是十分清楚，这给一些企业滥用规定以粉饰其

财务报表提供了机会。其典型做法是，故意混淆会计政策与会计估计变更，或者将会计估计变更解释为重大会计差错，滥用追溯调整。

滥用追溯调整的另一种手法是将会计舞弊解释为会计差错，以逃避被监管部门处罚的命运。因为根据规定，上市公司是否连续两年亏损（此时其股票就要实行特别处理）和三年连续亏损（此时其股票就要退市），判断标准以上市公司首次对外报告数为准，不受会计政策变更或会计差错更正的影响。另外，如果上市公司发现以前年度存在着会计舞弊，必须进行追溯调整，且是否连续亏损，以追溯调整后的利润表为依据。因此，将会计舞弊诠释为会计差错，就可避免其股票被特别处理或退市。

（十三）利用收购兼并，进行数字游戏

近些年来，各行各业都通过合并、收购和剥离进行再造。一些收购方，尤其是那些以股票作为收购方式的公司，已经将收购兼并作为从事另一种"创造性"会计的机遇，被称为"合并魔术"。利用收购兼并进行数字游戏，常见的手法包括以下几种：

（1）规避购买法，选用权益结合法；

（2）操纵收入和费用确认时间，将被并购公司购买日前的利润转移到购买日后的会计期间；

（3）在购买日前滥用"减值准备"，为购买日后业绩提升埋下伏笔；

（4）在购买日前计提大量或有负债，在购买日后冲回。

【名言警句】

世路无如贪欲险，几人到此误平生。

——宋·朱熹《无题》

三、财务报表粉饰识别

如何从复杂的财务数据中识别可能存在的粉饰行为呢？针对我国企业常用的会计信息粉饰手段，主要可以采用以下方法帮助识别：

（一）财务报表总体分析

财务报表粉饰识别

三张主要报表是企业公开披露的主要财务数据。单看一张报表，很难识别，可通过三张报表之间相互计算分析来识别企业的造假行为。

1. 分析利润表

它反映企业一定期间的经营成果和盈利能力。财务分析人员可以了解净利润、主营业务利润、其他业务利润、投资收益和营业外收支等的数额；分析主营业务利润占净利润的比重是否异常，因为只有主业有盈利能力和潜力，企业发展才有后劲。

2. 分析现金流量表

它反映企业一定期间现金流入和流出的数额，它们的差额就是现金流量净额。这个数据可排除企业利润数据中未变现的因素，把握企业真实的经营能力。财务分析人员可将企业经营活动产生的现金净流量、投资活动产生的现金净流量、筹资活动产生的现金净流量分别与主营业务利润、投资收益和净利润等项目进行比较分析，以判断企业的主营业务利润、投资收益和净利润的质量。一般而言，没有相应现金净流量保证的利润，其质量是不可靠的；如果企业的现金净流量长期低于净利润，意味着已经确认为利润相对应的应收款项可能属于不

能转化为现金流量的虚拟资产，存在粉饰财务数据的现象。

3. 分析资产负债表

一般先分析流动资产项目，依次将各项目与以前年度同期对比，看有无异常的变动。例如应收账款异常增长，结合利润表看营业收入是否也异常增长，如同样异常，则营业收入的真实性值得怀疑。再分析非流动资产项目，特别要重视长期待摊费用、待处理财产损益等项目的变化，将它们的增长幅度与利润总额的增长幅度比较，若这些长期挂账资产的增长幅度大，则说明当期利润总额的增长存在人为因素的可能性较大；再将这些长期挂账资产总额与企业净资产总额比较，如接近甚至超过净资产，则说明有人为夸大利润而形成资产泡沫的可能，企业持续经营能力值得怀疑。

4. 分析财务报表附注

结合已发现的表内异常数字，看是否有相应说明，如会计政策变更、特定的会计计价方法、或有事项、期后事项等，以进一步分析表内数字的可靠性和真实性。

（二）关联交易剔除法

关联交易剔除法是指将企业财务报表中来自关联企业的营业收入和利润剔除，分析某一特定企业的盈利能力在多大程度上依赖于关联企业，从而判断这一企业的盈利基础是否扎实、利润来源是否稳定。如果企业的营业收入和利润主要来源于关联企业，会计信息使用者就应当特别关注关联交易的定价政策，分析判断企业是否以不等价交换的方式与关联企业发生交易，进行财务数据粉饰。

关联交易除转移定价和管理费用分摊之外，其余产生的利润大都体现在其他业务利润、投资收益、营业外收入、财务费用等项目中。

（1）计算各项目中关联交易产生的盈利分别占项目总额的百分比和这些项目占利润总额的百分比，判断企业盈利能力对关联企业的依赖程度；

（2）分析这些关联交易的必要性和公正性；

（3）将非必要和欠公正的关联交易所产生的利润从利润总额中剔除，以反映这些项目的正常状况。

（三）不良资产剔除法

这里所说的不良资产，除包括待处理流动资产净损失、待处理固定资产净损失、开办费、长期待摊费用等虚拟资产项目外，还包括可能产生潜亏的资产项目，如长期挂账难以收回的应收款项、大幅跌价或持久积压的存货跌价和积压损失、长期无收益的投资项目损失、可收回金额大大降低的固定资产损失等。

不良资产剔除法的运用主要有两种方式：

（1）将企业的不良资产总额与其净资产金额进行比较，如果不良资产总额接近或已超过净资产，既说明企业的持续经营能力可能存在问题，也可能表明企业在过去几年因人为夸大利润而形成了一定的资产泡沫；

（2）将当期不良资产的增加额和增加幅度与当期利润总额的增加额和增加幅度进行比较，如果不良资产的增加额及增加幅度超过利润总额的增加额及增加幅度，说明企业当期的利润表存在一定水分。

（四）关注资产重组

资产重组需要将企业某些以历史成本记账的资产转换为公允价值，给原资产升值留下了想象空间。企业可能凭借关联交易，把劣质或闲置资产，以大大高于账面价值的金额，与关联企业的优质资产相交换或干脆出售，从而获取账面利润。识别这种利润操纵，可从利润表的营业外收入、投资收益、其他业务利润等项目及明细表中入手，也可从资产负债表有关长期资产项目及明细表中查出有关置换资产的性质和金额，还可从财务报表附注中了解资产置换的其他情况。

（五）关注利息资本化

不管是自有资金还是借入资金，一旦投入使用后，就难以区分清楚哪些是资本性支出，这样，企业就很容易将非资本性支出的利息资本化。识别时，首先分析在建工程占总资产的比例，一般资本化利息支出的比例应基本与该比例相当；如资本化利息支出大于在建工程项目的平均余额与规定利率之比例，可能存在操纵利润的行为。

（六）关注往来账户

其他应收款和其他应付款的余额不应过大，如出现余额过大甚至超过应收账款、应付账款余额的异常情况，财务分析者就应注意是否有操纵利润的行为。

（七）关注存货计价

物价上涨时，存货计价方法由后进先出法改为先进先出法，就会虚增利润，反之，则虚减利润。财务分析者应结合报表附注看利润的增长是否伴随着存货计价方法的变更而增长。

（八）关注表外信息

除通过对财务报表的分析来识别操纵利润的行为以外，财务分析者还可结合各种表外信息，如董事会报告、重大事项的披露等来多方面考察上市公司业绩的真实性。例如，对表外筹资就需要进行关注，表外筹资是企业在资产负债表中未予反映的筹资行为，通过租赁、产品筹资协议、出售有追索权的应收账款、代销商品、来料加工、应收票据贴现等方式筹集资金，而无须反映在资产负债表中，从而使企业在获得借入资金的同时，不改变资产、负债现状。表外筹资可将企业真实负债隐蔽起来，长期巨额的隐性债务会造成企业财务恶性循环，伴有很大的风险，应用不当，会给企业带来损失。

（九）关注纳税情况

1. 纳税资料与经审计的财务资料不一致

一般来说，企业的纳税资料与经审计的财务资料不一致属于正常情况，因为企业在进行纳税申报时尚未完成审计，而审计多少会存在一些调整。但如纳税资料与经审计的财务资料相差较大，则财务数据可疑。

2. 应交税费余额大且逐年增加，或突然减少

按照税法规定，企业纳税有时限，应交税费余额不应过高。

知识小结

资产负债表、利润表、现金流量表和所有者权益变动表四张主要报表的编制和列报具有重要意义，其格式和列示内容有统一标准，应着重阅读与分析各构成项目的内涵质量，进而对主要报表进行结构和趋势分析。

财务报表数据的粉饰与识别。

复习思考题

一、名词解释
1. 资产负债表
2. 利润表
3. 现金流量表
4. 所有者权益变动表
5. 固定资产
6. 无形资产

二、简述题
1. 简述存货质量分析的主要内容。
2. 简述在固定资产质量分析时应当注意的问题。
3. 简述无形资产的质量分析。
4. 简述流动负债按照不同标准分类的内容。
5. 简述比较资产负债表分析的定义及比较的方式。
6. 简述在企业的成长期和成熟期，企业的资本结构发生的变化。
7. 简述企业利润质量分析的内容。
8. 简述对营业成本进行质量分析时应当注意的问题。
9. 简述销售费用质量分析的内容。
10. 简述财务费用质量分析的内容。
11. 简述用资产负债表债务法核算递延所得税的具体程序。
12. 简述每股收益的内容。
13. 简述在进行利润趋势分析时应注意的问题。
14. 简述编制现金流量表的方法及各自的优点。
15. 简述会计报表使用者分析现金流量表的目的。
16. 简述企业对现金流量进行质量分析的方法。
17. 简述进行所有者权益变动表分析的目的。
18. 简述所有者权益表项目分析的重点内容。
19. 简述财务报表粉饰的目的。
20. 识别财务报表粉饰的方法有哪些？
21. 财务报表粉饰的手段有哪些？

习题

一、判断题
1. 当企业负债中短期债务占较大的比重时，企业应保持比较低的货币资金数额。
（   ）
2. 对于联营企业和合营企业的投资，应当采用权益法核算。（   ）
3. 从财务分析的角度看，对于存货的市场价值应当采用重置成本比较妥当。（   ）

4. 利润表就是反映企业在某一会计时点的经营成果的财务报表。（   ）
5. 只有企业利润主要来自那些未来持续性较强的经济业务时，利润的质量才比较高。（   ）
6. 一般企业的营业税费金额与营业收入应相匹配，即使金额相对较小，也是分析的重点。（   ）
7. 投资活动是指企业长期资产的购建和不包括在现金等价物范围内的投资及其处置活动。（   ）
8. 筹资活动中偿还债务支付的现金项目反映企业以现金偿还债务的本金和利息。（   ）

二、单项选择题

1. 反映某一会计主体在某一特定时点财务状况的会计报表是（   ）。
   A. 资产负债表　　B. 利润表　　C. 现金流量表　　D. 财务状况变动表
2. 持有交易性金融资产的目的是近期内出售获利，所以交易性金融资产的计价方式是（   ）。
   A. 历史成本法　　B. 公允价值法　　C. 预期收益法　　D. 加权平均法
3. 如果持有的货币资金量过大，则导致企业整体盈利能力（   ）。
   A. 不变　　B. 上升　　C. 下降　　D. 不确定
4. 应收票据是企业因销售商品、提供劳务而收到的（   ）。
   A. 商业汇票　　B. 银行本票　　C. 银行汇票　　D. 支票
5. 在正常情况下，大多数存货的账面价值与可变现价值相比较（   ）。
   A. 账面价值较高　　B. 可变现净值较高
   C. 二者相等　　D. 没有可比关系
6. 存货是一项流动资产，判断存货数据质量高低的一个标准是（   ）。
   A. 存货能在短期内变现　　B. 评价存货的未来价值
   C. 观察存货是否超过使用期　　D. 判断存货的资金占用量
7. 一般情况下，不构成速动资产项目的是（   ）。
   A. 货币资金　　B. 应收账款　　C. 交易性金融资产　　D. 存货
8. 对于企业持有的对子公司的投资，以及对被投资单位不具有共同控制或重大影响，且在活跃市场中没有报价，公允价值不能可靠计量的长期股权投资，企业应当采用（   ）核算。
   A. 市价法　　B. 权益法　　C. 成本法　　D. 加权法
9. 对于短期借款的偿还，主要的保障是企业的（   ）。
   A. 资本结构　　B. 偿债期限　　C. 流动资产　　D. 权益乘数
10. 预计负债来自（   ）。
    A. 或有事项　　B. 应付账款　　C. 未来交易　　D. 短期负债
11. 过去的交易或者事项形成的潜在义务，其存在须通过未来不确定事项的发生或不发生予以证实的是（   ）。
    A. 或有负债　　B. 或有事项　　C. 预计负债　　D. 预计事项
12. 资产负债表中所有者权益项目排列的依据是（   ）。
    A. 权益的顺序　　B. 偿还的紧迫性　　C. 稳定程度　　D. 流动性

13. 企业创造利润的核心，未来最具有可持续性的是（　　）。
   A. 营业收入　　　B. 利息收入　　　C. 投资收益　　　D. 每股收益
14. 下列不属于企业主营业务收入的是（　　）。
   A. 销售商品收入　B. 投资收益　　　C. 提供劳务收入　D. 金融部门的手续费
15. 在比较利润表的基础上，可以进一步通过（　　）来了解企业连续期间的经营成果，同时可以观察企业收入费用指标在一定时间内的变动趋势、变动方向和变动速度。
   A. 比较分析　　　B. 比率分析　　　C. 定比趋势分析　D. 环比趋势分析
16. 现金流量表的编制基础是（　　）。
   A. 现金　　　　　B. 现金等价物　　C. 营运资金　　　D. 库存现金
17. 按现金收入和现金支出的主要类别直接反映企业经营活动产生的现金流量表的编制方法是（　　）。
   A. 权益法　　　　B. 成本法　　　　C. 直接法　　　　D. 间接法
18. （　　）意味着企业生产经营比较正常，具有"自我造血"功能。
   A. 经营活动现金净流量小于零　　　　B. 经营活动现金净流量大于零
   C. 经营活动现金净流量等于零　　　　D. 以上都不对
19. 我国现金流量表填列法规定，收到的股利属于（　　）。
   A. 投资活动　　　B. 经营活动　　　C. 筹资活动　　　D. 融资成本
20. 企业在现金流量表附注中披露将净利润调节为经营活动现金流量的信息时，主要采用的是（　　）。
   A. 间接法　　　　B. 直接法　　　　C. 比较法　　　　D. 差额法

三、多项选择题

1. 下列属于货币资金的是（　　）。
   A. 库存现金　　　B. 银行存款　　　C. 其他货币资金　D. 预收款项
   E. 尚未出售的股票
2. 企业保持一定货币资金的动机主要有（　　）。
   A. 交易动机　　　B. 预防动机　　　C. 投资动机　　　D. 应对宏观调控动机
   E. 投机动机
3. 决定企业持有货币资金数量的因素有（　　）。
   A. 企业规模　　　B. 所在行业特性　C. 企业融资能力　D. 企业负债结构
   E. 企业营运能力
4. 计提坏账准备应当关注（　　）。
   A. 计提方法　　　B. 坏账期限　　　C. 计提比率　　　D. 坏账明细
   E. 坏账管理成本
5. 对存货的质量分析，应当关注（　　）。
   A. 存货的可变现净值与账面金额之间的差异
   B. 存货的周转状况
   C. 存货的构成
   D. 存货的技术构成
   E. 存货的完整性
6. 属于非流动资产的金融资产有（　　）。

A. 可供出售金融资产 B. 持有至到期投资
C. 可转换公司 D. 以公允价值计量的金融资产
E. 长期股权投资

7. 固定资产必须同时具有的特征是（ ）。
A. 折旧方式固定
B. 为生产商品、提供劳务、出租或经营管理而持有
C. 使用寿命超过一个会计年度
D. 无形损耗可以估计
E. 可以出售

8. 允许资本化的借款包括（ ）。
A. 短期借款　　B. 银行借款　　C. 专门借款　　D. 一般借款
E. 无息借款

9. 下列选项中属于流动负债的是（ ）。
A. 短期借款　　B. 应付账款　　C. 预收账款　　D. 应交税费
E. 预计负债

10. 下列选项中属于应交税费的有（ ）。
A. 增值税　　　B. 消费税　　　C. 教育费附加　D. 营业税
E. 城市维护建设税

11. 或有负债被确认为预计负债的条件包括（ ）。
A. 该义务是企业承担的过时义务
B. 该义务是企业承担的现时义务
C. 债权人能够明确
D. 履行该义务很可能导致经济利益流出企业
E. 该义务的金额能够可靠地计量

12. 与流动负债相比，长期负债具有的特点是（ ）。
A. 偿还期限很长　B. 偿还金额很大　C. 利息率高　　D. 可以贴现
E. 流动性强

13. 下列各项中，属于经营活动产生的现金流量有（ ）。
A. 取得投资收益收到的现金
B. 支付的所得税
C. 分配股利、利润或偿付利息支付的现金
D. 收到的出租固定资产租金
E. 购买商品、接受劳务支付的现金

14. 留存收益包括（ ）。
A. 企业盈余公积　B. 应付股利　　C. 未分配利润　D. 优先股股利
E. 资本公积

15. 资产负债表结构中最重要的是（ ）。
A. 资产结构　　B. 资本结构　　C. 所有者权益结构　D. 负债结构
E. 收入结构

16. 企业资产结构相互之间有较大差异，主要是源于（ ）。

A. 企业内部管理水平　　　　　　B. 企业规模
C. 企业资本结构　　　　　　　　D. 行业结构
E. 经济周期

17. 在分析营业收入时，需要注意的问题有（　　）。
A. 企业营业收入确认的具体标准
B. 企业营业收入的品种构成
C. 企业营业收入的区域构成
D. 企业营业收入中来自关联方的比重
E. 行政手段造成的收入占企业收入的比重

18. 编制现金流量表时，列报经营活动现金流量的方法有（　　）。
A. 直接法　　　B. 比较法　　　C. 差额法　　　D. 成本法
E. 间接法

19. 根据新企业会计准则规定，企业存货的发出方法包括（　　）。
A. 先进先出法　　B. 后进先出法　　C. 加权平均法　　D. 移动平均法
E. 个别认定法

20. 现金流量结构分析包括（　　）。
A. 现金流入流出结构分析　　　　B. 现金流入结构分析
C. 现金流出结构分析　　　　　　D. 现金流入结构变动分析
E. 现金流出结构变动分析

四、计算分析题

1. 某企业简化资产负债表如表2-6所示。

表2-6　资产负债表（简表）　　　　　　　　　　万元

项目		2××8年12月31日	2××9年12月31日
流动资产：			
	速动资产	1 750	1 500
	存货	2 000	2 250
固定资产：		11 000	12 500
减：	累计折旧	1 935	2 940
资产总计		12 815	13 310
负债：			
	流动负债	2 325	880
	长期负债	910	1 225
所有者权益：			
	实收资本	2 500	2 500
	盈余公积	1 155	1 480
	未分配利润	5 925	7 225
负债及所有者权益合计		12 815	13 310

要求：
(1) 编制该企业比较资产负债表。
(2) 对该企业的财务状况做简要评价。

2. 某公司主要资产项目的比重如表2-7所示。

表2-7 某公司主要资产项目的比重   %

主要资产项目	期初比重	期末比重
货币资金	6.0	7.8
交易性金融资产	8.9	1.9
应收账款	3.2	2.2
存货	16.6	16.5
长期股权投资	2.8	2.7
固定资产	56.1	64.3
无形资产和长期待摊费用	6.4	4.6
合计	100	100

要求：根据上述资料，对该公司资产结构变更进行分析评价。

3. 某公司2××9年有关资料如下：本期主营业务收入为1 250万元；应收账款的年初数为320万元，年末数为200万元；预收账款的年初数为100万元，年末数为150万元，请计算该公司"销售商品、提供劳务收到的现金"项目金额。

4. 某公司本期发放的职工工资总额为100万元，其中生产经营及管理人员的工资70万元，奖金15万元；在建工程人员的工资12万元，奖金3万元。工资及奖金全部从银行提取现金发放。为建造固定资产，本期以银行存款购入工程物资100万元，支付增值税17万元，请计算该公司"支付给职工以及为职工支付的现金"和"购建固定资产、无形资产和其他长期资产支付的现金"项目金额。

五、综合分析题

资料：ABC科技股份公司为国内上市公司，2××7—2××9年的比较利润表如表2-8所示。

表2-8 ABC科技股份公司2××7—2××9年的比较利润表   万元

年度	2××7年	2××8年	2××9年
营业收入	1 155	1 509	1 890
营业成本	988.70	1 262.10	1 590.50
税金及附加	1	3	4
销售费用	111	166	188
管理费用	402	34	59
财务费用	2	11	15
营业利润	-349.7	32.9	33.5

续表

年度	2××7年	2××8年	2××9年
投资收益	-16	-5	8
补贴收入	0.4	0.25	0.3
营业外收入	0.75	4	1.5
营业外支出	0.7	0.35	0.3
利润总额	-365.25	31.8	43
所得税费用	1.4	0.8	1.75
少数股东损益	-0.5	0.7	8
净利润	366.15	30.3	33.25
其中：			
主营业务收入	1 153	1 506	1 875
主营业务成本	988	1 261	1 584
主营业务利润	164	242	287
其他业务利润	1.3	1.9	8.5

要求：

（1）对 ABC 科技股份公司 3 年的财务数据进行比较分析。

（2）以 ABC 科技股份公司 2××7 年的数据为基数进行定比趋势分析，并编制 ABC 科技股份公司定比趋势利润分析表。

（3）分别以每年的主营业务收入和利润总额作为总体指标，编制 ABC 科技股份公司的共同比利润表和利润总额构成表（利润总额构成表格式如表 2-9 所示）。

表 2-9　ABC 科技股份公司利润总额构成表　　　　　　　　万元

年度	2××7	2××8	2××9
营业利润			
投资收益			
补贴收入			
营业外收支净额			
利润总额	100	100	100

项目三

偿债能力分析

■ **知识目标**

1. 理解偿债能力的概念；
2. 熟悉短期偿债能力和长期偿债能力各评价指标及其含义、影响因素；
3. 掌握短期偿债能力和长期偿债能力各项指标的计算及评价方法。

■ **能力目标**

1. 能明确偿债能力分析的依据及重要意义；
2. 能根据分析主体数据及相关资料正确进行企业偿债能力分析。

■ **素质目标**

1. 提高法治思维，明白经济建设离不开法制建设；
2. 明白企业在生产经营过程中的责任与义务，形成规则规范意识；
3. 提高诚实守信的职业道德以及综合分析解决问题的能力。

学习情景一　偿债能力概述

一、偿债能力的概念

偿债能力是指企业偿还到期债务（包括本息）的能力，即企业对全部到期债务清偿的承受能力或现金保障程度。偿债能力分析则是对企业偿还到期债务能力的衡量与评价。

企业在生产经营过程中，为了弥补自身资金不足，就要对外举债；而举债经营的前提是必须能够按时偿还本金和利息，即具有一定的偿债能力，否则就会使企业陷入困境甚至危及企业的生存，因此，这是财务信息使用者关注的重点。

二、偿债能力分析的意义

企业偿债能力是反映企业财务状况的重要内容，是财务分析的重要组成部分。企业偿还各种到期债务能力的大小，是决定企业财务状况优劣的基本要素之一，反映了企业财务状况的稳定性与生产经营的发展趋势。偿债能力也是现代企业综合财务能力的重要组成部分，是企业经济效益持续增长的稳健性保证，重视并有效提高偿债能力，不仅是出于维护债权人正当权益的法律约束，而且也是企业保持良好市场形象和资信地位，增强企业风险意识，避免风险损失，实现企业价值最大化目标的客观要求。因此，对企业偿债能力进行分析，对于企业投资者、经营者和债权者都有着十分重要的意义。

> **【名言警句】**
> 亏他人，便亏自己，须记朝斋暮盐，我亦寒士；要公道，还要虚心，试看豌兰亩蕙，楚故有材。
> ——清·姚颐《题书院联》

（一）企业偿债能力分析有利于投资者进行正确的投资决策

投资者在决定是否向某企业投资时，不仅要考虑企业的获利能力，而且要考虑企业的偿债能力。投资者是企业剩余收益的享有者和剩余风险的承担者。首先，从剩余收益享有者这一身份来看，投资者从企业中所获得利益的次序在债权人之后，而企业借款的利息费用金额一般情况下是固定的，且在税前支付，因此，投资者能通过财务杠杆获得杠杆收益。其次，投资者还是剩余风险的承担者，当企业破产清算时，投资者获得清偿的次序也在债权人之后，所以，投资者不仅关注其投入的资产能否增值，更关注其投入的资产能否保全。

（二）企业偿债能力分析有利于企业经营者进行正确的经营决策

企业经营者要保证企业经营目标的实现，必须保证企业生产经营各环节的畅通和顺利进行，而企业各环节畅通的关键在于企业的资金循环与周转速度。企业偿债能力的好坏既是对企业资金循环状况的直接反映，又对企业生产经营各环节的资金循环和周转有着重要的影响。因此，企业偿债能力分析，对于企业经营者及时发现企业在经营过程中存在的问题，并采取相应措施加以解决，保证企业生产经营顺利进行有着十分重要的作用。

（三）企业偿债能力分析有利于债权人进行正确的信贷决策

偿债能力对债权人的利益有着直接的影响。企业偿债能力的强弱直接决定着债权人的信贷资金及其利息是否能收回的问题，而及时收回本金并取得利息是债权人要考虑的最基本的因素。任何一个债权者都不愿意将资金借给偿债能力很差的企业，因而必须对借款企业的财务状况，特别是偿债能力状况进行深入细致的分析，否则可能作出错误的决策。通过偿债能力分析，可以使债权人和债务人双方都认识到风险的存在及其大小，债权人可因此作出是否贷款的决策，债务人可为下一步的资金安排或资金筹措作出决策。

（四）企业偿债能力分析有利于分析人员正确评价企业的财务状况

企业偿债能力状况是企业经营状况和财务状况的综合反映。通过企业偿债能力分析，分析人员可以发现企业的财务状况及其变动情况，以及企业财务状况变动的原因，找出企业经营中取得的成绩和存在的问题，从而提出正确的解决措施。

三、偿债能力分析的内容和依据

（一）偿债能力分析的内容

由于负债按其流动性（偿还时间的长短）分为流动负债和非流动负债，资产按其流动性（变现能力的强弱）分为流动资产和非流动资产，因此，企业偿债能力受债务构成和偿债所需资产构成的影响，其分析分为短期偿债能力分析和长期偿债能力分析。

偿债能力分析的内容和依据

1. 短期偿债能力分析

短期偿债能力是指企业偿还流动负债的能力，或者企业在短期债务到期时可以变现为现金用于偿还流动负债的能力。短期偿债能力分析又称为企业流动性分析，它是在明确短期偿债能力影响因素的基础上，对一系列反映短期偿债能力的指标进行计算与分析，反映企业的短期偿债能力状况；其评价指标主要有营运资本、流动比率、速动比率和现金比率等。

2. 长期偿债能力分析

长期偿债能力是指企业偿还非流动负债的能力，或者企业在非流动债务到期时，其盈利或资产可用于偿债的能力。长期偿债能力分析是在明确长期偿债能力影响因素的基础上，从企业的获利能力与资产规模等方面对企业偿还非流动负债的能力进行分析和评价；其评价指标主要有资产负债率、产权比率、权益乘数、长期资本负债率、利息保障倍数、非流动负债与营运资金比率等。

3. 短期偿债能力与长期偿债能力的关系

企业的短期偿债能力与长期偿债能力既相互统一，又有显著区别；既有共性，又有各自的特殊性，共同构成企业的偿债能力。

1）短期偿债能力与长期偿债能力的区别

（1）短期偿债能力反映的是企业对偿还期限在一年或超过一年的一个营业周期以内的短期债务的偿付能力；而长期偿债能力反映企业对偿付期限在一年以上的债务的偿付能力。

（2）短期偿债能力所涉及的债务偿付一般是企业的流动性支出，由于具有较大的波动性，从而使企业的短期偿债能力也呈现较大的波动性；而长期偿债能力所涉及的债务偿付一般为企业的固定性支出，只要企业的资金结构与获利能力不发生显著变化，则企业的长期偿债能力会呈现相对稳定性。

（3）短期偿债能力一般动用企业的流动资产偿付债务，因此，短期偿债能力分析主要关注流动资产对流动负债的保障程度，主要进行静态分析；而长期偿债能力的债务偿付保证一般为企业未来产生的现金流入，因此，企业资产和负债结构以及盈利能力都是企业长期偿债能力的决定因素。

2）短期偿债能力与长期偿债能力的联系

无论是短期偿债能力还是长期偿债能力，都是反映企业债务及时有效偿付的能力，但并非越高越好。企业应在实现价值最大化目标的同时，合理安排企业的债务水平与资产结构，实现风险与收益的均衡。另外，由于非流动负债在一定期限内将逐步转化为流动负债，因此，非流动负债得以偿还的前提是企业具有较强的短期偿债能力，因此，短期偿债能力是长期偿债能力的基础；但从长期来看，企业的长期偿债能力最终取决于企业的获利能力。

（二）偿债能力分析的依据

偿债能力分析主要通过对相关财务指标的计算分析来进行，各项指标计算的数据来源于项目一中所列示的甲公司资产负债表和利润表相关项目。现将计算中所需数据列示出来，如表3-1所示。

表3-1 计算偿债能力指标的相关财务数据 万元

项目	2××7年	2××8年	2××9年
货币资金	47 906	84 710	24 229
预付款项	4 938	1 583	998
存货	13 231	1 020	3 396
流动资产合计	141 204	237 685	175 125
资产总计	584 102	566 721	566 501
流动负债合计	5 542	19 335	19 458
非流动负债合计	100 000	100 239	100 041
负债合计	105 542	119 574	119 499
股东权益合计	478 560	447 147	447 002
财务费用	-440	61	-1 887
利润总额	36 775	111 158	30 917
所得税费用	1 163	2 413	3 439
净利润	35 612	108 745	27 478

学习情景二 短期偿债能力主要评价指标及分析

短期偿债能力是指企业以其流动资产偿还流动负债的现金保障程度，它反映了企业偿付即将到期债务的能力。

对于财务报表使用者来说，一个企业的短期偿债能力是非常重要的。如果企业不能保持其短期偿债能力，也就不可能保持长期偿债能力，自然不能使投资者满意；即使是获利水平较高的企业，若不能按期偿还短期债务，也会面临破产清算；对企业债权人来说，企业短期偿债能力的强弱意味着债权本息能否按期收回；对投资者来说，企业短期偿债能力下降通常是获利水平降低和投资机会减少的先兆，这意味着资本投资的流失；对企业经营者来说，短期偿债能力的强弱意味着企业承受财务风险能力的大小；对业务关联单位来说，企业短期偿债能力的强弱意味着企业履行合同能力的强弱。

要进行企业短期偿债能力分析，首先要明确影响短期偿债能力的因素。

一、影响短期偿债能力的因素

一个企业的短期偿债能力强弱，取决于流动资产和流动负债的规模及结构，因此，影响短期偿债能力的因素，应从流动负债的规模与结构、流动资产（可用于归还流动负债）的规模与结构、企业的经营现金流量、流动负债规模与流动资产规模之间的对应情况（此项略）等方面进行分析。

（一）流动负债的规模与结构

流动负债也称为短期负债，是指企业应在一年或超过一年的一个营业周期内偿还的债务。

由于短期负债规模越大，短期内企业需要偿还的债务负担就越重，因此，流动负债的规模是影响企业短期偿债能力的重要因素。

流动负债的结构对短期偿债能力也有重要影响。企业流动负债包括短期借款、应付票据、应付账款、预收账款、其他应付款、应交税费、应付职工薪酬、应付利息等项目；一般来说，企业的所有债务都是需要偿还的，但是并非所有的债务都需要到期时立即偿还，即有的债务存在固定支付日期，有的债务需估计日期。例如，企业的短期借款、应付票据、应交税费等流动负债，一般需要到期立即偿还；而应付账款、预收账款等由于与供应商存在长期合作关系，偿债时间相对比较灵活。因此，偿债时间的刚性强，会增加企业实际的偿债压力，而偿债时间的刚性弱，会减轻企业的实际偿债压力。

（二）流动资产的规模与结构

流动资产是指可以在一年内或超过一年的一个营业周期内变现或者耗用的资产，正常情况下，流动负债的偿付动用的是企业的流动资产，可以说流动资产是偿还流动负债的物质保证；流动资产的规模与质量从根本上决定了企业偿还流动负债的能力。

一般来说，流动资产越多，企业的短期偿债能力越强。但流动资产内部的结构不合理，其实际偿债能力也会受到影响；由于正常情况下流动负债将以现金偿还，因而在分析中除关注流动资产与流动负债之间的关系外，还应特别关注流动资产的变现能力。流动资产的变现能力是指转化为现金的能力，反映流动资产变现能力强弱的标志有两个：一是资产转化为现金的时间，时间越短，变现能力越强；二是流动资产的预期价格与实际售价之间的差额，差额越小，变现能力越强。

在整个流动资产中，变现能力最强的是货币资金，因为现金、银行存款本身就是已经实现了的货币资金，不存在能否变现的问题；其次是交易性金融资产，是近期内将出售的金融资产，变现能力较强；各种应收款项的变现能力大于存货资产，预付账款的变现能力也强于存货资产；在应收款项中，应收票据可以转让、贴现和抵押，其变现能力又必然强于应收账款和其他应收款。

（三）企业的经营现金流量

现金是流动性最强的资产，企业的流动负债通常需用现金进行偿付，因此，现金流入和流出的数量就会直接影响到企业的短期偿债能力。

现金流量包括经营活动现金流量、投资活动现金流量与筹资活动现金流量。在三类现金流量中，经营活动带来的现金净流量在各期之间相对比较稳定，能够比较稳定地满足企业的短期现金支付，因此与企业的短期偿债能力关系最为密切。当企业的经营业绩较好时，就会有持续和稳定的现金流入，从而保障债权人的利益；当企业经营业绩较差时，其现金流入不足以抵补现金流出，造成营运资本缺乏，现金短缺，短期偿债能力必然受到影响。

另外，企业的财务管理水平、母子公司之间的资金调拨等也影响企业的短期偿债能力。同时，企业外部因素也影响企业的短期偿债能力。如宏观经济形势、证券市场的发育与完善程度、银行的信贷政策等。

二、短期偿债能力指标的计算与分析

企业短期偿债能力的强弱主要取决于企业流动资产和流动负债的规模与结构，因此，将流动资产与流动负债的数量进行对比，即可初步判断企业的短期偿债能力。评价短期偿债能力的财务指标主要包括营运资本、流动比率、速动比率和现金比率等；在分析评价这些指标时，必须同时关注流动资产和流动负债的结构。

（一）营运资本

营运资本是指流动资产（总额）减去流动负债（总额）后的剩余部分，也称净营运资本。该指标意味着企业的流动资产在偿还全部流动负债后还有多少剩余。

营运资本

1. 营运资本指标的计算与分析

营运资本是一个绝对数指标，其计算公式为：

$$营运资本 = 流动资产 - 流动负债$$

营运资本指标能够直接反映流动资产保障流动负债偿还后能够剩余的金额，营运资本越多，说明企业可用于偿还流动负债的资金越充裕，企业的短期偿债能力越强，债权人收回债权的安全性越高。当营运资本为负时，说明企业营运资本出现短缺，企业的偿债风险较大。

2. 计算与分析营运资本指标应注意的问题

（1）营运资本指标多少为宜并没有统一的标准。对于短期债权人来说，当然希望营运资本越高越好，这样可以提高其债务的保障程度。但对于企业来说，过多持有营运资本虽然可以提高短期偿债能力，降低财务风险，但有可能会降低企业的盈利能力；因为高营运资本意味着流动资产多而流动负债少，而流动资产与长期资产相比，虽然流动性强，但获利水平低。

因此，对企业来说，营运资本的管理是企业财务管理的一项重要内容，需要在风险与收益之间进行权衡，根据实际情况合理安排企业的营运资本数额。

（2）营运资本是一个绝对数指标，不便于进行不同规模企业之间的比较。有时即使两个企业的营运资本完全相同，其偿债能力也不一定相同（例如 A 公司流动资产 200 万元，流动负债 100 万元；B 公司流动资产 1 100 万元，流动负债 1 000 万元）；另外，当流动负债大于流动资产时，营运资本呈负数，表明营运资本出现短缺，已完全没有偿债能力，但如果企业融资能力较强，也可以偿还流动负债。

【例 3-1】 甲公司营运资本的计算与分析。

根据甲公司资产负债表和利润表提供的相关资料，该公司营运资本指标计算如表 3-2 所示。

表3-2　甲公司营运资本指标计算　　　　　　　　　　　　　　万元

项目	2××7年	2××8年	2××9年
流动资产合计	141 204	237 685	175 125
流动负债合计	5 542	19 335	19 458
营运资本	135 662	218 350	155 667

从表3-2的计算可以看出，甲公司的营运资本2××8年较2××7年有较大增幅，2××9年又回落，在2××7—2××9年间呈一种凸形的趋势，但营运资本绝对数金额为正且较大，说明偿还流动负债的资金充足，企业的短期偿债能力较强。

（二）流动比率

由于营运资本指标的局限性，实际工作中经常采用流动比率来判断营运资本数额是否合理。

流动比率也称营运资本比率或真实比率，是指企业流动资产与流动负债的比率。它表明企业在某一时点，每一元流动负债有多少流动资产作为偿还的保证。

流动比率

1. 流动比率指标的计算与分析

流动比率是分析企业短期偿债能力最基本、最常用的指标，其计算公式为：

$$流动比率 = \frac{流动资产}{流动负债}$$

流动比率的计算公式还可以作如下表达：

$$流动比率 = \frac{流动资产}{流动负债} = \frac{(流动资产 - 流动负债) + 流动负债}{流动负债}$$

$$= \frac{营运资本 + 流动负债}{流动负债} = 1 + \frac{营运资本}{流动负债}$$

计算公式中的流动资产指流动资产净额，如应收账款是扣减坏账准备后的净额。

流动比率指标用于揭示流动资产对流动负债的保障程度，考察短期债务偿还的安全性。因为一般情况下，企业将动用流动资产来偿还流动负债，如果必须动用长期资产来偿还流动负债，就很可能会对企业的长期盈利能力产生较大的负面影响，长此以往，必然使整个企业的经营状况与财务状况恶化；因此，一般来说，流动比率越高，企业的短期偿债能力就越强。

通常认为流动比率为2.0时对大部分企业是比较适宜的，它表明企业财务状况稳定可靠，除了满足日常生产经营的流动资金需要外，还有足够的资金偿还到期的短期债务；如果流动比率过低，企业可能面临到期难以清偿债务的困难。

2. 计算与分析流动比率指标应注意的问题

（1）一般情况下，流动比率越高，企业偿还短期债务的能力越强；但较高的流动比率仅仅说明企业有足够的可变现资产用于偿债，并不等于已有足够的现金用来偿债。如果此时流动资产质量较差（如有较多的积压存货、应收款项多且收账期长），就会高估流动比率，而真正可以用来偿债的现金却严重短缺。因此，企业应在分析流动比率的基础上，进一步对流动资产质量及现金流量加以考虑。

（2）从债权人立场上说，流动比率越高越好。因为流动比率越高，债权越有保障，借出的资金越安全;但从经营者和所有者角度看,并不一定要求流动比率越高越好,流动比率过高,可能表明企业滞留在流动资产上的资金过多,未能充分有效地利用,造成企业机会成本的增加,这对企业的获利能力会造成一定的影响。因此,企业应从收益和风险的角度权衡,对流动资产与流动负债的规模进行合理的安排,不一定盲目地追求流动比率的提高。

(3) 流动比率的合理性标准是一个复杂的问题。

流动比率的高低受企业所处行业的性质与特点的影响较大(如房地产企业、商品流通企业的流动比率会较低),各企业应根据自身情况和行业特点,确定一个流动比率最佳点。

不同国家、不同行业及同一企业的不同时期,其评价标准是不同的。例如美国的流动比率平均在1.4左右,日本的流动比率平均在1.2左右;即使同一个国家不同行业,其流动比率也有明显不同,例如美国纺织业流动比率接近2.5,而食品业只有1.1。在我国,由于不断更新的经营方式使得所需流动资产逐渐减少,企业的流动比率大多数不到2.0,平均流动比率有不断下降的趋势。

过去很长时期,人们认为生产业合理的最低流动比率是2.0,其理由是变现能力最差的存货金额通常占流动资产总额的一半左右,剩下的流动性强的流动资产至少应等于流动负债,企业短期偿债能力才会有保证。对于这种观点,人们一直未能从理论上予以证明,最近几十年,企业经营方式和金融环境不断发生变化,流动比率有降低趋势,许多成功企业的流动比率都低于2.0。

由此可见,计算出来的流动比率,必须通过与同行业平均流动比率、本企业历史流动比率进行比较,才能得出正确的评价。

(4) 在某些情况下,流动比率不能正确反映企业偿债能力,如季节性经营的企业、大量使用分期付款结算方式的企业、年末销售大幅度上升或下降的企业等。

(5) 流动比率易受人为控制。当企业的流动比率大于1时,在临近期末的时候,企业可以通过年末突击偿还流动负债、下年初如数举借新债等手段来提高流动比率;或者通过借入一笔临时借款来增加分子中的货币资金和分母中的短期借款,从而降低流动比率。当企业的流动比率小于1时,操作手段正好相反。

例如,C公司年末流动资产为900万元,流动负债为500万元,则其流动比率为900÷500=1.8;C公司为粉饰财务状况,在年末用300万元货币资金偿还应付款项,此时,流动比率为600÷200=3.0。

因此,在使用流动比率这一指标时,应注意分析其会计期末前后一段时间流动资产与流动负债数额的变化情况。

【例3-2】甲公司流动比率的计算与分析。

根据甲公司资产负债表和利润表提供的相关资料,该公司流动比率指标计算如表3-3所示。

表3-3 甲公司流动比率指标计算　　　　　　　　　　　　　　　万元

项目	2××7年	2××8年	2××9年
流动资产合计	141 204	237 685	175 125
流动负债合计	5 542	19 335	19 458
流动比率	25.48	12.29	9.00

通过表3-3的计算可以看出，甲公司的流动比率在2××7—2××9年间呈逐渐下降的趋势，但远远高于一般企业，说明甲公司的短期偿债能力仍处于一个相当高的水平；但流动资产过多，在一定程度上会影响企业获利能力，应进一步关注甲公司流动资产的内部结构。在甲公司2××9年年末流动资产中，应收票据、应收账款和应收股利占全部流动资产的83.59%，较2××7年、2××8年大幅度增加，而这些应收款项几乎不能为企业创造收益，因而甲公司应加强应收款项的管理，提高资金运用效率；同时还要注意到，甲公司的短期偿债能力下滑的原因，主要是由于流动负债逐年上升所致，若要提高流动比率，还需对流动负债进行分析。

（三）速动比率

流动比率虽然可以用来评价流动资产总体的变现能力，但信息使用者（特别是短期债权人）还希望获得比流动比率更进一步的有关变现能力的比率指标，即速动比率。

速动比率又称酸性测试比率，是指速动资产与流动负债的比值。用于评价企业流动资产变现能力的强弱。

速动比率

1. 速动比率指标的计算与分析

1）速动资产

构成流动资产的各项目流动性有很大差别，其中货币资金、交易性金融资产和各种应收、预付款项①等，可以在较短的时间内变现，因而称为速动资产；另外的流动资产，包括存货、一年内到期的非流动资产及其他流动资产等，则称为非速动资产。

速动资产的计算公式为：

速动资产② = 流动资产 - 存货 - 一年内到期的非流动资产 - 其他流动资产

在计算速动资产时，要从流动资产中扣除非速动资产的主要原因是其变现时间和数量有较大的不确定性。

（1）存货的变现速度比应收款项要慢很多，部分存货可能已经损失报废还未做处理，或者已经抵押给某债权人，不能再变现；存货的估价方法较多，可能造成与实际变现金额相差悬殊。

例如，制造业的原材料要变现，需要经过生产、销售和账款回收的过程，变现周期较长；再如，由于某种原因需要处理存货时，存货的可变现净值往往比账面价值要低一些，更何况存货管理中有一部分存货属于企业的安全库存，动用这些存货来偿还债务，会导致企业生产经营活动受到极大影响。因此，在计算速动资产时应将存货项目剔除。

（2）一年内到期的非流动资产和其他流动资产的数额有偶然性，不代表正常的变现能力。

综上所述，将可偿债资产定义为速动资产并据此计算出来的速动比率（短期债务存量比率）更为可信。

2）速动比率的计算公式

速动比率的计算公式为：

---

① 亦有少数观点认为预付款项应归为非速动资产；本书采纳注册会计师考试要求观点，将预付款项划分为速动资产，认为预付款项有较强变现能力。

② 有些教材将公式简化为：速动资产 = 流动资产 - 存货。

$$速动比率 = \frac{速动资产}{流动负债}$$

由于行业之间的差别，在计算速动比率时，除扣除存货等非速动资产外，还可以从流动资产中去掉其他一些可能与当期现金流量无关的项目（如预付账款），用以评价企业变现能力的强弱和偿债能力的大小，由此而形成保守速动比率（又称超速动比率）。其计算公式为：

$$保守速动比率 = \frac{速动资产 - 预付账款}{流动负债}$$

速动比率是流动比率的一个重要辅助指标。有时企业流动比率虽然很高，但是流动资产中易于变现、具有即刻支付能力的资产却很少，短期偿债能力仍然很差。而速动比率由于剔除了存货等变现能力较弱且不稳定的资产，较之流动比率能够更加准确、可靠地评价企业资产的流动性及其偿还流动负债的能力。

一般来说，速动比率越高，表明企业资产流动性越强，流动负债的安全程度越高，短期债权人到期收回本息的可能性越大。但与流动比率类似，从企业的角度看，速动比率也不是越高越好，对速动比率要具体情况具体分析。

通常认为速动比率为1时比较合适，它表明企业的每一元流动负债都有一元易于变现的资产作为抵偿。如果速动比率过低，说明企业的偿债能力存在问题；但如果速动比率过高，则又说明企业因拥有过多的货币性资产，而可能失去一些有利的投资和获利机会。但速动比率这个经验数据也不是绝对的，不同的环境、不同的时期、不同的行业，情况也就不尽相同。

2. 计算与分析速动比率指标应注意的问题

速动比率考虑了流动资产的结构，因而弥补了流动比率的某些不足，但在分析中还应注意以下问题：

（1）一般认为速动比率为1时较为适宜。如果速动比率小于1，企业偿债风险加大，但并不能认为速动比率低的企业其流动负债绝对不能偿还。如果存货流转顺畅、变现能力较强，即使速动比率较低，只要流动比率高，企业仍然有能力偿还到期的债务本息。

（2）不同行业的速动比率有很大差别。例如采用现金销售的商场，几乎没有应收账款，其速动比率低于1很正常；反之，一些应收款项较多的企业，往往速动比率高于1。因此，计算出的速动比率是高是低、是优是劣，还要结合企业历史资料和行业平均水平来判断。

（3）应收账款变现能力对速动比率的影响。速动资产中含有应收账款，而账面上的应收账款不一定都能变为现金，若应收账款数额较大或账龄较长，实际的坏账可能高于计提的坏账准备；季节性经营的企业由于季节变化，可能使报表上的应收款数额不能反映平均水平。因此，在评价速动比率指标时，还应结合应收账款周转率分析应收账款的质量。

（4）速动比率同流动比率一样，反映的是会计期末的情况，并不代表企业长期的财务状况。它有可能是企业为筹措资金而人为粉饰财务状况的结果。

例如，D企业期末实际速动资产为250万元，流动负债为200万元，实际速动比率应当为1.25，企业为了提高速动比率，在接近报表日以银行存款偿还短期借款100万元，这将导致速动资产和流动负债均减少100万元，速动比率将变为1.5。

此外，企业还有其他一些类似的调整方式，如结账日前降价大力促销、以应收账款与应付账款相互抵消等。因此，在进行速动比率分析时，应进一步对企业整个会计期间和不同会计期间的速动资产、流动资产和流动负债情况进行分析。

【例3-3】 甲公司速动比率的计算与分析。

根据甲公司资产负债表和利润表提供的相关资料，该公司速动比率指标计算如表3-4所示。

表3-4 甲公司速动比率指标计算　　　　　　　　　　　　　　万元

项目	2××7年	2××8年	2××9年
流动资产合计	141 204	237 685	175 125
预付账款	4 938	1 583	998
存货	13 231	1 020	3 396
速动资产合计	127 973	236 665	171 729
流动负债合计	5 542	19 335	19 458
速动比率	23.09	12.24	8.83
保守速动比率	22.20	12.16	8.77

通过表3-4的计算可以看出，甲公司的速动比率在2××7—2××9年间呈逐渐下降的趋势，但远远高于1，说明短期偿债能力很强，处于高水平状态；但过高的速动比率是否合理，尚需进一步对速动资产结构进行分析。通过对2××9年资产负债表速动资产构成项目的分析，甲公司2××9年年末应收款项占全部速动资产的85.24%，表明公司的应收款项占用资金过多，使得这部分资金不能运用到经营领域，从而失去获利机会；同时，应关注甲公司速动比率下滑的原因，数据表明，速动比率下降是公司流动负债逐年上升所致。

甲公司保守速动比率与速动比率差距不大，趋势相同。

（四）现金比率

现金比率是指企业现金类资产与流动负债的比值。现金类资产包括企业持有的所有货币资金和交易性金融资产。

现金比率

1. 现金比率指标的计算与分析

现金比率的计算公式为：

$$现金比率 = \frac{货币资金 + 交易性金融资产}{流动负债}$$

现金比率越高，说明现金类资产在流动资产中所占比例越大，企业的短期偿债能力就越强。但是，也不能认为这项指标越高越好，如果该指标太高，可能是企业拥有大量不能盈利的现金所致，必然增加持有现金的机会成本；现金比率过低，说明现金类资产在流动资产中所占的比例少，应急能力差。一般认为，现金比率以适度为好，既要保证短期债务偿还的现金需要，又要尽可能降低过多持有现金的机会成本。

2. 计算与分析现金比率指标应注意的问题

（1）在评价企业偿债能力时，一般来说，现金比率的重要性不大，因为不可能要求企业立即用现金资产来偿付全部流动负债，企业也没有必要总是保持过多的现金资产。但对于发生财务困难的企业，特别是企业的应收款项和存货的变现能力存在问题时，现金比率就显得非常重要，它表明企业最坏情况下的短期偿债能力。

（2）对于短期债权人来说，现金比率越高越好，因为现金类资产相对于流动负债越多，对到期流动负债的偿还越有切实的保障。但对企业来说，现金比率并非越高越好。比率过高，可能表明企业不善于利用现金资源，没有将现金投入经营环节以获取利润；但如果企业有特别计划需要使用现金,如集资用于扩大生产能力的建设,就必须使现金增加,在这种情况下,现金比率会很高,不能单纯认为偿债能力很强。

(3) 对于一些特殊行业,如经营活动需要具有高度投机性和风险性,或存货及应收账款停留时间较长的行业,应注意对现金比率进行重点分析。

(4) 现金比率的高低并无统一评价标准,企业现金管理是财务管理的重要内容之一,需要明确的是企业持有现金一般有交易性、预防性和投机性三种动机,并不完全都是为了偿债。企业应当根据所处行业的性质与特点、企业经营活动的规模与特点、管理层对未来现金流量的估计以及对风险的态度等多方面确定现金持有量,而不能仅仅为了提高企业短期偿债能力而多持有现金类资产。

【例3-4】甲公司现金比率的计算与分析。

根据甲公司资产负债表和利润表提供的相关资料,该公司现金比率指标计算如表3-5所示。

表3-5 甲公司现金比率指标计算   万元

项目	2××7年	2××8年	2××9年
货币资金合计	47 906	84 710	24 229
流动负债合计	5 542	19 335	19 458
现金比率	8.64	4.38	1.25

从表3-5的计算可以看出,甲公司的现金比率在2××7—2××9年间虽然呈逐渐下降的趋势,但仍然高于1,反映出甲公司的现金类资产对短期债务有较强的偿还保障;还可以发现,甲公司2××7年、2××8年两年中未能充分利用货币资金,安排了过多的现金类资产,可能导致资金闲置,至2××9年有所改善;在条件许可的情况下,应进一步收集公司资产负债表日前后现金资产变动情况的相关资料,分析现金资产减少的原因。

综上所述,营运资本、流动比率、速动比率和现金比率是从流动资产与流动负债对比关系上评价企业短期偿债能力的四个主要指标。企业在实际运用上述指标进行分析时,如果仅凭某一个指标就对企业短期偿债能力作出评价,可能会出现一定偏差;因此,不能孤立地看某一个指标,应该综合其他指标进行分析,才能全面和客观地判断企业短期偿债能力的大小。

三、影响短期偿债能力的特别项目

上述反映企业短期偿债能力的财务指标,都是从会计报表资料中取得的。但还有一些会计报表资料中没有反映出来的因素,也会影响企业的短期偿债能力,甚至影响力更大。

(一)增加变现能力的特别项目

1. 可动用的银行贷款指标

银行已同意、企业尚未办理贷款手续的银行贷款限额,可以随时增加企业的现金,提高支付能力。这一数据不反映在报表中,必要时应在财务状况说明书中予以说明。

2. 准备很快变现的长期资产

由于某种原因,企业可能将一些长期资产出售转变为现金,这将增加企业的短期偿债能力。企业出售长期资产,应根据近期和长期利益的辩证关系,正确决定出售长期资产问题。

所以在分析该因素时，应结合具体情况具体分析，以正确评价企业的短期偿债能力。

3. 偿债能力的声誉

具有良好偿债能力声誉的企业，在短期偿债方面出现困难时，通常有能力筹得资金，提高偿债能力，这个增强变现能力的因素，取决于企业自身的信用情况及当时的筹资环境。

（二）减少变现能力的特别项目

或有负债是有可能发生的债务，如果或有负债发生，将可能影响企业的短期偿债能力。对或有负债，会计准则规定并不都作为负债登记入账，因此有可能不在报表中反映，一般在会计报表附注中披露。

1. 已贴现商业承兑汇票形成的或有负债

企业已向银行贴现的商业承兑汇票，银行仍对企业拥有资金追索权，即如果票据到期，出票人无力偿还款项给贴现银行，银行将向贴现人收取款项；因此，企业因商业承兑汇票贴现引起的债务必然减弱企业的短期偿债能力。

2. 未决诉讼、仲裁形成的或有负债

未决诉讼、仲裁形成的或有负债是指在资产负债表日已经发生，但其最后结果有赖于法院判决的负债。在涉及赔偿的案件中，若法院判决其败诉，企业必须赔偿，这势必影响其短期偿债能力。

3. 为其他企业提供债务担保引起的或有负债

企业可能以它自己的一些流动资产为他人提供担保，如为他人向金融机构借款提供担保，为他人购物担保或为他人履行有关经济责任提供担保等。这种担保有可能成为企业的短期负债，增加短期偿债负担。

> **【名言警句】**
> 一个人能否廉洁自律，最大的诱惑是自己，最难战胜的敌人也是自己。
> ——习近平《在同中央办公厅各单位班子成员和干部职工代表座谈时的讲话》

学习情景三　长期偿债能力评价指标及分析

长期偿债能力是指企业偿还非流动负债的能力，企业的非流动负债是指偿还期在一年或超过一年的一个营业周期以上的债务。与流动负债相比，非流动负债具有数额较大、偿还期限较长等特点。

对于企业的长期债权人和所有者来说，他们不仅关心企业的短期偿债能力，更关心企业的长期偿债能力。长期偿债能力的分析与短期偿债能力的分析有一定的差别，一般情况下，短期偿债能力分析主要着眼于企业所拥有的流动资产对流动负债的保障程度，因此要关注流动资产和流动负债的规模与结构，同时关注流动资产的周转情况；而对于长期负债来说，企业借入长期负债的目的不是希望借入长期负债所形成的资产直接来保证长期负债的偿还，而是通过借入资产的运营实现获利与增值来保证长期负债的偿还，因此企业偿债能力分析除了关注企业资产和负债的规模与结构外，还需要关注企业的获利能力。

一、影响长期偿债能力的因素

长期偿债能力是企业保证到期及时偿付非流动负债的可靠程度。企业的非流动负债主要

包括长期借款、应付债券和长期应付款等内容。影响企业长期偿债能力的因素主要有企业的资本结构、企业的非流动资产（长期资产）的规模与结构和企业的获利能力等因素。

（一）企业的资本结构

企业的资本结构是指企业的资金来源结构，表现为负债与所有者权益之间的比例关系。从债权人角度来看，企业通过负债所筹集的资金所占比例越小，企业自有资金对债务的保障程度就越高，长期债务到期无法足额偿付的比率就越小；从企业角度来看，负债与所有者权益比重越高的资本结构，企业还本付息的负担越重，财务风险就越高，不能如期偿还债务本金和利息的可能性就越大；相反，如果企业是一个过于保守的资本结构，又会削弱企业的盈利能力，并最终削弱企业的长期偿债能力。因此，企业必须保持合理的资本结构，才能保证企业具有足够的长期偿债能力。

（二）企业的非流动资产的规模与结构

非流动负债的偿还是以相应的资产作为物质保障的，保障非流动负债偿还的资产主要是非流动资产，但它一般具有一定的专用性，因此对于债权人来说，在债务到期时需用现金资产来偿还负债，而不是直接用企业的非流动资产偿还；如果企业的大部分非流动资产在面临债务偿还时变现能力过低，可能会导致企业即使拥有很多非流动资产也无法足额偿付债务；因此，在分析企业的长期偿债能力时，还需要特别关注企业的非流动资产的规模与结构。

（三）企业的获利能力

企业的获利能力是指企业在一定时期内获得利润的能力。虽然资产或所有者权益是对企业长期债务的最终保障，但在正常的经营过程中，企业不可能靠出售资产来偿还债务，企业长期的获利水平和经营活动现金流量才是偿付债务本息最稳定和最可靠的来源。企业借入资金是为了用于企业的投资活动和经营活动，通过运营赚取超过利息支出的利润；当企业的获利能力强，借入资金的收益率超过固定支付的利息率时，就可获得负债所带来的杠杆收益，并保证长期债务到期时能够足额偿还；企业获利能力越强，长期偿债能力越强，此时，企业可以充分利用财务杠杆效应，加大负债比例，以获取更多利润。

二、长期偿债能力指标的计算与分析

长期偿债能力分析主要根据资产负债表和利润表中的相关数据来计算出一系列财务比率，分析权益与资产之间的关系，分析不同权益的内在联系，从而对企业长期偿债能力的强弱、资本结构是否合理等作出客观评价。反映长期偿债能力的主要指标有资产负债率、产权比率、权益乘数、长期资本负债率、利息保障倍数、非流动负债与营运资本比率等。

（一）资产负债率

资产负债率又称为债务比率，是全部负债总额占全部资产总额的百分比，反映在资产总额中有多大比例是通过负债筹资形成的。该指标可用于衡量企业利用债权人的资金进行财务活动的能力，同时也反映企业在清算时对债权人权益的保障程度。

资产负债率

1. 资产负债率指标的计算与分析

资产负债率的高低取决于企业负债总额与资产总额，其计算公式为：

$$资产负债率 = \frac{负债总额}{资产总额} \times 100\%$$

由于以上计算公式中的负债总额与资产总额均只反映企业某一时点上的数据，不能说明企业某一段时间的财务状况，因而在实务中，可用负债平均余额与总资产平均余额来计算资产负债率，此时，计算公式为：

$$资产负债率 = \frac{负债平均余额}{总资产平均余额} \times 100\%$$

其中：

$$负债平均余额 = \frac{负债总额期初数 + 负债总额期末数}{2}$$

$$总资产平均余额 = \frac{资产总额期初数 + 资产总额期末数}{2}$$

资产负债率揭示了资产与负债的依存关系，资产负债率越高，表明资产对负债的保障程度越低；例如A企业的资产负债率为30%，就表明每一元资产对0.3元负债作保障；B企业的资产负债率为50%，就表明每一元资产对0.5元负债作保障；显然，B企业资产负债率更高，而资产对负债的保障程度更低，财务风险也更大。资产负债率越低，则表明以负债取得的资产越少，企业运用外部资金的能力越差。因此，资产负债率应保持一定水平，一般认为，资产负债率的适宜水平在40%~60%；如果该指标大于100%，表明企业已资不抵债。

负债对企业来说是一把双刃剑：一方面，负债增加了企业风险，负债越多，风险越大；另一方面，负债资金成本低于股东权益资金成本，增加负债资金可以提高获利能力。既然负债可以同时增加企业的利润和风险，管理者的任务就是在风险和利润之间取得平衡。

经营风险较高的企业，为降低财务风险，应将资产负债率控制在较低水平；例如许多高科技企业的资产负债率都比较低。经营风险较低的企业，为增加股东收益可以选择较高的资产负债率；例如供水、供电企业的资产负债率都比较高。在我国，交通、电力等基础行业的资产负债率平均为50%，加工业为65%，商贸业则高达80%左右。对于同一企业来说，不同时期对资产负债率的要求也不同，当企业处于成长期或成熟期时，企业前景比较乐观，此时可适当提高资产负债率，充分发挥财务杠杆的作用；当企业处于衰退期时，预期现金流量减少，此时应采取相对保守的财务政策，减少负债，降低资产负债率，以降低企业财务风险。

不同国家或地区对资产负债率的要求也有差别。例如英国和美国企业的资产负债率很少超过50%，而亚洲和欧盟企业的资产负债率明显高于50%，有些成功企业甚至高达70%。产生这种差别的原因主要有两种观点：一种观点认为，因为亚洲和欧洲的金融机构集中了大部分资金，而英国和美国的资金大部分集中在企业股东手中；另一种观点则认为，这种差别并非出于财务上的原因，而是观念、文化和历史等因素作用的结果。

2. 资产负债率指标的缺陷

资产负债率是国际公认的反映企业负债水平及风险程度的重要指标，但其仍存在一定的局限性。

（1）资产负债率是一个静态指标。

资产负债率可以反映企业破产清算时债权人权益的保障程度，而财务分析是建立在持续经营的基础上的；长期资产一般不用于直接偿付债务，并且长期负债具有期限较长的特点，随着时间的推移，企业长期资产的价值将随着企业的运营而发生变化。因此，用资产负债率无法完全反映企业未来偿付债务的能力。

（2）资产负债率没有考虑负债的偿还期限。

资产负债率计算公式的分子是负债总额，并没有考虑负债的期限结构，而不同的负债期限结构对企业的长期偿债能力有着不同的影响。

例如A、B公司贷款额均为100万元，A公司分5年偿还，而B公司分10年偿还，这样A、B公司的偿债压力就有所不同。

（3）资产负债率没有考虑资产的结构。

资产负债率计算公式的分母是资产总额，并没有考虑到资产的结构，而不同的资产结构对到期债务的偿付有着不同程度的保障。如企业破产清算时，企业所拥有的无形资产将不具备实质性的债务偿付能力；企业的资产账面价值还受会计政策的影响，如企业的资产计量方法和折旧政策等不同，使得资产的账面价值和实际价值可能会存在一定的差异。以上两方面的情况都将导致资产负债率可能无法准确反映企业的长期偿债能力。

由于资产负债率指标存在以上缺陷，因此，对指标进行分析评价时，需要在收益与风险之间权衡利弊，充分考虑企业内部各种因素的影响和外部市场环境，以作出合理正确的判断。

【名言警句】
以铜为鉴，可以正衣冠；以人为鉴，可以明得失；以史为鉴，可以知兴替。
——唐·李世民《旧唐书·魏征传》

3. 计算与分析资产负债率指标应注意的问题

（1）保守的观点认为，资产负债率不应高于50%，国际上通常认为资产负债率为60%时比较合理；但这并没有严格的标准，不同行业、不同地区的企业乃至同一企业的不同时期，对资产负债率的要求是不一样的；因此，计算出的资产负债率可以将其与行业水平及企业历史水平相比较。

通过与同行业平均水平或竞争对手的比较，可以了解企业的财务风险和长期偿债能力在整个行业中是偏高还是偏低，与竞争对手相比是强还是弱。如果发现企业的资产负债率过高或者过低，则应进一步找出原因，并采取措施及时调整。

通过与企业以往各期的资产负债率比较，可以看出企业的财务风险和长期偿债能力的变化趋势，是越来越好还是越来越差，或是基本保持稳定。如果在某一期间资产负债率突然增高，应进一步查找原因，看其是由于资产规模下降导致的还是负债大量增加引起的，并及时采取改善的对策，以防止长期偿债能力进一步恶化，出现财务危机。

（2）对指标的分析应从不同角度进行。

从债权人角度分析，他们最关心的是债权能否按期足额收回。该比率越低，债权人提供的资金与企业资产总额相比，所占比例越低，企业不能偿债的可能性越小。企业的风险主要由股东承担，这对债权人是十分有利的。因此，债权人总是希望资产负债率越低越好。

从投资者角度分析，他们最关心的是投入的资本能否获得更多收益。当企业利润率高于借款利息时，由于财务杠杆的作用，股东希望资产负债率越高越好；此时若资产负债率过低，往往表明企业没能充分利用财务杠杆，没能充分利用负债经营带来更多的利润。当利润率低于借款利率时，借入资金的一部分利息就要用属于股东的利润来偿还，此时，股东则希望资产负债率越低越好。

从经营者角度分析，他们最关心的是在充分利用负债资金给企业获取收益的同时，还要尽可能降低财务风险。当企业财务前景乐观时，就希望加大资产负债率；若企业财务前景欠佳，则希望减少负债，以降低资产负债率。

综上所述，由于债权人、投资者、经营者对资产负债率的要求各不相同，因此在运用该指标评价企业长期偿债能力时，应结合国家总体经济情况、行业发展趋势、企业所处的竞争环境等具体条件进行比较判断。

【例 3-5】甲公司资产负债率的计算与分析。

根据甲公司资产负债表和利润表提供的相关资料，该公司资产负债率指标计算如表 3-6 所示。

表 3-6 甲公司资产负债率指标计算

项目	2××7 年	2××8 年	2××9 年
资产总计/万元	584 102	566 721	566 501
负债合计/万元	105 542	119 574	119 499
资产负债率/%	18.07	21.10	21.09

从表 3-6 中的计算可以看出，甲公司 2××8 年、2××9 年两年的资产负债率较 2××7 年略有提高，但基本保持稳定；总体来讲，甲公司的资产负债率较低，表明资产对负债的保障程度高，公司的长期偿债能力强。但另外也说明甲公司可能没有利用负债经营获取更多的利润，未能充分发挥财务杠杆作用。公司经营者应进一步分析原因，将资产负债率控制在适当水平，以获取更多利润。

（二）产权比率

产权比率是企业的负债总额和所有者权益（或股东权益）总额之间的比率，它反映了企业所有者权益对负债的保障程度。

产权比率

1. 产权比率指标的计算与分析

产权比率是资产负债率的另一种表现形式，二者之间可以相互换算。其计算公式如下：

$$产权比率 = \frac{负债总额}{所有者权益总额} \times 100\%$$

或

$$产权比率 = \frac{负债总额}{资产总额 - 负债总额} \times 100\%$$

$$= \frac{资产负债率}{1 - 资产负债率}$$

产权比率表明每一元股东权益借入的债务数额，这一比率越低，表明企业的长期偿债能力越强，债权人权益的保障程度越高，承担的风险越小，此时债权人愿意向企业增加借款，但企业不能充分发挥负债的杠杆作用；反之，该指标过高时，表明企业财务风险较大。企业在评价产权比率适度与否时，应从提高获利能力与增强长期负债偿债能力两个方面综合进行，即在保证偿还债务的前提下，尽可能提高产权比率。

2. 计算与分析产权比率指标应注意的问题

（1）产权比率是资产负债率的另一种表示方法，是对资产负债率的必要补充，与资产负债率具有共同的经济意义；其分析方法与资产负债率的分析方法相似，分析资产负债率时应注意的问题，在分析产权比率时也应引起注意。

（2）尽管产权比率与资产负债率可相互补充，都用于衡量长期偿债能力，但两个指标之间又有区别，其区别是反映长期偿债能力的侧重点不同。产权比率侧重于揭示债务资本和权益资本的相互关系，说明所有者权益对偿债风险的承受能力；资产负债率侧重于揭示总资产中有多少是靠负债取得的，说明债权人权益受保障的程度。

【例 3-6】甲公司产权比率的计算与分析。

根据甲公司资产负债表和利润表提供的相关资料，该公司产权比率指标计算如表 3-7 所示。

表 3-7 甲公司产权比率指标计算

项目	2××7年	2××8年	2××9年
股东权益合计/万元	478 560	447 147	447 002
负债合计/万元	105 542	119 574	119 499
产权比率/%	22.05	26.74	26.73

通过表 3-7 的计算可以看出，甲公司的产权比率在 2××7—2××8 年间虽然呈弱性的上升趋势，但在 2××8—2××9 年间基本保持稳定。总体来讲，甲公司的产权比率较低，具有较强的长期偿债能力，公司债权人权益能够得到保障，承担的风险很小。

（三）权益乘数

权益乘数是指资产总额与所有者权益（或股东权益）总额之间的比率，反映企业的负债程度。

权益乘数

1. 权益乘数指标的计算与分析

权益乘数也是资产负债率的一种表达形式，其计算公式为：

$$权益乘数 = \frac{资产总额}{所有者权益总额}$$

或

$$权益乘数 = \frac{资产总额}{资产总额 - 负债总额}$$

$$= \frac{负债总额 + 所有者权益总额}{所有者权益总额}$$

$$= \frac{1}{1 - 资产负债率}$$

权益乘数表明每一元股东权益所拥有的总资产，即资产总额是股东权益的多少倍；权益乘数越大，企业负债程度越高。

由于以上计算公式中的资产总额与所有者权益总额均只反映企业某一时点上的数据，不能说明企业某一段时间的财务状况，因而在实务中，可用总资产平均余额与所有者权益（净资产）平均余额来计算权益乘数，此时，计算公式为：

$$权益乘数 = \frac{总资产平均余额}{所有者权益平均余额}$$

其中：

$$所有者权益平均余额 = \frac{净资产期初数 + 净资产期末数}{2}$$

2. 权益乘数与资产负债率、产权比率的关系

权益乘数与资产负债率和产权比率具有相同的经济意义，它们之间相互关联且可以相互换算。

(1) 权益乘数的大小主要受资产负债率影响，若资产总额不变，权益乘数与之呈同方向变动；即负债比率越高，权益乘数越高；说明企业负债程度较高，能给企业带来较多的财务杠杆收益，但同时也有较大的财务风险。

(2) 权益乘数与产权比率也有密切关系，在总资产不变的情况下，负债越高，权益乘数越高，产权比率也越高；表明企业股东权益对债权人权益的保障程度越低，企业长期偿债能力越差。

权益乘数与产权比率之间的关系可用如下数学关系式来表达：

$$权益乘数 - 产权比率 = 1$$
$$权益乘数 = 1 + 产权比率$$
$$资产负债率 + 1 \div 权益乘数 = 1$$

3. 计算与分析权益乘数指标应注意的问题

(1) 对债权人而言，权益乘数表明企业资产总额是所有者权益总额的倍数，该比率越大，表明所有者投入的资本在资产总额中所占比重越小，而负债所占比重则越大，反映企业的长期偿债能力越弱；反之，权益乘数越小，反映所有者投入的资本在资产总额中所占比重越大，企业的长期偿债能力越强。

(2) 对企业投资者和经营者而言，权益乘数较大，表明企业负债较多，一般会导致企业财务杠杆率较高，财务风险较大，在企业管理中就必须寻求一个最优资本结构，从而实现企业价值最大化；当负债资金成本率小于企业的资产报酬率时，借入资金首先会产生避税效应（利息在税前扣除），使企业价值随债务增加而增加。但负债过多，也使企业的财务风险上升，而财务风险又会使企业价值下降，作为企业经营者，应寻求恰当的平衡点。

【例3-7】甲公司权益乘数的计算与分析。

根据甲公司资产负债表和利润表提供的相关资料，该公司权益乘数指标计算如表3-8所示。

表3-8 甲公司权益乘数指标计算 　　　　　　　　　　万元

项目	2××7年	2××8年	2××9年
资产总计	584 102	566 721	566 501
股东权益合计	478 560	447 147	447 002
权益乘数	1.22	1.27	1.27

从表3-8中的计算可以看出，甲公司的权益乘数2××8年较2××7年略有上升，2××8—2××9年间则保持稳定。总体来讲，甲公司的权益乘数较小，反映所有者投入的资本在资产总额中所占比重大，企业的长期偿债能力较强。

(四) 长期资本负债率

长期资本负债率是指非流动负债占长期资本的比率，用以反映企业长期资本的结构。

1. 长期资本负债率指标的计算与分析

企业的长期资本（长期资金来源）包括非流动负债和所有者权益（或股东权益）。其计算公式为：

长期资本负债率

$$长期资本负债率 = \frac{非流动负债}{非流动负债 + 所有者权益} \times 100\%$$

长期资本负债率表明企业长期资本中非流动负债所占的比例，该比率越高，说明可供企业长期使用的资金中负债资金越多，而股东权益则相对较少，长期偿债压力也就越大。

2. 计算与分析长期资本负债率指标应注意的问题

在资本结构管理中经常使用长期资本结构，由于流动负债的数额经常变化，因此，本指标剔除了流动负债；假设企业不存在流动负债，该指标与资产负债率是一样的。对本指标应进一步结合短期偿债能力进行分析。

【例3-8】甲公司长期资本负债率的计算与分析。

根据甲公司资产负债表和利润表提供的相关资料，该公司长期资本负债率指标计算如表3-9所示。

表3-9 甲公司长期资本负债率指标计算

项目	2××7年	2××8年	2××9年
非流动负债合计/万元	100 000	100 239	100 041
股东权益合计/万元	478 560	447 147	447 002
长期资本合计/万元	578 560	547 386	547 043
长期资本负债率/%	17.28	18.31	18.29

从表3-9中的计算可以看出，甲公司的长期资本负债率在2××7—2××8年间呈弱性的上升趋势，在2××8—2××9年间基本保持稳定；总体来讲，甲公司的长期资本负债率近三年变化不大，长期资本中非流动负债所占的比例很低，说明企业的长期偿债压力小，偿债能力强。

（五）利息保障倍数

利息保障倍数又称已获利息保障倍数，是指企业息税前利润与债务利息费用的比值，用以反映企业获利能力对债务利息的保障程度。

利息保障倍数

1. 利息保障倍数指标的计算与分析

前述的衡量企业长期偿债能力的指标，都是利用资产负债表来进行分析的，但资产负债表是静态报表，反映的偿债能力仅仅是某一时刻的偿债能力，不能反映企业一定时期的偿债能力；因此，仅凭资产负债表来分析企业的长期偿债能力，存在明显的不足；为补充其不足，可结合利润表中相关数据计算利息保障倍数来分析和评价企业的长期偿债能力。其计算公式为：

$$利息保障倍数 = \frac{息税前利润}{利息费用}$$

或

$$利息保障倍数 = \frac{利润总额 + 利息费用}{利息费用}$$

$$= \frac{净利润 + 所得税费用 + 利息费用}{利息费用}$$

上述公式中的利息费用是指本期发生的全部应付利息，不仅包括利润表中计入财务费用项目的利息费用，还包括计入资产成本的资本化的利息费用。需要注意的是，当企业外部的分析主体对企业进行分析时，很难准确地获知企业当期计入财务费用的利息费用以及资本化的利息费用，在这种情况下，通常用利润表中反映的财务费用代替利息费用来计算利息保障倍数。

利息保障倍数反映企业所实现的经营成果支付利息费用的能力，该指标越高，表明企业支付利息的能力越强，企业对到期债务偿还的保障程度也越高；反之，则表明企业的偿债能力较弱。

一般认为，利息保障倍数为 3~4 倍比较安全。从长期来看，利息保障倍数至少应当大于 1，且比值越高，企业的长期偿债能力一般也就越强。利息保障倍数若低于 1，说明企业实现的经营成果不足以支付当期的利息费用，这意味着企业支付能力低，财务风险非常高，需要引起高度重视。但有时该指标小于 1，也不能说明支付利息的能力差，因为有时存在大量的非付现费用；而该指标大于 1 很多，也不一定说明偿付利息的能力强，因为息税前利润毕竟是按权责发生制核算出来的，只代表应计利润而非收现利润。

2. 计算与分析利息保障倍数指标应注意的问题

（1）计算公式中的息税前利润是指利润表中未扣除利息费用和所得税费用之前的利润，可以用"利润总额+利息费用"或"净利润+所得税费用+利息费用"来计算；由于我国现行利润表中利息费用没有单列，企业外部报表使用者大多以财务费用代替利息费用进行计算，则息税前利润表达为"利润总额+财务费用"或"净利润+所得税费用+财务费用"。

（2）之所以使用息税前利润，主要基于两点考虑：一是由于在支付利息费用和缴纳所得税费用之前的所有利润都可以用于支付利息费用，如果计算公式中使用利润总额，就会低估偿付利息的能力；二是如果计算公式中使用净利润，也会低估偿息能力，因为所得税费用是在支付利息后计算的，不影响利息支付的安全性。

（3）利息保障倍数越高，说明企业支付利息的能力越强；反之，则说明企业支付利息的能力越弱；通常认为利息保障倍数为 3~4 倍比较安全。在实务中，可将其与同行业平均水平或历史水平相比较。

通过与同行业平均水平或竞争对手比较，可以了解企业的付息能力在整个行业中的情况；若指标过高或过低，应找出原因并采取措施及时调整。

通过与本企业以前各期的利息保障倍数进行比较，可以观察企业付息能力的稳定性和变化趋势；如果在某一期间利息保障倍数突然恶化，则应进一步查找原因，看看是由于盈利水平下降导致，还是由于债务增加引起，并及时采取改善的对策，防止企业付息能力进一步恶化，进而出现财务危机。

（4）利息保障倍数反映的是企业支付利息的能力，体现企业举债经营的基本条件，不能反映债务本金的偿还；因此，在评价偿债能力时，还应结合债务本金、债务期限等因素综合评价。

（5）当利润表中显示财务费用为负数时，说明企业当期利息收入大于利息支出，而不存在利息费用支付问题，或因汇率变动形成汇兑收益。此时计算出的利息保障倍数亦为负数，于偿债能力而言是一个良性信号。若原因为前者（利息收入大于利息支出），表明企业负债少而股东权益多，企业未能充分利用财务杠杆，同时说明企业有可能闲置了大量资金，未能充分将其投入经营环节获取利润。

【例 3-9】 甲公司利息保障倍数的计算与分析。

由于无法获取甲公司资本化利息的数据，可以近似地将财务费用项目的金额作为利息支出金额，根据甲公司 2××7—2××9 年的息税前利润和财务费用金额数据，可以计算各年度利息保障倍数，如表3-10所示。

表3-10 甲公司利息保障倍数指标计算　　　　　万元

项目	2××7年	2××8年	2××9年
利润总额	36 775	111 158	30 917
财务费用	-440	61	-1 887
利息保障倍数	-82.58	1 823.26	-15.38

从表3-10的计算可以看出，甲公司的利息保障倍数在2××7—2××9年间波动较大，2××8年特别高，主要原因是利润高而利息费用低，这说明企业负债水平低，偿债能力强；而2××7年和2××9年的财务费用金额为负，因而利息保障倍数也呈负数，说明企业2××7年、2××9年两年的利息收入大于利息支出；结合财务报表中的其他信息，说明甲公司总体负债资金少而股东权益多，公司未能充分利用财务杠杆，且在2××7年、2××9年两年中形成资金闲置，严重影响其获利能力。

（六）非流动负债与营运资本比率

非流动负债与营运资本比率是企业的非流动负债总额与营运资本的比率，用于反映企业短期偿债能力和未来偿还长期债务的保障程度。

1. 非流动负债与营运资本比率指标的计算与分析

该指标计算公式为：

$$非流动负债与营运资本比率 = \frac{非流动负债总额}{营运资本} = \frac{非流动负债总额}{流动资产 - 流动负债}$$

非流动负债与营运资本比率

非流动负债与营运资本比率低，表明企业短期偿债能力较强，同时预示企业未来偿还债务的保障程度也较强；反之，则表明企业未来偿还长期债务的能力弱；该指标一般应小于1。

2. 计算与分析非流动负债与营运资本比率指标应注意的问题

（1）一般情况下，非流动负债不应超过营运资本。非流动负债会随时间延续不断转化为流动负债，并需动用流动资产来偿还；若保持非流动负债不超过营运资本，就不会因这种转化而造成流动资产小于流动负债，而长期债权人和短期债权人的利益就都得到了保障，从而使长期债权人和短期债权人感到贷款有安全保障。

（2）非流动负债与营运资本比率的高低，在一定程度上受企业筹资策略的影响。因为在资产负债率一定的情况下，保守的做法是追求财务稳定，更多地筹措非流动负债；而激进的做法则是追求资金成本的节约，更多地使用流动负债（流动负债资金成本一般低于非流动负债资金成本）。为此，要全面评价企业的长期偿债能力，还有必要对负债资本的状况进行分析。

【例3-10】 甲公司非流动负债与营运资本比率的计算与分析。

根据甲公司资产负债表和利润表提供的相关资料，该公司非流动负债与营运资本比率指标计算如表3-11所示。

表 3-11 甲公司非流动负债与营运资本比率指标计算　　　　　万元

项目	2××7年	2××8年	2××9年
流动资产合计	141 204	237 685	175 125
流动负债合计	5 542	19 335	19 458
营运资本	135 662	218 350	155 667
非流动负债合计	100 000	100 239	100 041
非流动负债与营运资本比率	0.74	0.46	0.64

通过表 3-11 的计算可以看出，甲公司的非流动负债与营运资本比率在 2××7—2××9 年间均低于 1，说明债权人的债权安全性较高；但 2××9 年较 2××8 年该比率有所提高，主要原因是 2××9 年甲公司营运资本较上年度减少所致，表明 2××9 年较上年长期偿债能力有所下降；结合公司负债结构及负债水平综合分析，甲公司负债资金远远小于股东权益资金，有很强的长期偿债能力。该指标是否合理，可进一步结合行业标准判断。

三、影响长期偿债能力的特别项目

除了上述通过资产负债表、利润表等会计报表有关项目直接的内在联系计算出的各种比率指标，用以评价和分析企业的长期偿债能力以外，还有一些因素影响企业的长期偿债能力，在分析时必须引起足够的重视。

（一）非流动资产与非流动负债

一般情况下，非流动负债是企业长期资本的主要来源，非流动资产就成为偿还非流动债务的资产保障。但非流动资产具有价值不确定性大、周转期长等特点，因此，其数量、结构与计价方法都会影响到企业的长期偿债能力。

1. 非流动资产

资产负债表中的非流动资产包括长期股权投资、固定资产、无形资产等，由于非流动资产未来价值的不确定性，使其账面价值与实际价值可能存在一定的差异，此时，依据报表数据资料计算的比率指标可能无法准确地反映企业实际的长期偿债能力；另外，非流动资产的折旧或摊销方法以及减值准备的计提方法等方面存在一定的选择空间，企业采用不同的会计方法会得出不同的偿债能力结论，例如两个企业分别采用加速折旧法和直线折旧法计提折旧，则计算出来的资产负债率不同，采用加速折旧法的企业资产负债率要低于采用直线折旧法的企业资产负债率，但实际上两家企业的长期偿债能力并没有差异。

2. 非流动负债

资产负债表中的非流动负债项目包括长期借款、应付债券和长期应付款等，在分析长期偿债能力时，需要关注非流动负债会计处理存在的一些特殊问题；例如可转换债券在转化为股票之前属于债券性质，在资产负债表中应列示为应付债券，但当达到一定的条件时将转化为股票，不再是企业所承担的债务，不需要在未来期间偿还。

（二）融资租赁与经营租赁

当企业急需某种设备或资产而又缺乏足够的资金时，可以通过租赁的方式解决。财产租赁有两种形式：融资租赁和经营租赁。

1. 融资租赁

融资租赁是指由租赁公司垫付资金购买设备租给承租人使用，承租人按合同规定支付租金。一般情况下，在承租方付清最后一笔租金后，其所有权归承租方所有；因此，在融资租赁形式下，租入的固定资产作为企业的固定资产入账并管理，相应的租赁费用作为长期负债（长期应付款）处理；这种资本化的租赁，在分析长期偿债能力时，已经包括在债务比率指标计算之中。

2. 经营租赁

经营租赁是一种短期租赁，一般用于满足企业的短期需求。经营租赁不将相关资产与负债纳入资产负债表反映，而只在利润表中反映支付的租赁费用；当企业的经营租赁量大、期限长或具有经常性时，则构成了一种长期性筹资；这种长期性筹资虽然不包括在长期负债之内，但到期时必须支付租金，会对企业的偿债能力产生影响；因此，如果企业经常发生经营租赁业务，应考虑租赁费用对长期偿债能力的影响。

（三）或有项目

或有项目是指在未来某个或几个事件发生或不发生的情况下，会带来收益或损失，但现在还无法肯定是否发生的项目。或有项目的特点是现存条件的最终结果不确定，对它的处理方法要取决于未来的发展。或有事项可以分为两类：一类是符合确认条件，确认为预计负债在资产负债表中反映；另一类是不符合确认条件，只在会计报表附注中披露；前一类预计负债已经包含在反映企业长期偿债能力的相关财务比率的计算中，而后一类则没有包含在相关财务比率的计算之中，而其一旦发生，便会影响企业的财务状况；因此，在分析评价企业的长期偿债能力时，需要仔细查阅或有事项的附注，以发现资产负债表中没有揭示的可能影响长期负债的重大项目。

（四）担保责任引起的长期负债

企业可能为其他企业获得贷款进行担保，这些担保是企业潜在的负债；如果被担保的企业经营上出现了问题，担保企业将负有连带责任；担保项目有的涉及企业的非流动负债，有的涉及企业的流动负债。在分析企业的长期偿债能力时，应根据有关资料判断担保责任带来的潜在问题。

知识小结

企业偿债能力分析是企业财务分析的重要组成部分。企业偿债能力分析分为短期偿债能力分析和长期偿债能力分析；其中，短期偿债能力分析的基本财务指标有营运资本、流动比率、速动比率和现金比率等，反映企业偿还流动负债的能力；长期偿债能力分析的基本财务指标有资产负债率、产权比率、权益乘数、长期资本负债率、利息保障倍数、非流动负债与营运资本比率等，反映企业偿还非流动负债的能力。以上财务指标在反映偿债能力时的侧重点不同，在实务中，应根据具体情况结合起来综合考虑；此外，无论是短期偿债能力分析还是长期偿债能力分析，除利用上述基本财务指标外，还应该善于利用财务报表及其附注中揭示的未能反映到财务指标之中的一些重要信息，通过对这些补充信息的阅读和分析，能够更客观地反映企业的偿债能力。

复习思考题

一、名词解释
1. 偿债能力
2. 营运资本
3. 流动比率
4. 速动比率
5. 现金比率
6. 资产负债率
7. 产权比率
8. 权益乘数
9. 长期资本负债率
10. 利息保障倍数
11. 非流动负债与营运资本比率

二、简述题
1. 简述偿债能力分析的意义。
2. 反映短期偿债能力的指标有哪些？
3. 反映长期偿债能力的指标有哪些？
4. 短期偿债能力和长期偿债能力的关系如何？
5. 影响短期偿债能力和长期偿债能力的因素有哪些？
6. 流动比率、速动比率以及现金比率之间的相互关系如何？

习　题

一、判断题
1. 营运资本指标的分析既可进行纵向比较，又可进行横向比较。（　　）
2. 一个企业的流动比率越高，说明企业的短期偿债能力越强。（　　）
3. 速动比率是流动比率分析的一个重要的辅助指标。（　　）
4. 产权比率越低，表明企业的长期偿债能力越强，债权人权益保障程度越高。（　　）
5. 利息保障倍数指标分母中的利息费用只包括计入财务费用中的利息费用，不包括已资本化的利息费用。（　　）

二、单项选择题
1. 理论上，速动比率应维持的最佳比率是（　　）。
   A. 2∶1　　　　B. 1∶1　　　　C. 0.5∶1　　　　D. 0.25∶1
2. 在计算资产负债率时，负债实际是指（　　）。
   A. 流动负债　　B. 长期负债　　C. 全部负债　　D. 短期负债
3. 下列项目中，可以分析评价长期偿债能力的指标是（　　）。
   A. 流动比率　　B. 速动比率　　C. 现金比率　　D. 已获利息保障倍数
4. 下列可用于分析短期偿债能力的指标是（　　）。

A. 资产负债率　　　B. 产权比率　　　C. 流动比率　　　D. 权益乘数

5. 某企业期末现金为160万元，期末流动负债为240万元，期末流动资产为320万元，则该企业的现金比率为（　　）。

A. 66.67%　　　B. 50%　　　C. 133.33%　　　D. 200%

6. 权益乘数越大，表明企业的长期偿债能力（　　）。

A. 越强　　　B. 越弱　　　C. 不确定　　　D. 不变

7. 某企业2××9年年末有关资料如下：总资产100万元，流动负债20万元，长期负债40万元，则该企业的产权比率为（　　）。

A. 1.5　　　B. 0.5　　　C. 2　　　D. 2.5

8. 产权比率与权益乘数的关系是（　　）。

A. 产权比率×权益乘数 = 1
B. 权益乘数 = 1/(1 − 产权比率)
C. 权益乘数 = (1 + 产权比率)/产权比率
D. 权益乘数 = 1 + 产权比率

9. 不影响短期偿债能力的表外因素有（　　）。

A. 准备变现的长期资产　　　B. 良好的商业信用
C. 融资租赁　　　D. 已贴现的应收票据

三、多项选择题

1. 反映短期偿债能力的指标包括（　　）。

A. 营运资本　　　B. 流动比率　　　C. 速动比率　　　D. 资产负债率
E. 现金比率

2. 可以分析评价长期偿债能力的指标是（　　）。

A. 资产负债率　　　B. 流动比率　　　C. 产权比率　　　D. 权益乘数
E. 速动比率

3. 影响长期偿债能力的表外因素有（　　）。

A. 为其他企业的贷款担保　　　B. 融资租赁
C. 经营租赁　　　D. 可转换债券
E. 或有负债

4. 速动资产包括（　　）。

A. 存货　　　B. 货币资金　　　C. 交易性金融资产　　　D. 应收款项
E. 预收款项

5. 流动比率有局限性的原因是（　　）。

A. 流动资产中存货有可能积压　　　B. 应收账款有可能出现呆账
C. 流动比率是相对比值　　　D. 流动比率是静态分析指标
E. 流动比率可以在不同企业之间比较

四、计算分析题

1. A公司2××9年年末的流动资产是7 330万元，流动负债是3 700万元，存货为4 600万元，货币资金为550万元，交易性金融资产为400万元。

要求：

试计算A公司2××9年度的营运资本、流动比率、速动比率和现金比率，并进行分析和评价。

2. B 公司 2××9 年度财务报表主要资料如表 3-12 和表 3-13 所示。

表 3-12 资产负债表（简表）

编制单位：B 公司　　　　　　　2××9 年 12 月 31 日　　　　　　　　万元

资产	期末余额	负债和所有者权益	期末余额
库存现金	764	应付账款	516
应收账款	1 156	应付票据	336
存货	700	其他流动负债	468
固定资产净额	1 170	长期负债	1 026
		实收资本	1 444
资产总计	3 790	负债和所有者权益总计	3 790

表 3-13 利润表（简表）

编制单位：B 公司　　　　　　　2××9 年 12 月　　　　　　　　万元

项目	本年数	上年数
一、营业收入	26 000	21 000
减：营业成本	13 200	11 000
税金及附加	1 680	1 470
销售费用	1 960	1 765
管理费用	1 100	1 000
财务费用	500	400
加：投资收益	700	700
二、营业利润（亏损以"-"号填列）	8 260	6 065
加：营业外收入	900	800
减：营业外支出	120	90
三、利润总额（亏损总额以"-"号填列）	9 040	6 775
减：所得税费用	2 260	1 694
四、净利润（净亏损以"-"号填列）	6 780	5 081

要求：

（1）计算 B 公司 2××9 年度的偿债能力指标，填列 B 公司的偿债能力指标计算表，如表 3-14 所示。

（2）根据表 3-14 B 公司的偿债能力指标计算表相关资料，将 B 公司偿债评价指标与行业平均水平比较，分析评价其偿债能力。

表 3-14　B 公司的偿债能力指标计算表　　　　万元

偿债能力指标	B 公司	行业平均水平
营运资本		500
流动比率		2
速动比率		1
现金比率		0.36
资产负债率		0.5
产权比率		1
权益乘数		2
长期资本负债率		0.18
利息保障倍数		4
长期负债与营运资本比率		0.62

3. 某公司有关财务信息如下：速动比率为 2，非流动负债是交易性金融资产的 4 倍；应收账款为 4 000 元，是速动资产的 50%、流动资产的 25%，与固定资产价值相等；所有者权益总额等于营运资本，实收资本是未分配利润的 2 倍。

要求：

根据以上资料填制完成下列资产负债表项目，如表 3-15 所示。

表 3-15　资产负债表项目　　　　元

资产	金额	负债和所有者权益	金额
货币资金		应付账款	
交易性金融资产		非流动负债	
应收账款	4 000	实收资本	
存货		未分配利润	
固定资产			
资产总计		负债和所有者权益合计	

项目四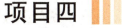

资产营运能力分析

■ **知识目标**

1. 理解资产营运能力的概念;
2. 熟悉资产营运能力各衡量指标及其含义;
3. 掌握资产营运能力各项指标的计算及评价方法。

■ **能力目标**

1. 能明确资产营运能力分析对企业的重要意义;
2. 能根据分析主体数据及相关资料正确进行企业资产营运能力分析。

■ **素质目标**

1. 理解和认知资产营运能力对企业发展、经济建设和国家宏观决策的作用;
2. 培养团队精神和合作意识。

学习情景一　资产营运能力概述

一、资产营运能力的概念

资产营运能力又称为资产管理效率或资产营运状况，是指企业利用现有资源创造效益的能力。

由于资产营运能力的实质就是以尽可能少的资产占用、尽可能短的周转时间来生产尽可能多的产品、创造尽可能多的收入，因此，在实际工作中，这种能力往往通过企业资金周转速度的快慢（即资产周转速度）及其效果（即资产获利能力）的有关指标来反映。

二、资产营运能力分析的意义

资产营运能力反映了企业资金周转状况和经营管理水平，直接关系到资本增值的程度，同时，也会对企业偿债能力、获利能力构成影响。所以，资产营运能力分析对财务信息使用者有着重要意义。

（一）促使企业改善经营管理、确立合理的资产规模

通过企业资产营运能力分析，企业经营者可以预测未来的财务状况和可能存在的财务危机，准确地作出财务决策和预算；同时，有利于经营者了解经营活动中的资产需求情况，合理配置和使用各项经济资源，及时根据生产经营变化来调整资产的存量，使资产规模与生产经营规模相适应，加快资金周转速度。

（二）有助于投资者进行投资决策

通过企业资产营运能力分析，有助于企业投资者或潜在投资者判断企业财务安全性，更好地评价企业的价值创造能力；一般来说，资产营运能力越强，企业资产变现能力、获利能力就越强，遭遇现金拮据窘迫的可能性越小，企业财务安全性就越高。同时，也可评价企业经营者的经营业绩，发现经营中存在的问题。

（三）有助于债权人进行信贷决策

通过资产营运能力分析，债权人可对企业对债务本息的偿还能力有更直接的认识，有助于判明其债权的物质保障程度或其安全性，从而进行相应的信贷决策。一般来说，资产营运能力越强，资产变现能力越强，债权人的物质保障程度就越高，其债权安全性相应就越强。

（四）有助于政府及有关部门进行宏观决策

政府及有关部门通过企业资产营运能力分析，可以判断企业经营是否稳定、财务状况是否良好，有利于监督各项经济政策的执行情况，有利于为调控经济而进行宏观经济决策。

> **【名言警句】**
> 要用监督传递压力，用压力推动落实。对违规违纪、破坏法规制度踩"红线"、越"底线"、闯"雷区"的，要坚决严肃查处，不以权势大而破规，不以问题小而姑息，不以违者众而放任，不留"暗门"、不开"天窗"，坚决防止"破窗效应"。
> ——习近平《在十八届中央政治局第二十四次集体学习时的讲话》

对于其他与企业具有密切经济利益关系者而言，企业营运能力分析同样具有重要意义。

有助于业务关联企业判明企业是否有足量合格的商品供应或有足够的支付能力；有助于判断企业的供销能力及其财务信用状况，以确定可否建立长期稳定的业务合作关系或者所能给予的信用政策松紧度。

总之，通过资产营运能力分析，可以评价一个企业的经营业绩、管理水平，乃至预期它的发展前景，对各利益主体而言关系重大。

三、影响资产营运能力的因素

对资产营运能力进行分析，首先应了解其影响因素。一般来说，影响资产营运能力的因素主要有企业所处行业及其经营背景、企业经营周期的长短、企业的资产构成及其质量、企业的资产管理力度、企业采用的财务政策等。

（一）企业所处行业及其经营背景

企业所处行业及其经营背景不同，会导致不同的资产周转率。一般情况下，制造业的资产周转率慢于服务业，传统的、落后的行业其资产周转率慢于现代的、先进的行业。

（二）企业经营周期的长短

企业经营周期的长短不同，会导致不同的资产营运水平。在同行业中，经营周期短的企业，其资产流动性、资产营运能力和获利能力一般都优于经营周期长的企业。

（三）企业的资产构成及其质量

企业的资产总量是企业创造收入获取利润的基础，而在总量一定的前提下，资产的质量高低直接影响到企业资产周转的快慢和资金的回笼速度。一般来说，非流动资产所占比重越大，资产周转速度就越慢；此外，当资产质量不高时，会造成资金积压，使得资产周转速度下降。

（四）企业的资产管理力度

通常情况下，资产的管理力度大，会加强资产结构的优化和资产质量的提高，从而加快资产的周转速度。

（五）企业采用的财务政策

企业采用的财务政策如信用政策、存货的盘存与计价政策、固定资产折旧政策等，都会影响企业资产的周转率。

> 【名言警句】
>
> 商务活动如果不是建立在道德的基础上，便不但于社会无益，而且会像所有其他不道德的人和事一样，终将被人们所摒弃。
>
> ——（德）马克斯·基兰

四、资产营运能力分析的内容和依据

（一）资产营运能力分析的内容

对企业资产营运能力的分析主要通过资产周转速度的快慢和资产获利能力的高低两个方面来体现，其指标也可分为两大类：资产周转率指标和资产利润率指标。资产利润率相关指标将在项目五中予以讲述，此处只讨论资产周转率指标。主要包括以下内容：

1. 流动资产及其主要资产项目营运能力分析

通过对流动资产周转率、应收账款周转率、存货周转率、营业周期等指标的计算分析，了解流动资产周转速度和利用效果，评价流动资产的营运能力。

2. 固定资产营运能力分析

通过对固定资产周转率指标的计算分析，了解固定资产周转速度和利用效果，评价固定资产的营运能力。

3. 全部资产营运能力分析

通过对总资产周转率进行计算分析，了解总资产周转速度和利用效果，评价全部资产的营运能力。

（二）资产营运能力分析的依据

资产周转率主要是对流动资产周转率、固定资产周转率和总资产周转率等相关指标的计算。涉及各项指标计算的数据来源于项目一所列示的甲公司资产负债表和利润表相关项目。现将计算中所需数据列示出来，如表4-1所示。

表4-1　计算资产营运能力指标相关财务数据　　　　　万元

项目	2××7年	2××8年	2××9年
应收票据	50 150	50 130	73 538
应收账款	14 417	25 869	21 076
存货	13 231	1 020	3 396
流动资产合计	141 204	237 685	175 125
固定资产	24 255	22 743	20 054
资产总额	584 102	566 721	566 501
流动负债合计	5 542	19 335	19 458
营业收入	177 033	221 673	242 100
营业成本	148 083	180 154	183 001
营业利润	36 907	110 542	30 792

学习情景二　资产营运能力主要评价指标及分析

如前所述，本项目仅介绍资产营运能力分析中的资产周转率评价指标，现将主要指标介绍如下：

一、应收账款周转率

应收账款周转率是指企业一定时期（通常以一个会计年度为计算期，下同）赊销收入净额与应收账款平均余额的比率，反映企业应收账款变现速度的快慢和管理效率的高低。

应收账款周转率

（一）应收账款周转率指标的计算与分析

该指标有两种表达方式，即应收账款周转次数和应收账款周转天数。

1. 应收账款周转次数

该指标反映年度内应收账款平均变现次数，是企业一定时期商品赊销收入净额与应收账款平均余额的比率。其计算公式为：

$$应收账款周转次数 = \frac{赊销收入净额}{应收账款平均余额}$$

其中：

$$应收账款平均余额 = \frac{应收账款期初余额 + 应收账款期末余额}{2}$$

应收账款周转次数计算公式中的分子，从理论上说应为赊销收入净额，但赊销收入净额属于企业的商业机密，企业外部信息使用者无法获取数据，因而计算中通常用营业收入代替赊销收入净额，将现金视为回收期为零的应收账款。该公式又可表现为：

$$应收账款周转次数 = \frac{营业收入}{应收账款平均余额}$$

使用营业收入这一替代数据，如果企业销售中赊销比例较小，得到的应收账款周转率就大。但只要企业现金销售和赊销的比例是稳定的，并不妨碍与上期数据的可比性，只是一直高估了应收账款周转次数。

应收账款平均余额应为未扣除坏账准备的应收账款平均余额，通常亦可简化使用资产负债表中应收账款项目期末余额与年初余额的平均数。

一般情况下，应收账款周转次数越高越好。应收账款周转次数高，表明收账迅速，账龄较短；应收账款的利用效率越高，经营管理水平越高；资产流动性越强，短期偿债能力越强；同时，较高的应收账款周转次数可以减少收账费用和坏账损失，相对增加企业流动资产的收益。

2. 应收账款周转天数

应收账款周转天数反映一定时期内应收账款平均变现一次所需要的天数。使用应收账款周转天数指标不便于不同时期相互比较，后续各指标中也存在同样问题。其计算公式为：

$$应收账款周转天数 = \frac{计算期天数}{应收账款周转次数}$$

或

$$应收账款周转天数 = \frac{应收账款平均余额 \times 计算期天数}{赊销收入净额}$$

上述公式中，计算期天数视分析期而定，本项目各指标计算均以一个会计年度（即360天）为计算期，以后不再赘述。

应收账款周转天数越少，则在相同时期内的应收账款周转次数越多。此外，在实际工作中，还经常使用平均收账期这一指标，其与应收账款周转天数一样，也是应收账款周转率的一种表达方式。

$$平均收账期 = \frac{平均应收账款}{平均日赊销额}$$

（二）计算与分析应收账款周转率指标应注意的问题

1. 应收账款的减值准备问题

财务报表中所列示的是应收账款净额，而销售收入并没有减少。其结果是：提取的坏账准备越多，应收账款周转天数越少。这种天数越少，并不是好的业绩，相反，说明企业应收账款管理欠佳。因此,当坏账准备提取数额较大时,应予以调整,使用未计提坏账准备的应收账款指标来计算;报表附注中应披露应收账款坏账准备相关信息,可作为调整的依据。

2. 应收账款年末余额的可靠性问题

应收账款是特定时点的存量,容易受季节性、偶然性和人为因素影响。在应收账款周转率用于企业业绩评价时,最好使用多个时点(如月、季度)的平均数,以减少这些因素的影响。

3. 应收账款周转率的评价标准

从理论上讲,应收账款周转率是越快越好,但在实际工作中,企业应收账款周转率究竟以多快为好,目前尚无统一标准,因为应收账款周转率并非纯粹越快越好。

过高的应收账款周转率可能是由于企业信用政策、付款条件过于苛刻所致,其结果是限制企业销售规模,影响其获利能力。应收账款通常是因赊销而产生的,如果赊销比现销获利更多,应收账款周转率也就不一定越快越好;且企业有可能由于过度提高应收账款周转次数而不能充分利用赊销来扩大销售规模、提高盈利水平。因此,实际分析时,可结合企业历史水平或同业一般水平进行对比,从而对本期应收账款周转率作出客观评价。

4. 影响应收账款周转率的因素

影响应收账款周转率的因素很多,如企业信用政策、客户信誉度、客户财务状况等。分析过程中应仔细分析应收账款周转率变动的原因,针对不同原因采取相应措施。

【例4-1】甲公司应收账款周转率的计算与分析。

根据甲公司资产负债表和利润表提供的相关资料,该公司应收账款周转率指标计算如表4-2所示。

表4-2 甲公司应收账款周转率指标计算

项目	2××7年	2××8年	2××9年
营业收入/万元	177 033	221 673	242 100
应收账款期初余额/万元	20 983	14 417	25 869
应收账款期末余额/万元	14 417	25 869	21 076
应收账款平均余额/万元	17 700	20 143	23 472.5
应收账款周转次数/次	10	11	10.31
应收账款周转天数/天	35.99	32.73	34.92

甲公司连续三年的应收账款周转次数分别为10、11、10.31,由此来看,其变化趋势不明显,先升再降,营业收入则是连续上升,而产生这个结果的直接原因是因为2××7年年末的应收账款余额有较大幅度下降,到2××8年年末又大幅回升。

该公司2××9年应收账款周转次数与2××8年相比略有下降,应收账款周转天数稍有上升,表明企业应收账款周转速度减慢;但是,经对比分析,公司的应收票据较2××8年增加了46.69%,有可能减少的应收账款转为了应收票据而并未变现;这在一定程度上表明公司2××9年应收款项管理水平较2××8年有所下降。与此同时,公司2××9年营业收入的增幅达到9.21%[(242 100 - 221 673)÷221 673],而应收账款却减少了18.53%[(21 076 - 25 869)÷25 869],这又表明企业经营水平及收账能力有所提高。

由此可见,应收账款的利用效率不能简单地评判为降低或是提高,其指标是否合理,还应当结合企业以前年度的数值、报表中其他相关联的数据、行业平均值以及企业所处的宏观经济背景进行分析和评价。

> 【名言警句】
> 在我们这个经验的世界里,一个不懂得自己精通什么的青年不会确切地知道他的价值所在。
> ——埃德加弗里登伯格《消失的青少年》

二、存货周转率

存货周转率也称存货利用率,是企业一定时期(通常以一个会计年度作为计算期,下同)营业成本(或营业收入)与存货平均余额的比率,该指标用于衡量企业的销售能力和存货周转速度。

存货周转率

(一)存货周转率指标的计算与分析

该指标有两种表达方式,即存货周转次数和存货周转天数。

1. 存货周转次数

该指标反映计算期内存货平均周转的次数,计算公式为:

$$存货周转率(周转次数) = \frac{营业成本(或营业收入)}{存货平均余额}$$

其中:

$$存货平均余额 = \frac{存货期初余额 + 存货期末余额}{2}$$

在计算公式中,分子是使用营业收入还是营业成本,要看分析目的。若评估资产的获利能力或为分析各项资产的周转情况并识别主要影响因素,应使用营业收入作为周转额;若为评价资产的流动性或企业存货管理的业绩,则应使用营业成本计算存货周转率,使其分子分母保持口径一致。在实际工作中,两种周转率的差额是由毛利引起的,用哪一种计算,都能达到分析目的。本项目为统一口径,计算存货周转率均使用营业成本作为周转额。

存货周转次数反映存货周转速度,该指标越高(存货周转次数越多),表明企业存货回收速度越快,企业经营管理效率越高,资产的流动性越强,企业的盈利能力越强;反之,则表明存货管理效率较低,存货占用资金多,盈利能力较小。在利用该指标进行分析时,需要考虑企业生产的实际需要量,防止企业为了粉饰存货管理工作而故意减少存货或因供应环节失误使得存货供应不足。因此,存货周转次数偏低或是偏高都要引起注意。

2. 存货周转天数

存货周转天数反映一定时期内存货平均周转一次所需要的天数。计算公式为:

$$存货周转天数(存货周转期) = \frac{计算期天数}{存货周转次数}$$

或

$$存货周转天数(存货周转期) = \frac{存货平均余额 \times 计算期天数}{营业成本}$$

存货周转天数越少,则存货周转次数越多。但是存货周转天数也并非越低越好,存货过多,会浪费资金;存货过少,不能够满足流转需要。

(二)计算与分析存货周转率指标应注意的问题

1. 进行存货周转率分析时应注意与历史水平进行比较分析

如发现存货周转率越来越慢,或存货与营业收入的变化比率有显著的不相匹配的情况,以及存货价值评价不合理或是大幅变化,则需要通过其他各方面的数据来分析判断企业是否存在会计造假。

2. 注意企业生产经营活动是否具有季节性

如果企业生产经营活动有很强季节性,则年度内各季度的营业成本与存货都会有较大幅度的波动。因此,为了客观评价企业资产营运状况,平均存货应按月份或季度余额计算,即先求出各月份或各季度的平均存货,然后再计算全年的平均存货。

3. 应关注构成存货的产成品、自制半成品、原材料、在产品和周转材料之间的比例关系

各类存货的明细资料以及存货重大变动的解释,在报表附注中应有披露。正常情况下,存货各组成项目之间存在某种比例关系,如果产成品大量增加,其他项目减少,有可能是销售不畅,放慢了生产节奏;此时总存货量并没有明显变动,甚至未引起存货周转率的显著变化。因此,分析时既要关注变化大的项目,又不能忽视变化不大的项目,其内部可能隐藏着重要问题。

4. 要对存货周转率的大小作出合理判断

一方面,存货周转率指标低,是企业经营情况欠佳的一种表现,它可能是由于企业存货中出现残次品、存货不适应生产销售需要、存货投入资金过多等原因造成的。通常,引起存货周转率偏低的主要原因有经营管理不善、产品滞销,预测存货将升值、囤积居奇,企业销售政策变化、减少了赊销等。

另一方面,存货周转率指标较高,也不能完全说明企业的存货状况好,可能是由于企业存货资金投入少,使存货储备不足而影响生产或销售业务的进一步发展;此外,存货周转率偏高,还可能是由于企业提高了销售价格而存货成本并未改变、商品降价销售、大量赊销等原因,分析时应结合具体情况。

【例 4-2】甲公司存货周转率的计算与分析。

根据甲公司资产负债表和利润表提供的相关资料,该公司存货周转率指标计算如表 4-3 所示。

表 4-3 甲公司存货周转率指标计算

项目	2××7 年	2××8 年	2××9 年
营业成本/万元	148 083	180 154	183 001
存货期初余额/万元	5 476	13 231	1 020
存货期末余额/万元	13 231	1 020	3 396
存货平均余额/万元	9 353.5	7 125.5	2 208
存货周转次数/次	15.83	25.28	82.88
存货周转天数/天	22.74	14.24	4.34

甲公司存货周转次数从 2××7 年的 15.83 次到 2××8 年的 25.28 次,再到 2××9 年的 82.88 次,呈现迅猛的增长势头;存货周转天数从 2××7 年的 22.74 天到 2××8 年的 14.24 天,再到 2××9 年的 4.34 天,呈现猛降趋势,说明该公司存货周转速度迅速加快,存货占

用资金持续大幅度下降,而且一直保持着良好的发展趋势。从指标数值来说,2××9 年该公司的存货周转率处于一个较高的水平,说明该公司存货回收速度快,存货资金占用较少,企业的经营管理效率比较高;但因存货周转率变动幅度太大,要考虑到甲公司是否因存货不足,难以满足生产及销售需要而造成明显偏高的存货周转率,或是否因经济环境发生变化导致公司存货大幅削价销售(如 2××8 年年末存货量猛降),从而使存货周转率上升。当然,甲公司存货周转率是否偏高、其存货管理是否处于同行业先进水平,还应当结合公司所处行业平均值来进行评价。

三、营业周期

企业的营业周期是指企业从取得存货开始到销售存货并收回现金为止的时间,即企业的生产经营周期。

(一)营业周期指标的计算与分析

营业周期的长短可通过存货周转天数和应收账款周转天数近似地反映出来,因此,可由存货周转天数和应收账款周转天数之和简化计算营业周期。其计算公式为:

$$营业周期 = 存货周转天数 + 应收账款周转天数$$

一般情况下,营业周期越短,则资产流动性越强,在同样的时期内,实现的销售次数越多,营业收入额相对增加,说明资产风险低,管理效率高;反之,营业周期越长,资产流动性越弱,在同样的时期内实现的销售次数越少,营业收入额相对减少,说明资产管理水平低。

(二)计算与分析营业周期指标应注意的问题

(1)不同企业采用不同的存货计价方法,会导致不同的期末存货价值,因而影响营业周期的长短;在分析中应予以关注。

(2)根据我国现行会计准则,企业可自行确定计提坏账准备的方法及比例,从而导致不同企业之间应收账款周转天数的计算结果产生差异,因而也会影响营业周期的长短。

(3)企业外部报表分析者通常因无法取得赊销收入数据而采用销售收入额来计算应收账款周转天数。在存在大量现销的情况下,就会夸大应收账款周转率,缩短应收账款周转天数,从而缩短企业营业周期。

【例 4-3】甲公司营业周期的计算与分析。

根据甲公司资产负债表和利润表提供的资料,以及【例 4-1】【例 4-2】计算所得数据,该公司营业周期指标计算如表 4-4 所示。

表 4-4 甲公司营业周期指标计算　　　　　　　　　　　　　　　　天

项目	2××7 年	2××8 年	2××9 年
存货周转天数	22.74	14.24	4.34
应收账款周转天数	35.99	32.73	34.92
营业周期	58.73	46.97	39.26

甲公司营业周期从 2××7 年的 58.73 天到 2××8 年的 46.97 天,压缩至 2××9 年的 39.26 天,逐年降低,说明其资产流动性在 3 年内持续提高,管理效果有所增强。具体的评价指标高低,仍需要结合行业平均值和经济环境来判断。

四、流动资产周转率

流动资产周转率，是指企业一定时期营业收入与流动资产平均余额的比值。该指标用于衡量企业流动资产周转速度的快慢和管理效率的高低。

（一）流动资产周转率指标的计算与分析

流动资产周转率主要有两种表达方式，即流动资产周转次数和流动资产周转天数，此外还可采用流动资产垫支周转率来进行分析。

1. 流动资产周转次数

流动资产周转次数表明企业流动资产一定时期内周转的次数，或者是一元的流动资产所支持的营业收入。其计算公式为：

$$流动资产周转次数 = \frac{营业收入}{流动资产平均余额}$$

$$= \frac{营业成本}{流动资产平均余额} \times \frac{营业收入}{营业成本}$$

$$= 流动资产垫支周转率 \times 成本收入率$$

其中：

$$流动资产平均余额 = \frac{流动资产期初余额 + 流动资产期末余额}{2}$$

一般情况下，流动资产周转次数越高越好。流动资产周转次数越高，表明企业流动资产周转速度越快，以相同的流动资产完成的周转额较多，流动资产利用效果较好。

2. 流动资产周转天数

流动资产周转天数表明企业流动资产周转一次所需要的时间。其计算公式为：

$$流动资产周转天数 = \frac{计算期天数}{流动资产周转次数}$$

或

$$流动资产周转天数 = \frac{流动资产平均余额 \times 计算期天数}{营业收入}$$

一般来说，流动资产周转天数越少越好，流动资产周转天数越少，就意味着流动资产变现所需的时间越短。

3. 流动资产垫支周转率

流动资产垫支周转率是指企业一定时期的营业成本与流动资产平均余额的比例关系，是反映企业流动资产垫支周转速度的指标。其计算公式为：

$$流动资产垫支周转次数 = \frac{营业成本}{流动资产平均余额}$$

$$流动资产垫支周转天数 = \frac{计算期天数}{流动资产垫支周转次数}$$

或

$$流动资产垫支周转天数 = \frac{流动资产平均余额 \times 计算期天数}{营业成本}$$

（二）计算与分析流动资产周转率指标应注意问题

（1）流动资产是企业生产经营必须垫支的资产，具有流动性强、风险较小的特点，其获利能力较一般非流动资产低，但它具有到期及时偿付债务的能力；因此，流动资产占用过高、过低都会给企业带来不利影响,这就要求企业应该具有一个稳定的流动资产数额,并在此基础上提高其运用效率。

(2)在进行流动资产周转率分析时,应当与企业历史水平、同行业平均水平进行对比分析,促使企业采取措施扩大销售,以提高流动资产的综合使用效率。

【例4-4】甲公司流动资产周转率的计算与分析。

根据甲公司资产负债表和利润表提供的相关资料,该公司流动资产周转率指标计算如表4-5所示。

表4-5 甲公司流动资产周转率指标计算

项目	2××7年	2××8年	2××9年
营业收入/万元	177 033	221 673	242 100
营业成本/万元	148 083	180 154	183 001
流动资产年初余额/万元	183 800	141 204	237 685
流动资产年末余额/万元	141 204	237 685	175 125
流动资产平均余额/万元	162 502	189 444.5	206 405
流动资产周转次数/次	1.089 4	1.170 1①	1.172 9
流动资产周转天数/天	330.45	307.67	306.93
流动资产垫支周转次数/次	0.91	0.95	0.89
流动资产垫支周转天数/天	395.05	378.95	404.49

注:
①若按所有指标均保留两位小数的统一要求,则计算出周转次数2××8年、2××9年均为1.17;为有所区分,以便进行分析评价,流动资产周转次数指标此处保留四位小数。

甲公司流动资产周转次数从2××7年的1.089 4次到2××8年的1.170 1次,再到2××9年的1.172 9次,呈现微增趋势;流动资产周转天数从2××7年的330.45天到2××8年的307.67天,再到2××9年的306.93天,呈现持续降低的势头。该公司2××9年的营业收入比2××8年的增长9.21%,但是流动资产降幅为26.32%[(175 125 - 237 685)÷237 685×100%],说明以更少的流动资金创造了更多的营业收入,提高了流动资产的营运能力。

若以流动资产垫支周转率来分析,结论与流动资产周转率恰恰相反。流动资产垫支周转次数2××9年较2××8年有所减少,流动资产周转天数增加了25.54天,表明除去销售毛利影响,实际流动资产周转速度是降低了;即流动资产周转率的提高可能是因销售价格上涨而引起的,并非管理水平提高。当然,流动资产周转指标是否合理,尚需结合企业历史资料和同行业的平均水平来衡量和评价。

五、固定资产周转率

固定资产周转率也称为固定资产利用率,它是企业一定时期内营业收入与平均固定资产净值的比值。该指标反映企业固定资产周转情况,借以衡量固定资产利用效率。

固定资产周转率

（一）固定资产周转率指标的计算与分析

固定资产周转率有两种表达方式，即固定资产周转次数和固定资产周转天数。

1. 固定资产周转次数

固定资产周转次数表明企业固定资产一定时期内周转的次数。其计算公式为：

$$固定资产周转次数 = \frac{营业收入}{平均固定资产净值}$$

其中：

$$平均固定资产净值 = \frac{固定资产净值期初数 + 固定资产净值期末数}{2}$$

一般情况下，固定资产周转次数越多，表明固定资产周转速度越快，企业固定资产投资恰当，结构分布合理，固定资产利用效率越高，营运能力越强；反之，则表明固定资产利用效率不高，固定资产拥有数量过多，设备闲置，没有充分利用，固定资产营运能力较差。

> 【名言警句】
>
> 在任何场合，企业的资源都不足以利用它所面对的所有机会或回避它所受到的所有威胁。因此，战略基本上就是一个资源配置的问题。成功的战略必须将主要的资源用于利用最有决定性的机会。
>
> ——（美）威廉·科恩

2. 固定资产周转天数

固定资产周转天数反映固定资产每周转一次所用的时间。其计算公式为：

$$固定资产周转天数 = \frac{计算期天数}{固定资产周转次数}$$

或

$$固定资产周转天数 = \frac{平均固定资产净值 \times 计算期天数}{营业收入}$$

通常，固定资产周转天数的评价原则是以少为佳。固定资产周转天数越少，表明固定资产创造价值的能力越强，固定资产利用效率越高。

（二）计算与分析固定资产周转率指标应注意的问题

（1）在计算周转率时，需要注意企业的固定资产折旧数据和折旧政策。即使是同样的固定资产，由于运用的是固定资产净值，因企业采用折旧方法和折旧年限不同，也会导致不同的固定资产账面净值，从而影响固定资产周转率，造成人为的差异。

（2）即使营业收入不变，由于固定资产净值逐年减少，固定资产周转率会呈现自然上升趋势，但这并不是企业经营管理水平提高的结果。现在有些教材已经用固定资产原值来取代净值，但是在评价一个企业在特定时点的固定资产周转率水平的时候，用相同的口径计算出来的指标才具备可比性。不论是和同行业水平比较，还是与本企业的历史水平比较，在进行评价时都需要注意这个问题，否则得出的结论难免有失偏颇。

（3）由于固定资产单位价值较高，因而其增加往往不是渐进的，而是陡然上升的，这会导致固定资产周转率突然出现较大变化。

（4）企业固定资产一般采用历史成本记账，在企业固定资产、销售等均未发生变化的情况下，也会因通货膨胀而导致固定资产周转率提高，而实际上企业固定资产利用率并无变化。

(5) 一般情况下,固定资产周转率越高越好。固定资产周转率越高,表明企业固定资产周转速度越快,企业固定资产创造收入的能力越高,企业管理固定资产的水平越高;反之,则表明固定资产的利用效率低下,固定资产布局不合理,有闲余的固定资产没有被充分利用,管理效率低下。

【例4-5】甲公司固定资产周转率的计算与分析。

根据甲公司资产负债表和利润表提供的资料,该公司固定资产周转率指标计算如表4-6所示。

表4-6 甲公司固定资产周转率指标计算

项目	2××7年	2××8年	2××9年
营业收入/万元	177 033	221 673	242 100
年初固定资产净值/万元	25 713	24 255	22 743
年末固定资产净值/万元	24 255	22 743	20 054
平均固定资产净值/万元	24 984	23 499	21 398.5
固定资产周转次数/次	7.09	9.43	11.31
固定资产周转天数/天	50.81	38.18	31.83

通过表4-6可以看出,甲公司固定资产周转次数从2××7年的7.09次到2××8年的9.43次,再到2××9年的11.31次,呈持续上升趋势;周转天数从2××7年的50.81天到2××8年的38.18天,再到2××9年的31.83天,呈连续下降趋势,说明该公司固定资产周转速度加快,固定资产占用资金有所下降。该公司2××9年营业收入增幅为9.21%,而平均固定资产净值却下降8.94%[(21 398.5 - 23 499) ÷ 23 499 × 100%],说明该公司2××9年在固定资产的生产经营能力以及利用效率方面都有较大提高,以更少的固定资产获取了更多的营业收入。该公司固定资产周转率是否处于同行业先进水平,尚需结合行业相关指标进行评价。

六、营运资本周转率

营运资本周转率是指企业一定时期内营业收入与营运资本之比。该指标反映企业营运资本的运用效率,反映每投入1元营运资本所能获得的销售收入,同时也反映1年内营运资本的周转次数。

营运资本周转率

(一)营运资本周转率指标的计算与分析

营运资本周转率的高低取决于营业收入与营运资本的高低,其计算公式如下:

$$营运资本周转率 = \frac{营业收入}{流动资产平均余额 - 流动负债平均余额}$$

其中:

$$流动资产平均余额 = \frac{流动资产期初数 + 流动资产期末数}{2}$$

$$流动负债平均余额 = \frac{流动负债期初数 + 流动负债期末数}{2}$$

一般而言，营运资本周转率越高，说明每1元营运资本所带来的销售收入越多，企业营运资本的利用效率也就越高；反之，则说明企业营运资本的利用效率不高。同时营运资本周转率还是判断企业短期偿债能力的辅助指标。

通常情况下，企业营运资本周转率越高，所需的营运资本水平也就越低，此时企业的流动比率或速动比率等指标可能处于较低的水平，但由于营运资本周转速度快，企业的偿债能力仍然能够保持较高的水平。因此在判断企业短期偿债能力时也需要对营运资本的周转情况进行分析。

> 【名言警句】
> 居其位，安其职，尽其诚而不逾其度。
> ——清·王夫之《读通鉴论》

（二）计算与分析营运资本周转率指标时应注意的问题

（1）影响营运资本周转率的因素复杂，较低的营运资本周转率可能是企业高额存货或高额应收款所导致的，也可能是大额现金余额造成的，实际工作中需要结合企业自身情况进行具体分析。

（2）一般情况下，营运资本周转率过低，表明营运资本使用率太低，即相对营运资本来讲，销售不足，有潜力可挖；营运资本周转率过高，则表明资本不足，容易陷入清偿债务危机之中。

（3）该指标高低究竟以多少为合适，没有一个统一衡量的通用标准。因此，分析评价这一指标时，要与企业历史水平、其他企业或同行业平均水平相比，才能够得出可靠的判断。

【例4-6】甲公司营运资本周转率的计算与分析。

根据甲公司资产负债表和利润表提供的资料，该公司营运资本周转率指标计算如表4-7所示。

表4-7 甲公司营运资本周转率指标计算　　　　　万元

项目	2××7年	2××8年	2××9年
营业收入	177 033	221 673	242 100
流动资产年初余额	183 800	141 204	237 685
流动资产年末余额	141 204	237 685	175 125
流动资产平均余额	162 502	189 444.5	206 405
流动负债年初余额	22 457	5 542	19 335
流动负债年末余额	5 542	19 335	19 458
流动负债平均余额	13 999.5	12 438.5	19 396.5
平均营运资本	144 502.5	177 006	187 008.5
营运资本周转率	1.23	1.25	1.29

表4-7显示，甲公司平均营运资本由2××7年的144 502.5万元增加到2××8年的

177 006 万元，再到 2××9 年的 187 008.5 万元，持续增长，2××9 年增幅 5.65%，说明公司短期偿债能力有所增强。公司营运资本周转率从 2××7 年的 1.23 到 2××8 年的 1.25，再到 2××9 年的 1.29，周转速度持续提升，说明该公司营运资本利用效率逐年提高。但甲公司营运资本周转率指标是否合理，尚需结合行业水平进行分析。

七、总资产周转率

总资产周转率是企业一定时期营业收入与总资产平均余额（平均资产总额）的比值，反映企业总资产在一定时期内创造了多少营业收入或周转额，是评价企业全部资产营运能力最有代表性的指标。

总资产周转率

> 【名言警句】
> 投资的成功是建立在已有的知识和经验基础上的！
> ——（美）罗伊·纽伯格

（一）总资产周转率指标的计算与分析

总资产周转率有两种表达方式，即总资产周转次数和总资产周转天数。其计算公式为：

$$总资产周转次数 = \frac{营业收入}{总资产平均余额}$$

或

$$总资产周转次数 = \frac{营业收入}{流动资产平均余额} \times \frac{流动资产平均余额}{总资产平均余额}$$

$$= 流动资产周转率 \times 流动资产占总资产的比重$$

其中：

$$总资产平均余额 = \frac{资产总额期初数 + 资产总额期末数}{2}$$

$$总资产周转天数 = \frac{计算期天数}{总资产周转次数}$$

或

$$总资产周转天数 = \frac{平均资产总额 \times 计算期天数}{营业收入}$$

由于资产的组成非常复杂，所以这个指标只是一种粗略的描述。一般情况下，总资产周转次数越高越好，总资产周转天数则越低越好。总资产周转次数高，表明企业全部资产的使用效率较高；反之，则说明企业利用全部资产进行经营的效率越低，造成了资金浪费，影响了盈利能力。它是综合评价企业全部资产经营质量和利用效率的重要指标。

（二）计算与分析总资产周转率指标应注意的问题

（1）如果企业流动性资金占用较大，总资产平均余额应采用更详细的资料进行计算，如按照月份或季度计算。

（2）如果企业总资产周转率突然上升，而企业的销售收入并无多大变化，则有可能是企业报废了大量固定资产造成的，而并非资产利用率提高。

（3）较高的总资产周转率也可能是由于企业总资产太少引起的。

（4）如果企业总资产周转率长期处于较低的状态，企业应采取措施提高各项资产的利用效率，处置多余、闲置不用的资产；或提高营业收入，从而提高总资产周转率。

（5）在进行总资产周转率分析时，应该与企业以前年度的实际水平、同行业平均水平等进行对比分析，从中寻找差距，挖掘企业潜力，提高资产营运效率。

（6）总资产周转率计算公式中的分子是指营业收入额，而分母是各项资产的总和，包括流动资产与非流动资产。其中，总资产中的对外投资（交易性金融资产、持有至到期投资等）给企业带来的是投资收益，未形成营业收入，可见公式中的分子、分母口径并不一致，导致这一指标前后各期及不同企业之间会因资产结构不同而失去可比性。

【例4-7】甲公司总资产周转率的计算与分析。

根据甲公司资产负债表和利润表提供的资料，该公司总资产周转率指标计算如表4-8所示。

表4-8 甲公司总资产周转率指标计算

项目	2××7年	2××8年	2××9年
营业收入/万元	177 033	221 673	242 100
资产总额年初数/万元	582 464	584 102	566 721
资产总额年末数/万元	584 102	566 721	566 501
总资产平均余额/万元	583 283	575 411.5	566 611
总资产周转次数/次	0.30	0.39	0.43
总资产周转天数/天	1 186.12	923.08	837.21

通过表4-8可以看出，甲公司总资产周转次数2××9年为0.43次，较2××8年增加0.04次，较2××7年增加0.13次；总资产周转天数2××9年为837.21天，较2××8年的923.08天减少了85.87天，较2××7年的1 186.12天减少348.91天；表明公司的总资产周转速度持续提高，保持了较好的发展势头。该公司在营业收入2××9年较2××8年增长9.21%的情况下，资产总额却减少了220万元，基本可以判定其总资产管理效率有所提高，应进一步分析原因，总结经验；但仅靠总资产周转率这一个指标，人们不能找出总资产周转率提高的原因，还需对资产负债表中相对重要的每一项资产的周转率单独分析，从而对总资产利用效果作出全面评价。

与此同时，分析时要注意，利润表中反映的公司营业利润从2××8年的110 542万元陡然下降至2××9年的30 792万元，降幅达72.14%，表明其利用总资产获取利润的能力大大退步了，其原因将在项目五中详细介绍，在此不做评价。

知识小结

资产营运能力是企业利用现有资源创造效益的能力，通过企业资产周转速度及其资产获利能力的有关指标来反映。本项目重点介绍资产周转速度，评价分析的数据主要来源于资产负债表和利润表相关项目，通过对应收账款周转率、存货周转率、营业周期、流动资产周转率、固定资产周转率、营运资本周转率和总资产周转率等具体指标的计算与分析，来判断企业资产管理的效果。

复习思考题

一、名词解释
1. 营运能力
2. 应收账款周转率
3. 营业周期
4. 营业资本周转率
5. 总资产周转率

二、简述题
1. 简述营运能力分析的意义。
2. 反映资产营运能力的指标有哪些？
3. 总资产周转率与流动资产周转率的相互关系如何？
4. 怎样进行存货周转率分析？
5. 营业周期与应收账款周转率和存货周转率的关系如何？
6. 营运资本周转率与流动资产周转率的关系如何？

习 题

一、判断题
1. 总资产收入率与总资产周转率的经济实质是一样的。（ ）
2. 在其他条件不变时，流动资产比重越高，总资产周转速度越快。（ ）
3. 总资产周转次数越多，周转天数越多，表明资产周转速度越快。（ ）
4. 成本收入率越高，流动资产周转速度越快。（ ）
5. 固定资产净值越低，固定资产周转率就越高。（ ）

二、单项选择题
1. 从资产流动性方面反映总资产效率的指标是（   ）。
   A. 总资产产值率   B. 总资产收入率
   C. 总资产周转率   D. 产品销售率
2. 影响总资产周转率的因素除流动资产周转率外，还有（   ）。
   A. 总资产报酬率   B. 固定资产周转率
   C. 固定资产产值率   D. 产品销售率
3. 流动资产占总资产的比重是影响（   ）指标变动的重要因素。
   A. 总资产周转率   B. 总资产产值率
   C. 总资产收入率   D. 总资产报酬率
4. 反映资产占用与收入之间关系的指标是（   ）。
   A. 流动资产产值率   B. 流动资产周转率
   C. 固定资产产值率   D. 总资产产值率
5. 影响流动资产周转率的因素是（   ）。
   A. 产出率   B. 销售率

C. 成本收入率　　　　　　　　D. 收入成本率

三、多项选择题

1. 反映企业资产营运能力的指标有（　　）。
   A. 总资产收入率　　　　　　B. 固定资产收入率
   C. 流动资产周转率　　　　　D. 存货周转率
   E. 应收账款周转率

2. 影响存货周转率的因素有（　　）。
   A. 材料周转率　　　　　　　B. 在产品周转率
   C. 总产值生产费　　　　　　D. 产品生产成本
   E. 产成品周转率

3. 应收账款周转率越高越好，因为它表明（　　）。
   A. 收款迅速　　　　　　　　B. 减少坏账损失
   C. 资产流动性高　　　　　　D. 销售收入增加
   E. 利润增加

4. 存货周转率偏低的原因可能是（　　）。
   A. 应收账款增加　　　　　　B. 降价销售
   C. 产品滞销　　　　　　　　D. 销售政策发生变化
   E. 大量赊销

5. 反映流动资产周转速度的指标有（　　）。
   A. 流动资产周转率　　　　　B. 流动资产垫支周转率
   C. 存货周转率　　　　　　　D. 存货构成率
   E. 应付账款周转率

四、计算分析题

1. 丙公司2××7—2××9年有关财务数据如表4-9所示。

表4-9　丙公司2××7—2××9年有关财务数据　　　　　　　　万元

项目	2××9年	2××8年	2××7年
营业收入	80 000	90 000	95 000
营业成本	50 000	55 000	48 000
存货	20 000	22 000	19 000
流动资产总额	45 000	48 000	50 000

要求：根据表4-9的资料计算丙公司的流动资产周转率，并分析变动的原因。

2. 成祥公司2××9年年末部分财务数据为流动负债60万元，流动比率为2，速动比率为1.2，营业成本为100万元，年初存货为52万元。

要求：计算本年度存货周转次数和存货周转天数。

3. 宝源股份有限公司2××9年简化资产负债表、利润表和历史财务比率如表4-10～表4-12所示。

表4-10 资产负债表（简表）

企业名称：宝源股份有限公司　　2××9年12月31日　　　　　　　　　　　　　　　万元

资产	期末数	年初数	负债和所有者权益	期末数	年初数
流动资产：			流动负债：		
货币资金	61 110	527 800	应付票据	540 000	400 500
应收票据	400 090	560 000	应付账款	780 000	890 000
应收账款	970 000	1 100 000	其他流动负债	45 000	500 000
存货	1 200 000	1 500 000	长期借款	1800 000	1 500 000
流动资产合计	2 631 200	3 687 800	负债合计	3 165 000	3 290 500
固定资产	3 850 000	4 000 000	所有者权益：		
非流动资产合计	3 850 000	4 000 000	所有者权益合计	3 316 200	4 397 300
资产合计	6 481 200	7 687 800	负债和所有者权益合计	6 481 200	7 687 800

表4-11 利润表（简表）

企业名称：宝源股份有限公司　　2××9年度1—12月　　　　　　　　　　　　　　万元

项目	金额
一、营业收入	22 500 000
减：营业成本	12 800 000
销售费用	4 000 000
管理费用	3 500 000
财务费用	1 500 000
二、营业利润	700 000
减：所得税费用（25%）	175 000
净利润	525 000

表4-12 历史财务比率

财务比率	年份			行业平均值
	2××7	2××8	2××9	
应收账款周转天数/天	15.2	15.5		20
存货周转次数/次	7.1	6		8
流动资产周转率	5.4	6.7		1.5
固定资产周转率	5.5	6.2		5.7
营业资本周转率	13	18		15
总资产周转率	2.5	2.6		2.7

要求：根据以上资料计算反映该公司2××9年资产营运能力的应收账款周转率、存货周转率、营业周期、流动资产周转率、固定资产周转率、营运资本周转率和总资产周转率，并对各指标进行简要分析评价。

项目五

获利能力分析

■ **知识目标**

1. 理解获利能力的概念；
2. 熟悉获利能力各衡量指标及其含义；
3. 掌握获利能力评价指标的计算及评价方法。

■ **能力目标**

1. 能明确获利能力分析对企业的重要意义；
2. 能根据分析主体数据及相关资料正确进行企业获利能力分析。

■ **素质目标**

1. 培养学生的创新意识、进取意识；
2. 引导学生正确认识通过合法经营在经济活动中获得利润。

学习情景一　获利能力概述

一、获利能力的概念

获利能力是指企业在一定时期内获取利润的能力。企业的经营活动是否具有较强的获利能力，对企业的生存、发展非常重要。持续稳定地经营和发展为企业获取利润提供了基础，而获取利润又是企业持续稳定发展的目标和保证。只有在不断地获取利润的基础上，企业才可能发展。获利能力是企业组织生产经营活动、销售活动和财务管理水平高低的综合体现，因此受到企业的经营者（管理者）、投资人、债权人等利益相关者的共同关注。

二、获利能力分析的意义

企业获利能力分析是指通过对利润表中有关项目的对比分析，以及利润表和资产负债表有关项目之间关系的分析来评价企业的获利能力。获利能力分析包含两个层次的内容：一是企业在一个会计期间内从事经营活动的获利能力的分析，二是企业在一个较长期间内稳定地获得较高利润能力的分析。换而言之，获利能力包括获利水平的高低、获利的稳定性和持久性；它对于所有报表使用者来说都有极其重要的意义。

（一）有利于经营者对企业进行经营管理

对于企业的经营者来说，获利能力的有关指标是反映和衡量企业经营业绩好坏、资产结构合理与否、营销策略是否成功、经营管理水平高低的重要标准。如果经营者管理良好，企业就应该具有较高的利润水平，并且具有较强的获利能力；如果企业经营较差，企业利润会很低甚至出现亏损，在这种情况下，企业的获利能力必然较差。因此，他们进行获利能力分析的意义主要表现在以下两个方面：

1. 利用获利能力的有关指标反映和衡量企业经营业绩

企业经营者的根本任务，就是通过自己的努力使企业赚取更多的利润。各项收益数据反映着企业的获利能力，也反映了经营者的工作业绩。用企业已实现的获利能力指标与标准水平、历史水平、同行业平均水平相比较，则可以评价经营者工作业绩的好坏。

2. 通过对获利能力的分析可以发现经营管理中存在的主要问题

获利能力是企业各环节经营活动的综合反映，企业各环节经营管理的好坏，最终都会通过获利能力反映出来。通过对获利能力的深入分析或因素分析，可以发现企业经营管理中的重大问题，进而采取解决措施，以改善经营管理，提高企业收益水平。

（二）有利于投资者进行投资决策

对于企业的投资者（股东）来说，企业获利能力的强弱直接影响他们的权益，因为他们的股息收入来自利润。企业的利润高，那么对投资者的回报就高；企业的利润低，投资者所分得的股利就少甚至没有。

企业的投资者进行投资的目的是获取更多的利润，因而他们总是将资金投向获利能力强的企业；因此，投资者对获利能力进行分析是为了判断企业获利能力的大小、获利能力的稳定性持久性以及未来获利能力的变化趋势，并且通过分析判断能够准确预测企业未来的收益或投资风险，并以此作为投资决策的重要依据。

在市场经济条件下，投资者普遍认为企业的获利能力比财务状况、营运能力更加重要；

对于信用等级相同或相近的几个企业，投资者总是将资金投向获利能力强的企业。此外，企业获利增加还能使股票价格上升，从而使股东获得资本收益。所以，企业的投资者和潜在投资者都关注获利能力并重视对获利能力的分析。

（三）有利于债权人衡量债权的安全性

对于企业债权人来说，他们关注获利能力，是因为企业利润是其债权安全性的保障，是企业偿债资金的主要来源。企业举借债务时，债权人必然要审查其偿债能力，而偿债能力的强弱最终取决于企业的获利能力。

债权人通过对企业的获利能力进行分析，可以判断其本息收回的安全程度，可以避免投资风险，尽可能地获取最大收益。短期借款的债权人主要分析企业当期的获利水平，即企业当期获利水平高，短期债权人的利益就有保证；长期借款的债权人需要分析企业过去和现在的获利能力，以预测企业未来的获利能力，并以此判断长期借款本息足额收回的可靠性。因此，通过分析企业的获利能力，债权人可以更好地把握其偿债能力的强弱，以维护其债权的安全性。

（四）有利于政府部门行使社会职能

对于政府部门来说，企业获利水平是其税收收入的直接来源。政府行使其管理职能，要有足够的财政收入作保证；税收是国家财政收入的主要来源，而税收的大部分来自企业，企业获利的多少直接影响财政收入的实现；企业获利能力强，实现的利润多，则对政府税收贡献大，而财政收入的增强又有助于政府部门更好地行使社会管理职能，有利于推动社会整体向前发展。

综上所述，通过获利能力分析能够了解、认识和评价一个企业的经营业绩、管理水平甚至预测它的发展前途，因此，获利能力分析在财务报表分析中处于非常重要的地位。

三、获利能力分析的内容和依据

（一）获利能力分析的内容

获利能力分析的内容和依据

获利能力分析是企业财务分析的重点内容之一。一般来说，企业的获利能力只涉及正常的营业状况。非正常的营业状况也会给企业带来收益或损失，但只是特别状况下的偶然结果，不能说明正常获利能力；因此，在分析获利能力时，应当剔除以下内容：

(1) 已经或将要停止的营业项目；
(2) 重大事故或法律更改等特别项目；
(3) 会计准则和制度等变更带来的累积影响因素。

除利润额外，获利能力分析主要侧重于对利润率的分析。尽管对利润额进行分析可以说明企业利润的增减情况及其原因，但由于利润额是绝对数指标，受企业规模或总投入量的影响较大，一方面使不同规模的企业之间不便于对比；另一方面，它不能准确地反映企业的获利能力和获利水平。因此，仅进行利润额分析通常不能满足各方面对财务信息的要求，还必须对利润率进行分析。企业的获利情况如何，通常需结合企业资产负债表、利润表、现金流量表来进行分析。

结合我国企业会计准则的相关要求，对企业获利能力的分析主要从以下几个方面进行：

(1) 以营业收入为基础的获利能力分析，即营业获利能力分析；
(2) 以资产为基础的获利能力分析，即资产获利能力分析；

(3) 以投资为基础的获利能力分析，即投资获利能力分析。

（二）获利能力分析的依据

获利能力分析涉及各项指标计算的数据主要来源于项目一中所列示的甲公司资产负债表、利润表以及所有者权益变动表的相关项目。现将获利能力分析所需财务数据列示出来，如表5-1所示。

表5-1 计算获利能力指标相关财务数据　　　　　　　　　　　　万元

项目	2××7年	2××8年	2××9年
营业收入	177 033	221 673	242 100
营业成本	148 083	180 154	183 001
税金及附加	671	751	1 161
销售费用	10 925	14 840	23 566
管理费用	11 669	11 228	12 702
财务费用	-440	61	-1 887
营业利润	36 907	110 542	30 792
利润总额	36 775	111 158	30 917
净利润	35 612	108 745	27 478
资产总额期初数	582 464	584 102	566 721
资产总额期末数	584 102	566 721	566 501
非流动负债期初数	100 137	100 000	100 239
非流动负债期末数	100 000	100 239	100 041
所有者权益期初数	459 870	478 560	447 147
所有者权益期末数	478 560	447 147	447 002
发行在外的普通股加权平均股数（万股）①	225 392.405 1	226 081.081 1	226 081.081 1

四、影响获利能力的因素

获利能力受到多方面的影响，总的来说，主要有以下几个因素：

（一）营销能力

企业的收入来源较多，但主要是营业收入，这也是企业利润最重要的来源，是企业发展的基础。企业营销能力是扩大经营规模、增强市场占有率、增加营业收入的保障。科学有效的营销策略以及强大的营销团队有助于企业形成良好的营业状况，能增加营业收入，为企业获利提供最基本的条件。

（二）成本费用水平

企业的成本费用水平也直接影响企业的获利能力。企业在扩大营业收入的同时，也要加强成本费用的控制，只有这样，才能有较强的获利能力。在企业营销能力一定的情况下，其

---

① 普通股股数在上市公司年度报告中应有披露。

成本费用水平的高低将直接影响企业获利水平的高低;因此,企业需要加强成本费用管理,挖掘成本潜力,增加企业收入。

(三)投资获利水平

企业的投资获利水平主要由投资收益决定,投资收益来源于企业进行的对外投资,包括股票投资、债权投资、房地产投资以及企业实体投资等。在当前的经济环境下,越来越多的企业在进行正常生产经营的同时,也在寻找企业外部一些营利性很强的项目进行投资,并且可能投入的金额很大,不过这种收益通常不太稳定。投资收益也是可能影响企业获利能力的一个重要因素。

(四)风险控制能力

企业在获利的同时也伴随着风险,因此,企业必须关注对风险的管理和控制。企业面临着财务风险、经营风险、市场风险等多种风险因素,而通常高收益与高风险并存;风险过高,虽然伴随的收益可能也高,但是不安全,甚至可能导致危机;而风险低的投资一般意味着较低的收益水平。因此,只有根据企业的实际情况,将风险控制在适当的范围内,企业才可能稳定持续地发展。

(五)其他因素

影响企业获利能力的因素还有很多,如需要缴纳的税费、国家的经济政策、全球的经济形势等。税费包括企业所得税、增值税、消费税、印花税、城建税、车船使用税以及教育费附加等,当国家调整税率,或者对于不同的企业给予不同的税率待遇时,对企业的税费金额影响也是比较大的,因此在分析企业获利能力时,需要将税费作为一个考虑因素;国家的经济政策主要包括财政与税收政策、货币政策、贸易政策等,企业的获利情况必然会受到这些经济政策的影响;同时,全球的经济形势对于地区的经济必然也会产生连带影响,因此,企业的获利能力也将受到全球经济形势的影响。

学习情景二 营业获利能力评价指标及分析

营业收入是企业主营业务和其他业务所获取的收入,是企业利润的主要来源;在评价企业经营活动获利能力时,通常以利润表中的营业收入为基础进行评价指标的计算,由此而形成的指标主要有营业毛利率、营业利润率、营业净利率等。

一、营业毛利率

营业毛利率是指营业毛利与营业收入的比率。反映了企业在经营环节的获利水平。

营业毛利率

(一)营业毛利率指标的计算与分析

营业毛利率的计算公式为:

$$营业毛利率 = \frac{营业毛利}{营业收入} \times 100\%$$

其中:

$$营业毛利 = 营业收入 - 营业成本$$

营业毛利是企业利润的基础,毛利越高,抵补各项耗费的能力越强,企业的获利能力也就越强,因而对于企业是非常重要的,是评价企业基本获利能力的指标。

营业毛利率可理解为每百元营业收入能为企业带来多少毛利。只有较高的营业毛利率才能保证企业能获得较高的净利润,否则就无法形成企业的最终利润;因此,该指标越高,企业营业获利能力就越强,其产品在市场上的竞争能力也越强;反之,则获利能力越弱。

(二)计算与分析营业利润率指标应注意的问题

1. 营业毛利率的高低与企业产品定价政策有关

企业获取利润的主要途径是销售产品,而产品销售价格决定了营业毛利水平的高低。一般来说,营业毛利高,企业用于补偿产品税金、销售费用、管理费用和财务费用等支出后,才会产生余额,而使企业获取利润;有时候企业为了增加产品的市场份额,会采取薄利多销政策,从而使企业营业毛利率偏低。

2. 营业毛利率具有明显的行业特点

一般来说,营业周期短、固定费用低的行业,其营业毛利率水平比较低,如商品零售行业;营业周期长、固定费用高的行业,则要求有较高的营业毛利率以弥补高额的固定成本,如重工业企业。为了公平地评价企业获利能力,应将该指标与本企业历史水平、同行业平均水平、先进水平相比较,并结合企业目标毛利率来进行分析,以正确评价企业的获利能力,并从中找出差距,提高其获利水平。

【例5-1】根据甲公司利润表提供的相关资料,该公司营业毛利率指标计算如表5-2所示。

表5-2 甲公司营业毛利率指标计算

项目	2××7年	2××8年	2××9年
营业收入/万元	177 033	221 673	242 100
营业成本/万元	148 083	180 154	183 001
营业毛利/万元	28 950	41 519	59 099
营业毛利率/%	16.35	18.73	24.41

由表5-2中的计算可知,由于甲公司近三年的营业收入每年递增,营业毛利率呈逐年增长趋势,公司经营获利能力稳中有升,2××7年为16.35%,2××8年为18.73%,2××9年上升为24.41%。这在一定程度上表明甲公司产品市场定位准确,市场占有额逐年增加,消费者群体对于产品的接受情况较好,公司营销和经营策略比较成功。至于甲公司获利能力的强弱,还需结合行业平均值来进行评价。

二、产品销售毛利分析

在营业毛利率的分析中,营业收入是主营业务收入与其他业务收入之和,企业外部信息使用者以营业收入、营业成本为基础计算出来的营业毛利率反映了企业的营业获利水平,但不能准确体现其主营业务(即产品销售)的获利能力;若要较为准确地评价产品销售获利能力,还应在尽可能地搜集到相关资料的情况下,对影响产品销售毛利(即产品销售收入-产品销售成本)的各因素进行深入分析,这对于企业内外部信息使用者来说是非常重要的。

产品销售毛利分析

（一）影响产品销售毛利变动的因素

1. 产品销售数量

产品销售数量是影响销售毛利变动的主要因素。在正常经营的条件下，产品销售量增加，企业的销售毛利也将随之增加；若产品销售量下降，企业的销售毛利总额也就随之下降。

2. 产品销售价格

产品销售价格也是影响销售毛利变动的主要因素。在正常的经营条件下，产品销售价格越高，企业的销售毛利也越高；产品销售价格越低，其销售毛利也必然下降。

> 【名言警句】
> 价格体系正是人类偶然发现的、未经理解而学会利用的体系（虽然人类远非已经学会充分地利用它）。通过价格体系的作用，不但劳动分工成为可能，而且也有可能在平均分配知识基础上协调地利用资源。
> ——（英）哈耶克《个人主义与经济秩序》

3. 产品销售成本

产品销售成本属于企业内部因素，它的高低也将直接影响企业销售毛利的大小。产品销售成本的高低取决于企业在生产过程中的管理水平高低；在产品销售量、产品销售价格和销售产品品种结构一定的情况下，产品销售成本越高，企业所获取的销售毛利也就越少；若能够降低产品销售成本，企业的销售毛利就会增加。

> 【名言警句】
> 成本记录的是竞争的吸引力。
> ——（美）弗兰克·奈特《风险、不确定性和利润》

4. 产品销售结构

产品销售结构又称为产品销售组合，是指在销售多种产品的情况下，各种产品的销售数量占总销量的比重。这是销售毛利分析评价中的一个难点问题，产品销售结构问题是由于销售多种产品所引起的，如果一个企业仅仅销售一种产品，就不存在产品销售结构问题。

5. 产品等级构成

产品等级构成是指在等级产品总销售量中，各等级产品销售量所占的比重。由于不同等级的产品其价格不同，因此，等级构成变动必然引起等级产品平均价格的变动，从而引起销售毛利的变动。

6. 税率

在现行税收体制下，企业缴纳的税金主要有增值税、消费税等。增值税对销售毛利没有直接影响或影响较小，可以忽略。所以一般只分析消费税税率对销售毛利的影响。

（二）产品销售毛利分析的程序

1. 确定产品销售毛利的分析对象

产品销售毛利分析的对象是分析期销售毛利总额与基期销售毛利总额之间的差额。

2. 各因素变动对产品销售毛利的影响

在单一产品和多产品的情况下，影响产品销售毛利的因素有所不同，所以必须采用一定的方法对各因素的影响程度进行分析，以确定哪些因素是影响产品销售毛利的主要因素。

3. 汇总分析结果且确定责任的归属

通过某个因素使销售毛利增加或减少了，就可以确定它属于有利因素或是不利因素；从责任归属来看，还可以根据具体影响数额判断到底应该归属于销售部门负责还是生产部门负责。

（三）产品销售毛利分析的方法

1. 单一产品销售毛利变动的分析方法

如果企业进行单一产品销售毛利分析，则产品销售毛利的计算公式可以表示为：

某种产品的销售毛利 = 该产品销售收入 - 该产品销售成本
= 该产品销售数量 × (销售单价 - 单位销售成本)

从以上公式可以看出：影响单一产品销售毛利的因素包括产品销售数量、产品销售价格和产品单位销售成本；这三个因素中任何一个因素发生变动，都会影响产品销售毛利的增加或减少。下面具体分析这些因素单独变动对销售毛利的影响：

1）产品销售数量

销售数量变动对销售毛利的影响 = (分析期销售数量 - 基期销售成数量) × 基期单位销售毛利

在其他因素不变的情况下，销售数量与利润变动成正比，二者同增同减，增减百分比相同。

2）产品销售价格

产品销售价格变动对销售毛利的影响
= 分析期销售数量 × (分析期单位销售价格 - 基期单位销售价格)

在其他因素不变的情况下，产品销售价格与利润变动成正比，同量同向；即同增同减，金额相同。

3）产品单位销售成本

产品单位销售成本变动对销售毛利的影响 =
分析期销售数量 × (基期单位销售成本 - 分析期单位销售成本)

产品成本与利润变动同量异向；即一增一减，金额相同。成本降低，利润就增加，成本升高，则利润降低；成本降低的金额即利润增加的金额，二者数量一致，但方向相反。

下面以甲公司为例说明单一产品销售毛利的分析方法。

【例 5-2】 假设甲公司对 F 产品销售毛利进行分析，分析期是 2××9 年，基期选择为 2××8 年，有关 F 产品销售毛利分析资料如表 5-3 所示。

表 5-3 甲公司 F 产品销售毛利分析资料

项目	2××8 年度	2××9 年度	差异量
销售数量/件	25 000	30 000	5 000
销售价格/元	16	15	-1
单位销售成本/元	12	10	-2
单位销售毛利/元	4	5	1
销售毛利率/%	25	33.33	8.33
销售毛利额/元	100 000	150 000	50 000

甲公司2××9年度F产品销售毛利变动原因分析如下:
分析对象:
$$150\ 000 - 100\ 000 = 50\ 000（元）$$

从表5-3可以看出,由于各产品的销售数量、销售单价、单位销售成本等都发生了变化,导致F产品本期的销售毛利额比上期增加了50 000元,表明该公司的获利能力提高了50 000元。

分析各有关因素的变动对F产品销售毛利的影响:

（1）销售数量变动的影响 =（30 000 − 25 000）× 4 = 20 000（元）。

以上计算结果表明,由于F产品的销售数量2××9年度比2××8年增加了5 000件,使得该产品的销售毛利2××9年较2××8年增加了20 000元。

（2）销售价格变动的影响 = 30 000 ×（15 − 16）= − 30 000（元）。

以上计算结果表明,由于F产品的销售价格2××9年较2××8年下降了1元,使得该产品的销售毛利2××9年较2××8年减少了30 000元。

（3）单位销售成本变动的影响 = 30 000 ×（12 − 10）= 60 000（元）。

以上计算结果表明,由于F产品的单位销售成本2××9年较2××8年降低了2元,使得该产品的销售毛利2××9年较2××8年增加了60 000元。

$$汇总各因素影响 = 20\ 000 - 30\ 000 + 60\ 000 = 50\ 000（元）$$

综上所述,由于三项因素共同影响,使得2××9年销售毛利比2××8年增加了50 000元,其中,成本降低是销售毛利增加的主要原因,销售数量增加也是销售毛利增加的有利因素;而降低销售单价是销售毛利增长的不利因素。

根据以上计算与分析,可将分析结果和责任归属划分汇总如表5-4所示。

表5-4　F产品销售毛利影响因素汇总表　　　　　　　　　　元

影响因素	影响金额	责任归属
销售数量增加使销售毛利增加	20 000	销售部门
销售价格降低使销售毛利减少	−30 000	销售部门
单位销售成本下降使销售毛利增加	60 000	生产部门
合计	50 000	

2. 多种产品销售毛利变动的分析方法

如果企业生产销售多种产品并对其毛利额进行综合分析,则产品销售毛利的计算公式可以表示为:

产品销售毛利总额 = 全部产品销售收入 − 全部产品销售成本

$$= \sum [产品销售数量 \times (产品销售价格 - 产品单位销售成本)]$$

从以上公式可以看出,影响企业销售毛利总额的因素包括产品销售数量、产品销售价格、产品单位销售成本和产品品种构成（或称销售结构）;在生产等级品的企业,由于质量差异会导致价格差异,所以又受产品等级的影响。下面具体分析这些因素单独变动时对销售毛利的影响。

1）产品销售数量变动对销售毛利的影响

在多品种条件下,产品销售数量变动对毛利的影响可以用下式计算:

产品销售数量变动对销售毛利的影响 = 销售毛利基期数 × (产品销售数量完成率 - 1)

其中：

$$产品销售数量完成率 = \frac{\sum(分析期产品实际销售数量 \times 基期单价)}{\sum(产品基期销售数量 \times 基期单价)} \times 100\%$$

2）产品销售价格变动对销售毛利的影响

在多品种条件下，产品销售价格变动对毛利的影响可以用下式计算：

$$产品销售价格变动对毛利的影响 = \sum[产品实际销售数量 \times (实际销售价格 - 基期销售价格)]$$

3）产品单位销售成本变动对销售毛利的影响

在多品种条件下，产品单位销售成本变动对毛利的影响可以用下式计算：

$$产品单位销售成本变动对毛利的影响 = \sum[产品实际销售数量 \times (单位产品基期成本 - 单位产品实际成本)]$$

4）产品品种构成变动对销售毛利的影响

在多品种条件下，产品品种构成变动对毛利的影响可以用下式计算：

$$产品品种构成变动对销售毛利的影响 = \sum(产品实际销售数量 \times 产品基期单位毛利) - 基期产品销售毛利 \times 产品销售量完成率$$

在其他因素不变的情况下，产品品种结构对利润的影响与利润较高产品比重变动方向一致。即利润较高产品占总产品比重增加，则利润增加；反之，则利润减少。

5）产品等级构成变动对销售毛利的影响

在多品种条件下，产品等级构成变动对销售毛利的影响可以用下式计算：

$$产品等级构成变动对销售毛利的影响 = \sum[等级产品实际销售数量 \times (实际等级实际平均单价 - 基期等级基期平均单价)]$$

其中：

$$实际等级实际平均单价 = \frac{\sum(各等级产品实际销售数量 \times 该等级实际单价)}{各等级产品实际销售数量之和}$$

$$基期等级产品基期平均单价 = \frac{\sum(各等级产品基期销售数量 \times 该等级产品基期单价)}{各等级产品基期销售数量之和}$$

在其他因素不变的情况下，产品等级构成对利润的影响与高等级产品比重变动方向一致。即高等级产品占总产品比重增加，则利润增加；反之，则利润减少。

6）产品税率变动对销售毛利的影响

在多品种条件下，产品税率变动对销售毛利的影响可以用下式计算：

$$产品税率变动对销售毛利的影响 = \sum[产品实际销售数量 \times (基期消费税税率 - 实际消费税税率)]$$

在其他因素不变的情况下，产品税率变动与利润变动成反比，税率提高，利润就减少；反之，税率降低，则利润增加。

下面以甲公司为例,说明多种产品销售毛利的分析方法。

【例 5-3】假设甲公司生产并销售小家电系列 A、B、C 三种产品,其分析期是 2××9 年,基期选择 2××8 年,有关资料如表 5-5 所示。

表 5-5 甲公司产品销量毛利分析资料

项目	A 产品		B 产品		C 产品	
	2××9	2××8	2××9	2××8	2××9	2××8
销售数量/件	6 500	6 200	4 000	5 000	2 500	2 000
销售价格/元	100	110	75	70	30	31
单位销售成本/元	83	85	60	60	23	22
单位销售毛利/元	17	25	15	10	7	9
销售毛利总额/元	110 500	155 000	60 000	50 000	17 500	18 000
毛利率/%	17	22.73	20	14.29	23.33	29.03

根据表 5-5 的资料,计算结果如表 5-6 所示。

表 5-6 甲公司小家电系列产品销售毛利分析表

元

品种	2××9 年	2××8 年	差异额
A 产品	110 500	155 000	-44 500
B 产品	60 000	50 000	10 000
C 产品	17 500	18 000	-500
合计	188 000	223 000	-35 000

甲公司 2××9 年度小家电系列产品销售毛利变动原因分析如下:

产品销售毛利变动额 = 188 000 - 223 000 = -35 000(元)

该公司 2××8 年的小家电产品销售毛利总额为 223 000 元,2××9 年却下降到 188 000 元,下降了 35 000 元,表明该公司小家电系列产品的获利能力下降 35 000 元。

分析各有关因素的变动对产品销售毛利总额的影响如下:

(1) 产品销售数量变动对销售毛利的影响:

$$产品销售数量完成率 = \frac{6\,500 \times 110 + 4\,000 \times 70 + 2\,500 \times 31}{6\,200 \times 110 + 5\,000 \times 70 + 2\,000 \times 31} \times 100\%$$

$$= \frac{107\,2500}{109\,4000} \times 100\% = 98.03\%$$

产品销售数量变动对销售毛利的影响 = 223 000 × (98.03% - 1) = -4 393.1(元)

以上计算结果表明,由于该系列产品的销售数量 2××9 年较 2××8 年减少了 1.97%,使得其 2××9 年销售毛利总额减少了 4 393.1 元。

(2) 产品销售价格变动对销售毛利的影响:

产品销售价格变动对销售毛利的影响 = 6 500 × (100 - 110) + 4 000 × (75 - 70) + 2 500 × (30 - 31)

= -65 000 + 20 000 - 2 500

= -47 500(元)

以上计算结果表明，由于 A 产品和 C 产品的销售价格 2××9 年较 2××8 年分别下降了 9.09% 和 3.23%，B 产品的销售价格 2××9 年较 2××8 年提高了 7.14%，三种产品销售价格均有不同程度的变化，导致系列产品销售毛利总额减少了 47 500 元。

（3）产品单位销售成本变动对销售毛利的影响：

$$产品单位销售成本变动对销售毛利的影响 = 6\,500 \times (85 - 83) + 4\,000 \times (60 - 60) + 2\,500 \times (22 - 23)$$
$$= 13\,000 + 0 - 2\,500$$
$$= 10\,500（元）$$

以上计算结果表明，由于 2××9 年 A 产品单位销售成本较 2××8 年有所下降，单位销售成本下降了 2 元，而 C 产品单位销售成本上升了 1 元，相互作用的结果使得该公司小家电系列产品销售毛利总额 2××9 年较 2××8 年增加了 10 500 元。

（4）产品品种构成变动对销售毛利的影响：

$$产品品种构成变动对销售毛利的影响 = (6\,500 \times 25 + 4\,000 \times 10 + 2\,500 \times 9) - 223\,000 \times 98.03\%$$
$$= 225\,000 - 218\,606.9$$
$$= 6\,393.1（元）$$

以上计算结果表明，由于甲公司 2××9 年小家电系列产品的品种结构变动，使该系列产品销售毛利总额较 2××8 年增加了 6 393.1 元。

汇总各因素影响额 = -4 393.1 - 47 500 + 10 500 + 6 393.1 = -35 000（元）

综上所述，由于四个因素的共同影响，使得 2××9 年销售毛利总额比 2××8 年减少了 35 000 元，其中，产品销售价格变动是销售毛利减少的主要原因，其次是销售数量变动。该公司销售部门应分析小家电系列产品销售价格下降和销售数量减少的原因，寻找对策，力争提高产品销售毛利。

可将以上计算分析结果汇总如表 5-7 所示。

表 5-7 产品销售毛利影响因素汇总表　　　　　　　　　　　　　　　　　　　　元

影响因素	影响金额	责任归属
销售数量减少使销售毛利减少	-4 393.1	销售部门
销售价格下降使销售毛利减少	-47 500	销售部门
单位销售成本变化使销售毛利增加	10 500	生产部门
产品品种构成变化使销售毛利增加	6 393.1	销售部门
合计	-35 000	

三、营业利润率

营业利润率即企业营业利润与营业收入的比率，是最能直接体现企业经营管理水平的项目，同时也是对企业获利能力的直接评价指标。

与营业毛利率相比，营业利润率在评价企业的获利能力方面更进了一步，能更全面、完整地体现营业收入的获利能力。

营业利润率

（一）营业利润率指标的计算与分析

营业利润率的计算公式为：

$$营业利润率 = \frac{营业利润}{营业收入} \times 100\%$$

该公式中的营业利润是营业收入扣除营业成本、税金及附加、期间费用、资产减值损失，加（减）公允价值变动收益和投资收益后的余额。

营业利润率指标表明每百元营业收入能为企业带来多少营业利润，体现了扣除变动成本和主要固定成本并加上投资收益之后的利润占营业收入的比率。一般情况下，营业利润率越高越好；该指标越高，表明企业的营业活动为社会创造的价值越多，贡献也就越大，同时反映企业营业获利能力越强，经营状况越好，未来发展前景越可观；反之，则表明获利能力差。

（二）计算与分析营业利润率指标应注意的问题

（1）对单个企业来说，营业利润率指标越高越好，但各行业的竞争能力、经济状况、利用负债融资的程度及行业经营的特征，都使不同行业各企业间的营业利润率大不相同。因此，在使用该指标分析时，还要注意将企业的个别营业利润率指标与行业水平进行对比分析，观察企业获利水平的相对地位，从而更为准确地评价企业获利能力。

（2）从营业利润率的计算公式可以看出，企业营业利润额的高低与营业利润率成正比，营业收入则与营业利润率成反比；因此，企业在增加收入的同时，必须相应地获得更多的营业利润，才能使营业利润率保持不变或有所提高，这就要求企业在扩大销售、增加收入的同时，还要注意改进经营管理水平，提高获利水平。

（3）要提高营业利润水平，需要对营业利润率的构成要素及其结构比重的变动情况进行分析，从而找出其增减变动的具体原因，有的放矢地采取措施以改善获利能力。

【例 5-4】 甲公司营业利润率指标的计算与分析。

根据甲公司提供的相关资料，该公司营业利润率指标计算如表 5-8 所示。

表 5-8　甲公司营业利润率指标计算

项目	2××7 年	2××8 年	2××9 年
营业利润/万元	36 907	110 542	30 792
营业收入万元	177 033	221 673	242 100
营业利润率/%	20.85	49.87	12.72

由表 5-8 可知，甲公司近三年的营业利润率出现了大幅波动，2××7 年为 20.85%，2××8 年猛增至 49.87%，2××9 年又降为 12.72%，说明该公司近三年获利能力很不稳定。结合公司利润表可以看出，尽管该公司近三年营业收入呈逐年增长趋势（2××7 年为 177 033 万元，2××8 年为 221 673 万元，2××9 年为 242 100 万元），但营业利润率指标却波动很大；进一步分析，根本原因在于营业利润中投资收益项目不稳定，2××7 年投资收益指标为 30 094 万元，到 2××8 年该指标增加到 96 513 万元，增幅达到 220.71%，而到 2××9 年该指标却大幅度下滑，仅为 7 804 万元，降幅达到 91.91%。由于投资收益的增长幅度远远超过营业收入的增长幅度，所以出现营业利润指标大幅波动的情况，其最终结果是引起营业利润率的振荡；有可能是由于甲公司对外投资策略发生了严重失误，导致投资收益大幅下滑；这是一个危险的信号，表明甲公司的经营存在薄弱环节，经营状况不稳定，应当采取措施加以改进。

此外，还应将甲公司的营业利润率与行业平均值或先进水平进行比较，进一步评价公司获利能力的质量高低。

四、营业净利率

营业净利率是指企业净利润与营业收入的比率。该指标反映了企业最终获得的利润占营业收入的比率,代表企业最终的获利水平。

营业净利率

(一) 营业净利率指标的计算与分析

营业净利率是反映企业获利能力的一个代表性指标,其计算公式为:

$$营业净利率 = \frac{净利润}{营业收入} \times 100\%$$

该指标表明企业实现百元营业收入给企业带来净利润的多少。净利润是在利润总额的基础上扣减所得税费用后的净额,是投资者最为关心的,因为净利润的高低直接反映投资者的投资收益水平。通常,营业净利率指标越高越好,说明企业获利能力越强。

(二) 计算与分析营业净利率指标应注意的问题

(1) 净利润中包含了营业外收支净额和投资净收益,这些指标在年度之间变化较大且无规律。如果是企业管理者和所有者进行分析,应将该指标的数额与净利润的内部构成结合分析,以正确判断企业正常经营盈利能力;如果本期营业净利率的升降主要是因为营业外项目的影响作用,就不能简单地认为企业管理水平有了提高或下降。

(2) 对单个企业来说,营业净利率指标越高越好,但各行业及企业之间的竞争能力、经济状况、负债融资的程度及行业经营的特征,使不同的行业之间与同行业的企业之间营业净利率的大小有所不同。因此,在利用该指标进行分析时,还要注意将个别企业指标与行业平均或行业先进水平进行比较。

【例 5-5】根据甲公司的相关资料,该公司的营业净利率指标计算如表 5-9 所示。

表 5-9 甲公司营业净利率指标计算

项目	2××7 年	2××8 年	2××9 年
净利润/万元	35 612	108 745	27 478
营业收入/万元	177 033	221 673	242 100
营业净利率/%	20.12	49.06	11.35

通过表 5-9 中的计算可知,甲公司近三年销售净利率发生了大幅波动,2××7 年为 20.12%,2××8 年为 49.06%,2××9 年为 11.35%。进一步分析,可能是由于以下原因造成的:

(1) 投资收益项目波动很大,收益极不稳定。(这点已在营业利润率指标中作了分析,此处不再赘述)

(2) 连续三年销售费用开支的增幅都超过营业收入的增幅。(销售费用 2××8 年较 2××7 年增加 35.84%,2××9 年较 2××8 年增加 58.80%,而营业收入 2××8 年较 2××7 年增加 25.22%,2××9 年较 2××8 年增加 9.21%)

(3) 营业外收支项目不稳定,最突出的是 2××8 年营业外收入较 2××7 年猛增 243.09%。

(4) 所得税费用开支不稳定,如 2××9 年较 2××8 年利润总额缩减了 259.54%,但所得税费用 2××9 年较 2××8 年反而增加了 42.52%。

2××9年利润总额较上年减少，而所得税费用反而增加的原因在利润表中不能体现，但根据资产负债表相关项目数据变动及报表附注（项目一资料中表明企业所得税税率为15%或25%）表明，所得税费用增加极有可能是因为甲公司的被投资企业所得税率较低，因而分得的股利需补交所得税以及甲公司递延所得税（可供出售金融资产公允价值变动对递延所得税负债的影响）变动而造成的。

以上四个因素的综合影响，使甲公司近三年的营业净利率发生了大幅波动，说明该公司的经营管理水平和获利水平不够稳定。该公司应采取各种有效措施，在进一步扩大销售的同时，改进经营管理水平，降低有关费用开支，把握投资决策，以提高和稳定公司的整体获利水平。

五、成本费用利润率

成本费用利润率是指一定时期内企业利润总额和成本费用总额之间的比率，是衡量企业获利能力的又一重要指标。

成本费用利润率

（一）成本费用利润率指标的计算与分析

$$成本费用利润率 = \frac{利润总额}{成本费用总额} \times 100\%$$

其中：

成本费用总额 = 营业成本 + 营业金及附加 + 销售费用 + 管理费用 + 财务费用

成本费用利润率指标表明企业每耗费百元成本或费用所能创造的利润额。它揭示了企业所得与所费之间的关系，从耗费角度补充评价企业的收益状况和盈利水平，有利于促进加强内部管理，节约支出，提高经营效益。每一个企业都力求以最少的耗费获取最大的利润，因此该比率越高，表明企业为取得收益所付出的代价越小，成本费用控制得越好，获利能力越强。

（二）计算与分析成本费用利润率指标应注意的问题

同利润一样，成本费用的计算口径也可以分为不同层次，如主营业务成本、营业成本。在评价成本费用效果时，应当注意成本费用与利润之间在计算层次和口径上的对应关系。比如分母为主营业务成本，分子则应选用主营业务利润；分母为成本费用总额，分子则可选用利润总额。

【例5-6】甲公司成本费用利润率指标的计算与分析。

根据甲公司利润表提供的相关资料，该公司成本费用利润率指标计算如表5-10所示。

表5-10 甲公司成本费用利润率指标计算

项目	2××7年	2××8年	2××9年
营业成本/万元	148 083	180 154	183 001
税金及附加/万元	671	751	1 161
销售费用/万元	10 925	14 840	23 566
管理费用/万元	11 669	11 228	12 702
财务费用/万元	-440	61	-1 887
成本费用总额/万元	170 908	207 034	218 543
利润总额/万元	36 775	111 158	30 917
成本费用利润率/%	21.52	53.69	14.15

由表5-10的计算结果可以看到，甲公司2××8年度的成本费用利润率较2××7年增幅较大，增加了32.17%，2××9年度又较2××8年降低了39.54%。近三年成本费用利润率大起大落，主要原因是构成利润总额的投资收益变化较大，另外成本费用也呈逐年上升趋势，公司应当深入剖析导致投资收益下降以及成本费用上升的具体原因，寻找对策，改进有关工作，以扭转收益指标下降的状况。当然，甲公司为取得收益所付出的代价到底是大还是小，还需结合同行业平均值来进行评价。

学习情景三　资产获利能力评价指标及分析

企业的获利能力，除可以用收入与利润的比例关系来评价外，还可以从投入资产与获得利润的关系来评价。以资产为基础的获利能力分析能够帮助利益相关者了解企业对于资产的利用效率以及资产投入后的回报率。

在营业获利能力分析中，主要是以营业收入为基础，就利润表本身相关的获利能力水平指标进行分析，没有考虑投入与产出的对比关系，只是产出（利润）与产出（收入）之间进行比较，它是企业获利能力的基本表现，但未能全面反映企业的获利能力，因为高利润率指标可能是靠高资本投入实现的。因此，还必须从资产运用效果和资本投入报酬角度做进一步分析，才能公正地评价企业的获利能力。

> 【名言警句】
> 信以立志，信以守身，信以处世，信以待人，毋忘立信，当必有诚。
> ——潘序伦

资产获利能力即企业利用经济资源获取利润的能力。衡量资产获利能力的指标主要包括总资产报酬率和长期资本报酬率。

一、总资产报酬率

总资产报酬率是指企业一定时期内获得的报酬总额与总资产平均余额的比率。它是反映企业资产综合利用效果的指标，用于衡量企业利用债权人权益和所有者权益总额的总体获利能力。

总资产报酬率使用时具体有两种形式：一是资产息税前利润率，二是资产净利率。

（一）资产息税前利润率

1. 资产息税前利润率指标的计算与分析

资产息税前利润率即企业一定时期内实现的息税前利润与该时期总资产平均余额的比率。其计算公式为：

资产息税前利润率

$$资产息税前利润率 = \frac{息税前利润}{总资产平均余额} \times 100\%$$

或

$$资产息税前利润率 = \frac{利润总额 + 利息支出}{总资产平均余额} \times 100\%$$

$$= \frac{净利润 + 所得税费用 + 利息支出}{总资产平均余额} \times 100\%$$

公式中的利息支出是指企业在生产经营过程中实际支出的借款利息、债务利息等。若分析者无法获取实际数据，可以用利润表中财务费用替代计算。

该指标的经济含义是每百元资产能够创造的息税前利润额。资产息税前利润率全面反映了企业全部资产的获利水平，企业所有者和债权人对该指标都非常关心。一般情况下，该指标越高，表明企业资产运用的效果越好，整个企业获利能力越强，经营水平越高。

企业还可将该指标与市场资本利率进行比较，如果前者大于后者，说明企业可以利用财务杠杆，适当举债经营以获得更多的收益。

另外，根据该指标的经济内容，资产息税前利润率可做如下分解：

$$资产息税前利润率 = \frac{息税前利润}{营业收入} \times \frac{营业收入}{总资产平均余额} \times 100\%$$

$$= 营业息税前利润率 \times 总资产周转率 \times 100\%$$

可见，影响资产息税前利润率的因素主要有两个：一是营业息税前利润率，二是总资产周转率。这表明企业资产的获利能力是经营业务的获利水平和企业资产的周转速度共同决定的。企业经营业务创造的利润越丰厚，其资产的获利能力就越高；资产的周转速度越快，经营越活跃，实现的利润也就越多。

2. 计算与分析资产息税前利润率指标应注意的问题

（1）从经济学角度看，利息支出的本质是企业纯收入的分配，是企业创造利润的一部分。为促使企业加强成本费用管理，将利息费用化的部分列作财务费用，从营业收入中得到补偿；利息资本化的部分计入资产价值，以折旧、摊销等形式逐期收回；所以应将利息支出加回到利润总额中。

（2）所有者权益的融资成本是股利，股利以税后利润支付，其数额包含在利润总额中；负债的融资成本是利息支出，在计算利润总额时已将费用化部分扣除。为使分子、分母的计算口径一致，分子中应包括利息支出。

（3）息税前利润可以避免因资本结构不同而导致不同的利润，能够较好地体现总资产的增值情况，便于企业间的比较。

（4）由于资产息税前利润率未能反映企业最终所得，所以该指标不能完全满足投资者的分析要求。

（5）总资产来源于所有者权益和负债权益两方面，利润的多少与企业资产的结构有密切关系，因此，评价总资产报酬率时要与企业资产结构、经济周期、企业特点、企业战略结合起来进行。

【例5-7】甲公司资产息税前利润率指标的计算与分析。

根据甲公司的相关资料，2××7—2××9年实际利息支出均以当年财务费用数据替代计算。甲公司资产息税前利润率指标计算如表5-11所示。

表5-11　甲公司资产息税前利润率指标计算

项目	2××7年	2××8年	2××9年
利润总额/万元	36 775	111 158	30 917
财务费用/万元	-440	61	-1 887
息税前利润总额/万元	37 215	111 219	32 804

续表

项目	2××7年	2××8年	2××9年
资产总额期初数/万元	582 464	584 102	566 721
资产总额期末数/万元	584 102	566 721	566 501
总资产平均余额/万元	583 283	575 411.5	566 611
资产息税前利润率/%	6.38	19.33	5.79

计算结果表明,公司2××7—2××9年间资产息税前利润率波动较大。2××7年为6.38%,2××8年为19.33%,较2××7年大幅提高;2××9年为5.79%,较2××8年下降,且降幅高达70.05%。进一步分析,2××9年资产息税前利润率降低的主要原因是当年息税前利润较2××8年下降所致。尚需对公司各资产项目的使用情况做进一步的分析,以改进管理,提高资产综合运用效果。此外,该指标还需与企业历史水平或行业平均水平等进行比较,进一步找出影响该指标的不利因素,以提高公司资产息税前利润率。

(二)资产净利率

1. 资产净利率指标的计算与分析

资产净利率是企业净利润与总资产平均余额的比率。其计算公式为:

$$资产净利率 = \frac{净利润}{总资产平均余额} \times 100\%$$

资产净利率

该指标的经济含义是每百元资产获得的净利润水平,反映投入全部资产后为投资者获取的最终利润情况。资产净利率越高,表明企业资产利用效率越高,利用资产创造的利润越多,整个企业的获利能力越强,财务管理水平也越高;反之,则说明企业资产利用效率不高,企业获利能力较差。

另外,根据资产净利率指标的经济内容,可将其做如下分解:

$$资产净利率 = \frac{净利润}{营业收入} \times \frac{营业收入}{总资产平均余额} \times 100\%$$
$$= 营业净利率 \times 总资产周转率$$

可见,影响资产净利率指标的因素主要有两个:一是营业净利率,二是总资产周转率,两者共同决定了资产净利率。

2. 计算与分析资产净利率指标应注意的问题

公式中的分子采用税后净利,能展示一个重要关系式:总资产净利率 = 营业净利率 × 总资产周转率,从而可进一步分析并显示经营获利能力和资产周转速度对总资产报酬率的影响;但由于税后净利中已扣除负债利息支出,它必然会受到资本结构的影响,会导致不同时期、不同企业的资产净利率会因资本结构等因素不同而缺乏可比性。

利润的高低与企业资产结构有密切关系,因此,评价资产净利率时要与企业资产结构、经济周期、企业特点、企业战略结合起来进行。

【例5-8】甲公司资产净利率指标的计算与分析。

根据甲公司的相关资料,该公司资产净利率指标计算如表5-12所示。

表 5-12　甲公司资产净利率指标计算

项目	2××7年	2××8年	2××9年
净利润/万元	35 612	108 745	27 478
总资产平均余额/万元	583 283	575 411.5	566 611
资产净利率/%	6.11	18.90	4.85

由表 5-12 中的计算可知，甲公司 2××7—2××9 年间资产净利率波动较大。2××7 年资产净利率为 6.11%，2××8 年较上年有较大幅度上升，达到 18.90%，2××9 年又下降到 4.85%；说明该公司资产获利能力明显不稳定，需要进一步分析具体原因。如果要对公司的获利能力作出全面评价，还需要将资产净利率指标与同行业其他企业进行比较，才能进一步判断公司的获利水平。

二、长期资本报酬率

长期资本报酬率又叫长期资本收益率，是企业一定时期内利润总额与平均长期资本的比率。该指标用于反映企业投入长期资本的获利能力。

长期资本报酬率

（一）长期资本报酬率指标的计算与分析

长期资本报酬率计算公式为：

$$长期资本报酬率 = \frac{利润总额}{平均长期资本} \times 100\%$$

其中：

$$平均长期资本 = 非流动负债平均余额 + 所有者权益平均余额$$

$$非流动负债平均余额 = \frac{非流动负债期初数 + 非流动负债期末数}{2}$$

$$所有者权益（净资产）平均余额 = \frac{所有者权益期初数 + 所有者权益期末数}{2}$$

长期资本报酬率是衡量企业投入的长期资本获取收益的比率，该指标可用于评价企业业绩。因为长期资本报酬率是一种资本收益率，所以该比率可以反映企业向长期资本提供者支付报酬的能力以及企业吸引未来资本提供者的能力。该比率是在不考虑资金筹集方式的情况下评价企业获利能力的，它衡量的是投资收益情况并且能够反映企业如何有效利用其现有资产的情况。长期资本资本报酬率越高，说明企业为取得收益而付出的代价越小，获利能力越强；反之，则表明企业获利能力越弱。

在利用长期资本报酬率衡量企业的获利能力时，不能仅分析某一个会计年度的指标，还应结合趋势分析和同业比较分析，才能得出更为准确的结论。

（二）计算与分析长期资本报酬率应注意的问题

（1）对长期资本收益率进行分析的关键是对利润总额和长期资本占用额本身及其影响因素进行分析。长期资本包括非流动负债和所有者权益，二者的构成比率即企业的资本结构，而长期资本额的多少与长期资本报酬率的高低成反比；因此，要提高长期资本报酬率，既要尽可能地减少资本占用，又要妥善地安排好资本结构。

（2）长期资本报酬率与总资产报酬率相比，由于后者衡量的是所有资本获取的收益，通常比率较低；而长期资本报酬率衡量的是长期资本的收益，由于流动资产的收益通常较低,所以该比率要高于总资产报酬率。

【例 5-9】甲公司长期资本报酬率指标的计算与分析。

根据甲公司的相关资料,该公司长期资本报酬率指标计算如表 5-13 所示。

表 5-13　甲公司长期资本报酬率指标计算

项目	2××7 年	2××8 年	2××9 年
非流动负债期初数/万元	100 137	100 000	100 239
非流动负债期末数/万元	100 000	100 239	100 041
非流动负债平均余额/万元	100 068.5	100 119.5	100 140
所有者权益期初数/万元	459 870	478 560	447 147
所有者权益期末数/万元	478 560	447 147	447 002
所有者权益平均余额/万元	469 215	462 853.5	447 074.5
平均长期资本/万元	569 283.5	562 973	547 214.5
利润总额/万元	36 775	111 158	30 917
长期资本报酬率/%	6.46	19.74	5.65

由表 5-13 可知,甲公司的长期资本报酬率在 2××7—2××9 年有较大波动。2××7 年为 6.46%,而 2××8 年猛升至 19.74%,至 2××9 年又下降为 5.65%;2××9 年较 2××8 年降幅达 71.38%,其原因主要是投资收益项目大幅跌减,引起 2××9 年利润总额较 2××8 年减少了 72.19% 所致。具体原因可结合相关资料的进一步分析。此外,还应将该指标与同行业平均值或先进值进行比较分析,才能得出相对准确的分析结论。

学习情景四　投资获利能力评价指标及分析

投资获利能力分析是立足于投资者(股东)的角度,考虑净资产的运用效率所进行的获利能力分析。投资获利能力分析的主要指标有净资产报酬率、普通股每股收益、普通股每股股利、股利支付率、市盈率等。

> 【名言警句】
> 一般消息来源者所讲的与他实际知道的中间有很大的差异,因此,在对投资方向作出选择之前,一定要深入了解并考察公司,做到有的放矢。
> ——(美)彼得·林奇

一、净资产报酬率

净资产报酬率又称净资产收益率或股东权益报酬率,是指企业一定时期内实现的净利润与所有者权益(即净资产)平均余额的比率。该比率充分体现投资者投入企业的自有资本获取净收益的能力。

净资产报酬率指标通用性强,适应范围广,不受行业限制,在国际上的企业综合评价中

净资产报酬率

使用率非常高。投资者投资于企业的最终目的是获取利润,而净资产报酬率的高低直接关系到投资者投资目的的实现程度。通过对净资产报酬率的分析,一方面,可以判定企业的经营效益,这将影响到投资者的投资决策以及潜在投资者的投资倾向,从而影响企业的筹资方式、筹资规模,进而影响企业的发展规模和发展趋势;另一方面,净资产报酬率体现了企业管理水平的高低、经济效益的优劣、财务成果的好坏,尤其是直接反映了投资者投资效益的好坏,是投资者考核其投入资本保值增值程度的基本指标。

(一) 净资产报酬率指标的计算与分析

净资产报酬率是从投资者的角度来考核其获利能力,因而它是被投资者关注且对企业具有重大影响的指标。其计算公式为:

$$净资产报酬率 = \frac{净利润}{所有者权益平均余额} \times 100\%$$

净资产报酬率表明投资者每百元投资将获取多少回报,是评价企业获利能力的核心指标。一般认为,净资产报酬率越高,企业自有资本获取利润的能力越强,运营效益越好,对企业投资者、债权人的保证程度越高;反之,则表明企业自有资本获利能力差。

(二) 计算与分析净资产报酬率应注意的问题

(1) 净资产报酬率作为杜邦分析体系中的龙头指标,是一个综合性极强的投资报酬指标;通过对该指标的层层分解,可以分析出导致企业净资产报酬率发生变化的具体原因,这比只用一项综合指标更能说明问题。该指标的具体分解方法在杜邦分析体系中详细介绍。

(2) 在相同的总资产报酬率水平下,由于企业采用不同的资本结构,会造成不同的净资产报酬率。

【例 5-10】甲公司净资产报酬率指标的计算与分析。

根据甲公司的相关资料,该公司净资产报酬率指标计算如表 5-14 所示。

表 5-14 甲公司净资产报酬率指标计算

项目	2××7年	2××8年	2××9年
净利润/万元	35 612	108 745	27 478
所有者权益平均余额/万元	469 215	462 853.5	447 074.5
净资产报酬率/%	7.59	23.49	6.15

通过表 5-14 中的计算可知,甲公司的净资产报酬率在 2××7—2××9 年间有较大波动。2××7 年净资产报酬率为 7.59%,2××8 年猛增至 23.49%,2××9 年又下降至 6.15%,为三年中最低水平,说明该公司 2××9 年度投资获利能力较 2××8 年大幅下降。通过报表显示数据可知,这是由于公司 2××9 年度净利润的降低幅度大于所有者权益的减少幅度所致。若要进一步分析净资产报酬率下降的具体原因,需对各影响因素进行深入分析。

二、普通股每股收益

普通股每股收益(简称每股收益)是指普通股股东每持有一股普通股所能享有的企业净利润或需承担的企业净亏损。每股收益是评价上市公司获利能力的核心指标,用于反映企业经营成果,衡量普通股的获利水平及

普通股每股收益

投资风险，是投资者等信息使用者据以评价企业获利能力、预测企业成长潜力、进而作出相关经济决策的重要财务指标之一。

每股收益包括基本每股收益和稀释每股收益。

（一）基本每股收益

基本每股收益是按照归属于普通股股东的当期净利润除以发行在外的普通股加权平均股数计算的每股收益。其计算公式为：

$$基本每股收益 = \frac{净利润 - 优先股股利}{发行在外的普通股加权平均股数}$$

在计算基本每股收益时，分子应只包括属于普通股的净收益，因此需要将优先股股利扣除；分母为当期发行在外的普通股加权平均股数，公司库存股不属于流通在外的普通股，无权参与利润分配，因而不参与每股收益的计算；同时，由于企业的收益是在整个会计年度中取得的，因此应该与整个会计年度中流通在外的普通股股数相对应，需要采用加权平均股数，其计算公式为：

$$发行在外的普通股加权平均股数 = \sum（发行在外股数 \times 发行在外的月数占全年月数的比例）$$

$$= 年初发行在外股数 + \frac{新增流通股数 \times 新增股数流通月数}{12}$$

例如，乙公司2××9年年初发行在外的普通股股数为2 000万股，经相关部门批准，2××9年4月1日增发500万股，2××9年10月1日增发400万股，则乙公司2××9年年末发行在外的普通股加权平均股数为 $2\ 000 + 500 \times 9 \div 12 + 400 \times 3 \div 12 = 2\ 475$（万股）。

基本每股收益值越高，表明企业获利能力越强，股东投资效益就越好，每一股份获利的利润也越多；反之，则企业获利能力越差。投资者可通过对同一企业不同时期基本每股收益的比较，了解其获利能力的大小及变动情况。

【例5-11】 甲公司基本每股收益指标的计算与分析。

根据甲公司的相关资料，该公司基本每股收益指标计算如表5-15所示。

表5-15　甲公司基本每股收益指标计算

项目	2××7年	2××8年	2××9年
净利润/万元	35 612	108 745	27 478
发行在外的普通股加权平均股数/万股	225 392.405 1	226 081.081 1	226 081.081 1
基本每股收益/元	0.158	0.481	0.122

由表5-15可知，甲公司2××7—2××9年普通股基本每股收益有较大波动。2××7年每股收益为0.158元，2××8年上升至0.481元，较上年大幅增长；公司2××9年每股收益下降至0.122元，较前两年均有所下降，表明公司的投入资本获利能力降低到三年来最低水平；根据相关数据表明，公司2××9年每股收益下降主要是因其净利润减少所致，应进一步深入分析净利润下降的具体原因。

（二）稀释每股收益

如果企业发行的产权证券中既包括普通股，又包括普通股同等权益，如可转换公司债券、认股权证、股票期权等，这些权益，有可能增加流通在外的普通股股数，从而使本期收益在更多的股份中进行分摊，对每股收益具有潜在的稀释影响。

稀释每股收益是以基本每股收益为基础，假定企业所有发行在外的稀释性潜在普通股均已转换为普通股，从而分别调整归属于普通股股东的当期净利润以及发行在外的普通股加权平均股数计算的每股收益。

基本每股收益仅考虑当期实际发行在外的普通股股数，而稀释每股收益的计算和分析主要是为了避免每股收益虚增可能带来的信息误导。其计算公式为：

$$稀释每股收益 = \frac{净利润 - 不可转换优先股股利}{发行在外的普通股股数 + 普通股股票同等权益}$$

【例 5-12】丙公司 2××9 年净利润为 9 000 万元，年初发行在外的普通股股数为 15 000 万股，2××9 年 1 月发行了 3 500 万股可转换优先股，转换比率为 1∶1，优先股固定股利为每股 0.1 元；7 月 1 日增发普通股 1 000 万股，要求计算丙公司的基本每股收益和稀释每股收益。

$$基本每股收益 = \frac{9\,000 - 3\,500 \times 0.1}{15\,000 + 1\,000 \times 6 \div 12} \approx 0.558(元)$$

$$稀释每股收益 = \frac{9\,000 - 0}{15\,000 + 1\,000 \times 6 \div 12 + 3\,500 \times 1} \approx 0.474\ 元$$

（三）计算与分析每股收益指标应注意的问题

1. 一般投资者在使用每股收益指标时的方式

（1）通过将不同企业的每股收益指标进行排序，用于判断所谓绩优股和垃圾股。

（2）将该指标与同行比较，用于选择龙头企业。

（3）将该指标与企业历史数据比较，用于判断该企业的成长性。

2. 每股收益指标并不反映股票所含有的风险

尽管每股收益指标是衡量上市公司获利能力的最重要财务指标，但它并不反映股票所含有的风险。例如，假设某公司原来经营日用品的产销，最近转向房地产投资，公司的经营风险增大了许多，但每股收益可能不变或提高，并没有反映风险增加的不利变化。

3. 普通股股数是每股收益指标的负影响因素

当归属于普通股的净利润一定时，普通股股数越多，每股收益越少。影响普通股股数变动的因素很多，如当企业增发新股、派发股票股利、分割股票、资本公积和盈余公积转增股本时，企业所有者权益总额不会发生变动，但发行在外的普通股股数却发生了变化；可见，普通股股数变动既受普通股发行状况的影响，又与企业产权证券构成有关。通常，在确定普通股股数时应把握以下几点：

（1）企业在本会计年度发行的现金增资股票，应按其实际流通的时间比例进行折算。

（2）企业在年度内将资本公积或盈余公积转增为资本配股，不论配股何时发放，这些新股均享有对企业全年股利的分配权。

（3）企业发行的可转换证券是否为约当普通股，应于发行时就予以确认，一旦确定，不能再改变。

4. 每股收益多，不一定意味着投资者能得到多的红利，还要看公司股利分配政策

三、普通股每股股利

普通股每股股利（简称每股股利）也叫每股红利，是指普通股股利总额与发行在外的普通股加权平均股数的比值。

普通股每股股利

（一）普通股每股股利指标的计算与分析

普通股每股股利是由每股收益指标延伸出的指标，其计算公式为：

$$普通股每股股利 = \frac{普通股股利总额}{发行在外的普通股加权平均股数}$$

公式中的分子是指用于分配普通股的现金股利总额。

普通股每股股利指标表明在某一时期内每股普通股能够获得的股利收益。对投资者而言，该指标值越高，表明投入资本获取的收益越高。

（二）计算与分析普通股每股股利应注意的问题

1. 每股股利的高低取决于企业获利能力的强弱

每股股利的高低取决于企业获利能力的强弱，同时，企业所采用的股利分配政策和现金是否充足也决定了每股股利的高低。

2. 每股收益与每股股利是有区别的

每股收益是从账面上反映股本盈利能力的高低，每股股利则从股利发放的角度直接反映股东分得股利的多少，因此，每股股利指标更直观地说明股本盈利能力的高低。从某种程度上说，每股股利比每股收益更直观，更受股票投资者特别是短期投资者的关注。

【例 5-13】根据甲公司的相关资料，该公司每股股利指标计算如表 5-16 所示。

表 5-16　甲公司每股股利指标计算

项目	2××7 年	2××8 年	2××9 年
普通股股利总额/万元	40 064	27 947	16 770
发行在外的普通股加权平均股数/万股	225 392.405 1	226 081.081 1	226 081.081 1
普通股每股股利/元	0.178	0.124	0.074

由表 5-16 可知，甲公司在 2××7—2××9 年间，普通股每股股利呈降低趋势，表明投资者实际获得的收益逐年减少。进一步分析，甲公司普通股股数三年间并无太大变动，2××8 年净利润较 2××7 年大幅增长，而每股股利却减少，2××9 年净利润较上年下降，每股股利更是随之而减少，可以初步判断甲公司每股股利减少的原因除受净利润下降的因素影响外，还可能在采用低股利政策，将净收益更多地留存企业投入再生产；对于长期投资者而言，这种现象不一定是不良信号，因为这可能意味着企业有强劲的未来获利能力，但对于短期投资者来说，就需要关注了。

由于普通股每股股利是一个绝对数指标，究竟甲公司采取的是低股利政策还是高股利政策，还可结合股利支付率来进行判断。

四、股利支付率

股利支付率又称为股利发放率，即普通股每股股利占普通股每股收益的比重，反映企业的股利分配政策和股利支付能力。

股利支付率

（一）股利支付率指标的计算与分析

股利支付率的计算公式为：

$$股利支付率 = \frac{普通股每股股利}{普通股每股收益} \times 100\%$$

以上公式中分母普通股每股收益通常是指基本每股收益。

股利支付率一方面反映了普通股股东的获利水平，股利支付率越高，反映普通股股东获得的收益越多；另一方面，反映了企业的股利政策，企业往往综合考虑盈利水平、成长性、未来的投资机会、股东的市场反应、货币政策等因素制定股利政策。股利支付率是综合权衡这些因素的结果，其高低应根据企业具体情况而定，没有固定的衡量标准。

（二）计算与分析股利支付率指标应注意的问题

（1）一般来说，公司发放股利越多，股利的分配率越高，对股东和潜在投资者的吸引力越大，也就越有利于建立良好的公司信誉；由于投资者对公司的信任，会使公司股票供不应求，从而使股票市价上升；股票的市价越高，对公司吸引投资、再融资越有利。

（2）过高的股利分配率政策，会使公司的留存收益减少；此时，如果企业要维持高股利分配政策，就需要对外大量举债，可能带来财务风险，会影响企业的未来收益与股东权益。

（3）股利支付率是股利政策的核心。确定股利支付率，首先要弄清企业在满足未来发展所需的资本支出需求和营运资本需求，有多少现金可用于发放股利，然后考察企业所能获得的投资项目的效益如何。如果现金比较充裕，同时也没有更好的投资项目，那么可以发放较多的现金股利；如果有好的投资项目且对企业长远发展有利，那么就可将资金用于投资项目，发放的现金股利相应减少。

【例 5–14】根据甲公司的相关资料，该公司股利支付率指标计算如表 5–17 所示。

表 5–17 甲公司股利支付率指标计算

项目	2××7 年	2××8 年	2××9 年
普通股每股股利/元	0.178	0.124	0.074
基本每股收益/元	0.158	0.481	0.122
股利支付率/%	112.66	25.78	60.66

由表 5–17 可知，甲公司股利支付率 2××7 年高达 112.66%，表明 2××7 年分配的股利超过当年每股收益，动用了企业盈余公积；2××8 年下降至 25.78%，而当年每股收益在三年中居于最高位，股利支付率的下降有可能是因公司在 2××8 年进行了其他投资所致；2××9 年股利支付率又上升至 60.66%。可以看出，甲公司股利支付率起伏较大，除 2××8 年外，2××7 年、2××9 年两年的股利支付率是比较高的，结合资产负债表与现金流量表相关数据，可以判断出 2××8 年股利支付率降低是由于甲公司准备进行长期股权投资而筹备资金所致（2××9 年长期股权投资、投资支付的现金数额较大）。

五、市盈率

市盈率也称为价格与收益比率，是上市公司普通股每股市价与普通股每股收益的比值，反映投资者对上市公司每元收益愿意支付的价格，可用于估计股票的投资报酬和风险。

市盈率

（一）市盈率指标的计算与分析

市盈率的计算公式为：

$$市盈率 = \frac{普通股每股市价}{普通股每股收益}$$

以上公式中，分子普通股票每股市价通常采用年度平均价格，即全年各日收盘价的算术平均数；但实务中为了计算的简便和增强其评价的适时性，多采用报告期前一日的实际股票市价来计算。公式中分母普通股每股收益通常是指基本每股收益。

市盈率是投资者衡量股票潜力、借以投资入市的重要指标。一般情况下，该指标越大，说明市场对企业的未来越看好，愿意出较高的价格购买该公司股票，表明企业具有良好的发展前景，投资者预期能获得更好的回报。但过高的市盈率蕴含着较高的风险。

（二）计算与分析市盈率指标应注意的问题

（1）影响市盈率变动的重要因素之一是股票价格的升降，而影响股价升降的原因除企业经营成果和发展前景外，还受整个经济环境、政府宏观政策、行业发展前景以及意外因素如战争、灾害等因素制约。因此，必须对股票市场的整个形势做全面了解和分析，才能对市盈率的升降作出正确评价。

> 【名言警句】
> 守信念跟选股不应该相提并论，但后者的成功带领前者。你也许是世界上最好的财务分析专家，或者精于市盈率的分析，但如果没有信念，你也会相信许多消极因素的报道。
> —— （美）彼得·林奇

（2）市盈率的高低与行业发展有密切联系。由于各行业发展阶段不同，其市盈率高低也会不同；充满扩张机会的新兴行业市盈率会普遍较高，而成熟产业的市盈率会普遍较低，因此，该指标不能用于不同行业的企业之间比较；此外，市盈率高低受净利润的影响，净利润又受可选择的会计政策的影响，从而使得企业间的比较受到限制。

（3）在企业每股收益很少甚至亏损时，股票市价不会降为零，而以每股收益为分母计算出的市盈率会很高或成负数，此时市盈率指标不能说明任何问题，变得无意义。因此，单纯依靠市盈率指标来评价企业的获利能力，可能会错误地估计企业未来的发展趋势；对市盈率指标的评价应结合其他指标综合分析。

【例 5-15】甲公司市盈率指标的计算与分析。

根据甲公司的相关资料，该公司市盈率指标计算如表 5-18 所示。

表 5-18 甲公司市盈率指标计算

项目	2××7 年	2××8 年	2××9 年
每股市价/元	14.35	12.87	12.15
基本每股收益/元	0.158	0.481	0.122
市盈率	90.82	26.76	99.59

由表 5-18 可知，甲公司 2××7 年市盈率为 90.82，2××8 年下降为 26.76，而 2××9 年市盈率上涨了 3 倍多，达到 99.59。通过市盈率的上升可以看出，投资者对该公司的发展前景比较看好；但根据财务数据可以发现，2××9 年市盈率上升的主要原因并非股价上涨，而是因当年每股收益大幅下降所致，这就需要引起投资者及企业警惕；应进一步分析每股收益下降的具体原因，找出对策。甲公司市盈率指标是否偏高或偏低，尚需与同行其他企业的

市盈率相比较来进行评价。

知识小结

　　企业获利能力分析是通过对营业获利能力、资产获利能力、投资获利能力三个方面的系列指标计算和分析来进行的。评价营业获利能力的主要指标有营业毛利率、营业利润率、营业净利率、成本费用利润率等，此外，还需关注企业产品销售获利情况；评价资产获利能力的指标主要有总资产报酬率和长期资本报酬率；评价投资获利能力的指标主要有净资产报酬率、普通股每股收益、股利支付率、普通股每股股利、市盈率等，其中，普通股每股收益、股利支付率、普通股每股股利、市盈率主要用于对上市公司的评价。

复习思考题

一、名词解释
1. 营业获利能力
2. 资产获利能力
3. 投资获利能力
4. 营业利润率
5. 营业净利率
6. 长期资本报酬率
7. 净资产报酬率
8. 市盈率

二、简述题
1. 可以从哪些角度分析企业获利能力？主要用哪些指标进行获利能力评价？
2. 企业经营者进行盈利能力分析的主要目的是什么？
3. 影响产品毛利的因素有哪些？
4. 影响净资产报酬率的因素有哪些？
5. 何谓市盈率？市盈率的高低由哪些因素决定？

习　题

一、判断题
1. 影响每股股利多少的因素，除企业获利能力大小外，还取决于其股利发放政策。
　　　　　　　　　　　　　　　　　　　　　　　　　　　　　　　　　　（　　）
2. 一般说来，市盈率指标越低，表明该公司股票的投资风险越大。（　　）
3. 每股市价是股票的账面价值，是根据成本计算的，每股净资产是指这些资产现在的价值，它是证券市场上交易的结果。（　　）
4. 如果本期资产负债表中未分配利润少于上期，说明企业本期经营亏损。（　　）

二、单项选择题

1. 下列（　　）指标不能反映企业的获利能力。
   A. 普通股每股收益　　　　　　B. 总资产周转率
   C. 成本费用利润率　　　　　　D. 净利润率

2. 某服装批发企业年末低价清仓甩卖存货，则将直接出现下列（　　）的情况。
   A. 应收账款周转率增加　　　　B. 毛利率下降
   C. 销售毛利率增加　　　　　　D. 流动比率增加

3. 某企业有普通股 20 000 万股，当年实现的利润总额为 100 000 万元，股票市场上该股票价格为 60 元/股，则该企业的市盈率为（企业的所得税税率为 25%）（　　）。
   A. 10　　　　　B. 12　　　　　C. 16　　　　　D. 30

4. 某公司某年实现净利润 22 000 万元，年末普通股股数为 6 000 万股，年度内普通股股数没有变化，则该公司的每股收益为（　　）。
   A. 3　　　　　B. 3.8　　　　　C. 4.2　　　　　D. 3.7

5. 某企业净利润为 1 000 万元，所得税费用为 250 万元，利息支出为 300 万元，年初和年末所有者权益均为 5 500 万元，则净资产收益率为（　　）。
   A. 16.7%　　　B. 18.2%　　　C. 13.0%　　　D. 23.9%

6. 年初资产总额为 2 600 万元，年末资产总额为 3 640 万元，净利润为 624 万元，所得税为 208 万元，利息支出为 26 万元，则总资产报酬率为（　　）。
   A. 32.5%　　　B. 30%　　　　C. 27.5%　　　D. 20%

三、多项选择题

1. 对股份制企业而言，反映其获利能力的比率有（　　）。
   A. 总资产净利率　　B. 市盈率　　C. 股东权益报酬率　　D. 销售净利率

2. 下列指标中比率越高，说明企业获利能力越强的有（　　）。
   A. 总资产净利率　　　　　　　B. 成本费用利润率
   C. 负债比率　　　　　　　　　D. 应收账款周转率

四、计算分析题

1. 某企业 A 产品本期毛利额与上年同期相比有较大增长，已知该产品最近两期的相关资料如表 5-19 所示。

表 5-19　A 产品相关资料

项目	单位	上年同期	本期
销售数量	件	20 000	35 000
销售价格	元	350	340
单位销售成本	元	220	200
单位销售毛利	元	130	140

要求：采用因素分析法对 A 产品毛利额的变动原因进行分析。

2. 已知某公司的有关报表数据如表 5-20 所示。

表 5-20 报表数据　　　　　　　　　　　　　　　　　万元

项目	2××9年	2××8年
利润表项目：		
营业收入	24 000	21 000
营业成本	17 000	16 000
管理费用	3 700	3 200
财务费用	500	480
销售费用	450	430
营业外收支净额	250	290
所得税	590	470
资产负债表项目：		
平均资产总额	23 000	17 000
平均非流动负债总额	9 000	5 300
平均所有者权益总额	8 200	6 500

（假设财务费用全部为利息支出）

要求：试根据上述资料计算公司的营业毛利率、营业利润率、总资产报酬率、长期资本报酬率等获利能力指标，并在此基础上对公司的相关获利能力进行评价。

3. 已知四方股份公司有关报表数据如表 5-21 所示，并且每股价格资料（年末收盘价）2××9年为 34.90 元，2××8年为 17.18 元。

表 5-21 四方股份公司有关报表数据

项目	2××8年	2××9年
净资产/元	1 956 619 659.86	2 075 269 458.13
普通股股数/股	434 021 898	434 021 898
资产总额/元	2 356 299 606.85	2 471 735 152.41
营业收入/元	1 095 149 294.61	1 215 628 500.64
净利润/元	118 335 010.97	183 753 089.94
普通股股利总额/元	108 505 491.85	65 103 291.67

（四方股份公司 2××7年的净资产为 1 996 535 792.46 元）

要求：

（1）结合表 5-21 中的数据资料，计算四方股份公司 2××9年、2××8年的以下投资获利能力指标：净资产报酬率、普通股每股收益、普通股每股股利、股利支付率、市盈率。

（2）在以上指标的基础上对四方股份公司的投资获利能力进行评价。

项目六

现金流量分析

■ **知识目标**

1. 了解现金、现金流量及现金流量分析的基本概念；
2. 理解现金流量分析的意义与作用；
3. 掌握现金流量分析的内容与方法；
4. 掌握现金流量分析各项财务比率的含义、计算及评价方法。

■ **能力目标**

1. 明确现金流量分析对企业的重要意义；
2. 能根据分析主体数据及相关资料正确进行企业现金流量分析。

■ **素质目标**

1. 培养学生的规范意识、风险意识；
2. 培养学生爱岗敬业、办事公道的职业道德。

学习情景一　现金流量分析概述

现代财务会计发展的一个显著特征是日益重视现金流量，要求企业按期编制现金流量表；现金流量是判断企业财务状况和运营能力的重要指标，也是判断企业价值的重要依据。企业现金流量的质量好坏关乎企业成败。如何利用好现金流量表所提供的现金、现金等价物流入和流出等信息，评价企业效绩的质量，是现金流量分析的重要任务。

> 【名言警句】
> 我们决不应迷失经济发展的最终目的，那就是以人为本，提高他们的生活条件，扩大他们的选择余地……如果在经济增长（通过人均收入来衡量）与人类发展（以人的寿命、文化或者成功比如自尊来反映，但不易度量）之间存在着紧密的联系，那么这两者之间的统一是有益的。
>
> ——P·斯特里顿

一、现金流量分析的相关基本概念

（一）现金

现金流量表的编制基础是现金，现金包括库存现金、银行存款、其他货币资金和现金等价物。

现金流量分析概念

（二）现金流量

现金流量作为一个概念包含两层含义：第一层含义是指现金流量表中现金本身的运动，即现金的流入和流出；第二层含义是指现金运动的结果，即现金流入量和流出量。而流入量和流出量的差额，称为现金流量净额。这一净额可能是正数，也可能是负数。它反映了企业现金运动的最终结果。本项目中所指现金流量分析，旨在通过对现金运动结果的分析和评价，来诠释和预测企业现金本身的运动，以实现企业所预期的现金运动结果。

根据企业业务活动的性质和现金流量的来源，一定期间产生的现金流量又进一步划分为三类：经营活动现金流量、投资活动现金流量和筹资活动现金流量。

（三）现金流量分析

现金流量分析是指以现金流量表为主要依据，利用多种分析方法，进一步揭示现金流量的信息，并从现金流量角度对企业的财务状况和经营效绩作出评价。结合上述所指现金流量的两层含义，现金流量分析将具体表现为现金流量趋势分析、现金流量结构分析、现金流量质量分析以及现金流量财务比率指标分析。

二、现金流量分析的意义

现金流量分析是评价企业效绩的一个重要标准，对财务信息使用者有着重要意义。

（一）对企业利润质量作出评价

企业利润质量的一个关键就是观察利润受现金流量支撑的程度。利润的确认计量基础是权责发生制，其实现的时间与收取现金的时间往往存在一定差距。对于企业更重要的是取得现金的流入，而不仅仅是得到账面的利润。企业可以在一定期间内无利润甚至亏损，却不能没有现金，否则将不能持续经营。通过现金流量分析，可以充分了解利润与现金流量之间产生差异的大小和原因，真实评价企业利润质量。

（二）对支付能力及偿债能力作出评价

本书项目三论述了偿债能力分析，主要是以资产负债表所揭示的资料为依据进行的。而现金流量表所提示的现金流量信息则可以帮助信息使用者通过对三类活动所产生的现金流量分析，从现金角度对企业偿还长短期债务，支付利息、股利或利润的能力作出进一步的分析，从而形成更可靠、更稳健的评价。

（三）对企业风险水平和抗风险能力作出评价

企业资金的重要来源之一是负债。负债水平过低，会导致企业不能获得财务杠杆收益，但负债水平过高，又会引起较大的财务风险。这种财务风险的承担能力与企业现金流量状况直接相关，如果企业债务到期却没有足够的现金流量归还，这种风险就会转化为真实的危机，甚至使企业面临破产；反之，若企业现金充裕，现金流量状况稳定，则可以承担较高的负债水平，同时利用高负债获得高杠杆收益。现金流量分析正好可以满足会计信息使用者分析企业财务风险，对企业未来偿债现金流量预测和判断的需要。

（四）对企业未来现金流量预测作出评价

企业未来现金流量必然也来自经营活动、投资活动和筹资活动，这些方面的历史现金流量往往都反映在现金流量表中，从而构成了未来企业现金流量预测的基础；对现金流量分析就是将历史现金流量与未来现金流量联系起来，满足会计信息使用者的需要。总之，现金流量分析能够使信息使用者有效地了解和评价企业获取现金的能力，并据以预测企业未来现金流量的变动，以此衡量企业未来时期的偿债能力，防范和化解由负债所产生的财务风险。

三、影响现金流量的因素

影响企业现金流量的因素可归纳为宏观和微观两个方面。

（一）影响现金流量的宏观因素

分析企业的现金流量，首先需要了解企业所处的宏观因素，如可能对企业现金流量产生影响的政治政策环境、经济环境、金融环境、企业对经济周期不同阶段的敏感性、企业产品的生命周期和对经济未来走势的判断等。这些宏观环境状况往往会对企业现金流量产生持续而深远的影响。比如经济萎缩时，销售普遍下降；经济扩张时，销售普遍呈增长，从而引发企业现金流量的不同变化。又如国家为了扶持某些行业、某些地区的发展，会相应采取一些优惠措施，这在一定程度上也会影响企业现金流量。

（二）影响现金流量的微观因素

从企业角度而言，影响企业现金流量的微观因素进一步可细分为微观外部因素和微观内部因素。

1. 微观外部因素

对企业现金流量产生重要影响的微观外部因素主要是指行业影响。企业所处行业及其经营背景不同，会对企业经营竞争力、经营规模、经营效果、资本运营等方面产生本质的影响，进而影响到企业的现金流动。一般而言，制造业的资本运营要慢于服务业，而经营规模要大于服务业，制造业的经营竞争更加激烈和残酷，企业微观环境对这类行业现金流量影响很大。同样，较之于现代的、先进的行业来说，传统的、落后的行业其现金流量受到微观外部因素的影响更深。

对企业而言，了解影响企业或行业现金流量的这些微观外部因素是至关重要的。对现金流量的分析因企业而异，也因行业而异，这要看企业在哪些行业中经营。分析时要判断预期的行业增长率、预期的经营能力、技术发展等。当一个企业跨行业经营时，分析人员还应当分析几个行业间的相互影响，或者是否依赖于另一个或几个经济因素。

2. 微观内部因素

微观内部因素就是企业自身因素。对企业来说，这一因素可归结为企业日常业务对现金流量的影响、营运管理对现金流量的影响两大类。

企业日常业务是影响现金流量的直接根源。在企业的经营活动、投资活动、筹资活动中，凡属于现金各项目与非现金各项目之间的交易或事项，都会引起现金流量单方面的变化，从而促使企业现金净流量的增减。

企业在经济活动中的营运管理也是影响现金流量的重要因素之一。营运管理的效果，最终体现为现金流量增减变化的优劣。营运管理的水平不同，会在企业中形成不同的财务政策和经营政策，在企业中形成参差不齐的资产质量，产生周期长短不同的经营循环链，最后通过渗透到企业日常业务中的交易或事项，形成千差万别的现金净流量的增减。

四、现金流量分析的内容和依据

现金流量分析的内容和依据

（一）现金流量分析的内容

现金流量分析主要包括以下内容：

1. 现金流量趋势分析

现金流量趋势是指企业不同时期现金流量的增减变动及其变动趋势。现金流量趋势分析主要以比较报表和定比报表等方式展开，通过列示及对比，分析确定企业现金流量变动的性质和原因。

2. 现金流量结构分析

现金流量结构包括现金流入结构、现金流出结构、现金流入流出结构比等。现金流量结构分析，就是通过对现金流量表中不同项目之间的比较，分析企业现金流入和流出的来源与方向，从而评价各种现金流量的形成原因。

3. 现金流量质量分析

现金流量质量是指现金流量能够按照企业的预期目标进行运转的质量。现金流量质量分析，主要通过对三类现金流量整体质量分析结合各现金流量项目的个别质量分析进行，从而揭示出企业现金运动的质量（来源质量、去向质量、结果质量），从而准确判断企业收益的质量价值。

4. 现金流量财务比率分析

现金流量财务比率是指现金流量与其他相关项目数据相比所得的比率。现金流量财务比率分析就是通过这一比率，更加广泛地衡量和评价企业财务状况、经营效绩和获现能力。它是现金流量分析的一种重要方法。

（二）现金流量分析的依据

现金流量分析的基础依据是现金流量表（包括用直接法编制的现金流量表及用间接法编制的现金流量表补充资料）、资产负债表、利润表。本项目现金流量分析所用数据来源于项目一中所列示的甲公司现金流量表、资产负债表、利润表、会计报表附注等相关资料。

学习情景二　现金流量趋势分析

现金流量趋势分析通常是采用编制比较财务报表的方法，即将连续多期现金流量表指标一同列示，进行对比，加以分析，以确定其增减差异，观察变动趋势。若是单看一个报告期的财务报表，不能有效地预测企业未来的现金流量状况，只有观察连续数期的财务报表，对连续数期的现金流量表进行比较分析，才能了解哪些项目发生了变化，从中掌握变动趋势，从大局上把握企业的发展方向，进而作出正确的决策。在进行现金流量趋势分析时，还应当结合资产负债表和利润表等信息，以明确企业整体现金流量和各项目现金流量变动的结果是有利还是不利。现金流量趋势分析的方法主要以比较报表和趋势百分比为主，其中趋势百分比主要有定比和环比两种。

一、比较现金流量表分析

比较现金流量表分析是将连续多期的现金流量表数额或内部结构比率进行列示，据以考察企业各期现金流量的变化趋势。信息使用者通过观察和比较相同项目增减变动的金额及幅度，把握企业经营活动、投资活动和筹资活动现金流量的变化趋势。

比较现金流量表分析

【例6-1】甲公司2××6—2××9年的比较现金流量表分析。

比较现金流量表见项目一表1-3。

通过对比报表数据，可以得到以下几个方面的信息：

(1) 甲公司经营活动现金流量的净额从2××7年至2××9年呈明显的下降趋势。对比各年经营活动现金流入和经营活动现金流出的量，可以看出，2××9年的经营现金流出较前三年有较大的攀升，高出4亿多元，这是导致从2××7年至2××9年经营活动现金流量净额大幅下滑的重要原因，分析人员应进一步查明引起2××9年经营活动现金流出过高攀升的具体原因。如果是因为甲公司2××9年进入经营扩张阶段引发大量的商品购买、劳务支付、税费支付等，则分析人员应进一步结合甲公司资产负债表等资料分析预测其未来经营活动现金流入趋势，以判断甲公司未来可能面临的财务风险与经营风险。

(2) 支付的其他与经营活动有关的现金数额较大，尤其是2××9年。通过对资产负债表、利润表及会计报表附注的检查，发现其主要是支付的有关销售的费用，这与利润表中销售费用数额较大的结论是基本符合的。

(3) 甲公司投资活动现金流量净额从2××6年至2××9年变化较大，总体呈现跳跃式，除了2××8年为正数外，其余各年均为负数。分析甲公司各年投资活动现金流入，取得投资收益收到的现金项目显示出该公司因股权性投资各年均能获取一定的现金收益。但被投资项目的获利能力不太稳定；一方面，是收益不稳定所致；另一方面，是现金支付能力不稳定所致。分析甲公司各年投资活动现金流出，投资支付的现金数额较大，说明这可能是因为甲公司投资活动比较活跃。分析人员应当进一步关注该公司投资支出金额是否来自闲置资金，是否存在挪用主营业务资金进行投资的行为。

(4) 甲公司筹资活动现金流量净额各年均为负数，没有现金流入，只有现金流出。从筹资活动现金流出项目可以看出，主要是用于分配股利、利润或偿付利息支付的现金，说明甲公司的现金比较充裕，不需追加筹资。

(5）甲公司的现金及现金等价物净增加额2××6年至2××8年呈上升趋势，2××9年大幅下降。从前面三个主要构成部分的分析来看，甲公司经营活动现金流量充裕，投资活动活跃；结合期末现金及现金等价物余额各年均为正数，足以表明甲公司产品销售市场稳定，投资回收比较顺畅，公司进入了成熟期，经营及投资收入均处于良性循环状态，为偿还债务提供了可靠的资金保障。但也能初步判断出该公司未能充分运用财务杠杆。

二、趋势百分比分析

在比较现金流量表的基础上，人们可以进一步通过趋势百分比分析判断企业连续多期现金流量的变动趋势、变动方向和变动速度。其实质是将比较分析法与比率分析法综合。趋势百分比是判断企业经营状况良好与否的重要指标。根据基期选择的不同，趋势百分比分析可分为定比趋势分析、环比趋势分析、平均基期趋势分析三种。

（一）趋势百分比的基期选择

1. 定比趋势分析

定比趋势分析是选取分析期的第一期为基期，将该期所有指标设定为指数100，以后每期都与基期的指标相比，得出各期相对于基期的指数，从而判断变动趋势和变动速度。

2. 环比趋势分析

环比趋势分析是将分析期中的各期均以上一期为基期，分别计算出各期的百分比，以百分比进行比较分析，观察发展趋势。

3. 平均基期趋势分析

平均基期趋势分析是在计算趋势百分比时以某个项目在一定期间内的平均值为基期金额，先计算出每个项目在一定期间内的平均金额作为基期金额，然后将各期间同一项目的金额与平均金额分别比较，计算出该项目各期的趋势百分比。

（二）趋势百分比的计算

趋势百分比的一般计算公式如下：

$$趋势百分比 = \frac{当期金额（或余额）}{基期金额（或余额）} \times 100\%$$

下面以甲公司现金流量数据为例，说明在不同基期选择下趋势百分比的计算。

【例6-2】甲公司连续三年的现金及现金等价物余额和按照不同基期计算的趋势百分比如表6-1所示。

表6-1 甲公司趋势百分比

项目	2××7年	2××8年	2××9年
现金及现金等价物余额/万元	47 906	84 710	24 229
定比：以2××7年为基期/%	100	176.83	50.58
环比：以前一年为基期/%	100	176.83	28.60
以三年平均数52 282为基期/%	91.63	162.03	46.34

表6-1中分别以三种不同的基期计算了趋势百分比。用三种基期算出的趋势百分比可从不同角度说明甲公司在三年内现金的基本变动趋势。表6-1中趋势百分比的计算结果均

是用百分比的形式表示的,在实际工作中也可以用比率表示。例如在定比趋势计算中,趋势百分比如果用比率表示,2××8年的趋势比率为1.768 3,2××9的趋势比率为0.505 8。

【例6-3】 以甲公司2××6年为基期,该年度现金流量表各项目均为指数100%,对甲公司连续四年的现金流量趋势进行定比趋势分析。

甲公司连续四年的定比现金流量表如表6-2所示。

表6-2 甲公司连续四年的定比现金流量表(简表)　　　　　　　　　　%

年度	2××6年	2××7年	2××8年	2××9年
销售商品、提供劳务收到的现金	100	151.79	106.02	128.08
收到其他与经营活动有关的现金	100	5.71	77.15	312.78
经营活动现金流入小计	100	150.04	105.68	130.29
购买商品、接受劳务支付的现金	100	74.65	67.20	107.01
支付给职工以及为职工支付的现金	100	122.49	214.66	495.30
支付的各项税费	100	86.79	96.83	178.48
支付其他与经营活动有关的现金	100	150.48	108.29	236.83
经营活动现金流出小计	100	94.68	87.67	164.26
经营活动产生的现金流量净额	100	246.16	136.94	71.31
取得投资收益收到的现金	100	22.43	379.51	166.83
投资活动现金流入小计	100	445.07	379.51	166.83
购建固定资产、无形资产和其他长期资产支付的现金	100	39.36	411.32	71.28
投资支付的现金	100	1 063.99	124.29	988.82
投资活动现金流出小计	100	981.30	147.46	914.76
投资活动产生的现金流量净额	100	2 059.69		2 418.92
分配股利、利润或偿付利息支付的现金	100	36.24	51.58	77.37
支付其他与筹资活动有关的现金	100	120.43	0.00	0.00
筹资活动现金流出小计	100	81.29	47.76	71.63
筹资活动产生的现金流量净额	100	81.29	47.76	71.63
汇率变动对现金及现金等价物的影响				
现金及现金等价物净增加额	100			1 356.68

根据表6-2的计算,并结合比较现金流量表,可得出如下信息:

(1)经营活动中"经营活动现金流入小计"与基期相比,均呈增长趋势,而"经营活动现金流出小计"在2××9年增幅较大,其余各年呈下降趋势,从而导致"经营活动产生的现金流量净额"逐年下降,且波动较大。造成这一趋势的直接原因是经营活动现金流出各项均在2××9年有较大支付。结合该公司资产负债表分析,发现2××9年公司的经营有所扩张,但市场需求和市场份额暂未支持,故信息使用者应注意该公司未来几年的经营风险和财务风险。

(2) 投资活动中"取得投资收益收到的现金"2××7年下降，从2××8年起有所增长，显示甲公司权益性投资取得较好回报，被投资项目现金回笼的能力强。"投资支付的现金"和"购建固定资产、无形资产和其他长期资产支付的现金"这两个项目与基期相比波动较大，一方面，揭示了甲公司投资政策的持续变化；另一方面，也揭示出投资市场的持续不稳定性和风险性。甲公司应关注投资项目的合理性、收益性和现金支付能力，重视投资的方向和策略。

(3) 筹资活动中"筹资活动现金流入"各年均为零[（表6-2）中未列出]，结合甲公司相关资料可知，公司最近几年暂未增资扩股和借款；"筹资活动现金流出小计"主要是用于归还债务本息和分配股利。结合上述该公司经营和投资活动的情况来分析，更进一步表明甲公司经营状况良好，经营活动获得的现金流量基本能够支持投资和偿债。

（三）趋势百分比分析中应注意的问题

(1) 对基期的选择必须谨慎，期间应当适当，否则趋势百分比分析将失去意义。从理论上讲，趋势百分比分析所选择的基期应体现代表性与正常性。从财务分析实务角度而言，一般选取第一年为基期，计算与分析都比较方便。但若第一年数据不符合要求，也可选择其他适当年份作为趋势百分比的基期。

(2) 当选定基期的某个项目为零时，不应该计算趋势百分比，否则会造成错误的计算结果与分析结论。例如"处置固定资产、无形资产和其他长期资产收回原现金净额"项目，2××7年为4 205万元，2××6年为零，这种情况下就不能计算趋势百分比。

(3) 当用来计算趋势百分比的两个数据中有一个为负数时，不应该计算趋势百分比，否则会产生错误的趋势分析结论。如"现金及现金等价物净增加额"项目中，2××6年为-4 458万元，表示减少，而2××7年为3 633万元，这种情况下也不适用计算趋势百分比。

(4) 在分析中应研究各相关项目趋势变化的方向和程度。如现金流入量各年呈下降趋势，一般理解为不利，但若现金流出量的减少较流入量减少更多，可能就是较有利的趋势。所以在趋势分析中，应联系对比变化方向相反和变化程度差异较大的相关项目的变动趋势，以对企业现金流量的趋势作出客观评价。

(5) 趋势百分比分析中涉及连续多期的数据，财务信息使用者还应分析企业前后各期的会计政策是否一致、前后各期数据是否具有可比性，否则趋势百分比将失去意义。

(6) 趋势百分比分析还需要结合比较报表和绝对数分析，多维地评价企业现金流量变动的情况，才能准确客观地把握企业现金流量的变化趋势，为企业现金周转出谋划策。

学习情景三　现金流量结构分析

现金流量结构分析是指通过对现金流量表中不同项目之间的比较，分析企业现金流入和流出的来源与方向，评价各种现金流量的形成原因。现金流量结构分析包括现金流入结构分析、现金流出结构分析和现金流入流出结构分析。

一、现金流入结构分析

现金流入结构反映经营活动、投资活动和筹资活动这三类活动产生的现金流入在全部现金流入量中的比重及各项业务活动现金流入中具体项目的构成情况。现金流入结构分析就是将这三类活动各项现金流入加总合计，

现金流入结构分析

然后计算出每个现金流入项目占总流入的比率（即现金流入结构比率）来分析。通过现金流入结构分析，可以明确企业的现金究竟来自何方，为企业增加现金流入提供可行的思路和措施。

计算公式如下：

$$各项目现金流入量占总现金流入量比率 = \frac{该项目现金流入量}{总现金流入量} \times 100\%$$

【例6-4】以甲公司2××6年至2××9年现金流量表为基础，编制甲公司连续四年现金流入结构表，如表6-3所示。

表6-3 甲公司现金流入结构表（简表）   %

年度	2××6年	2××7年	2××8年	2××9年
销售商品、提供劳务收到的现金	93.81	86.32	83.22	90.93
收到其他与经营活动有关的现金	1.14	0.04	0.73	2.69
经营活动现金流入小计	94.95	86.36	83.95	93.62
收回投资收到的现金		10.32		
取得投资收益收到的现金	5.05	0.69	16.05	6.38
处置固定资产、无形资产和其他长期资产收回的现金净额		2.63		
投资活动现金流入小计	5.05	13.64	16.05	6.38
筹资活动现金流入小计				
现金流入合计	100	100	100	100

通过计算，分析表6-3中的数据，可以得出以下信息：

（1）甲公司各年现金流入来源主要信赖于经营活动，且各年该比率波动不大。甲公司在未来经营中要进一步作好经营决策，实现经营活动为公司最大幅度的创收。

（2）投资活动现金流入所占比率较小，主要是投资收益取得的现金，表明甲公司致力于对外投资扩张。公司应考虑防范投资风险，选择好的投资项目，扩大投资收益。

（3）筹资活动现金流入连续四年均为零，表明公司资金较为充足，不需要对外筹资。

二、现金流出结构分析

现金流出结构分析是指通过计算企业的各项现金支出占企业当期全部现金支出的百分比（即现金流出结构比率）来分析。它具体地反映企业现金的主要去向和各项现金流出波动情况，借以分析企业未来的财务运营能力和发展状况。

现金流出结构分析

计算公式如下：

$$各项目现金流出量占总现金流出量比率 = \frac{该项目现金流出量}{总现金流出量} \times 100\%$$

【例6-5】以甲公司2××6年至2××9年现金流量表为基础，编制甲公司连续四年现金流出结构表，如表6-4所示。

表6-4 甲公司现金流出结构表（简表）　　　　%

年度	2××6年	2××7年	2××8年	2××9年
购买商品、接受劳务支付的现金	33.10	16.03	28.53	19.04
支付给职工以及为职工支付的现金	2.68	2.13	7.40	7.15
支付的各项税费	9.87	5.56	12.26	9.48
支付其他与经营活动有关的现金	11.95	11.66	16.58	15.20
经营活动现金流出小计	57.60	35.38	64.77	50.87
购建固定资产、无形资产和其他长期资产支付的现金	0.58	0.15	3.08	0.22
投资支付的现金	6.65	45.92	10.60	35.36
投资活动现金流出小计	7.23	46.07	13.68	35.58
偿还债务支付的现金		8.86		
分配股利、利润或偿付利息支付的现金	32.56	7.65	21.55	13.55
支付其他与筹资活动有关的现金	2.61	2.04		
筹资活动现金流出小计	35.17	18.55	21.55	13.55
现金流出合计	100	100	100	100

通过计算，分析表6-4中的数据，可以得出以下信息：

（1）甲公司经营活动现金流出始终占据了总现金流出的半壁江山，且各年波动不大。而投资活动和筹资活动的现金流出也不可小视，财务信息使用者要更多关注甲公司各类活动现金流出的合理性及与现金流入的匹配程度。

（2）投资支付的现金在2××9年比重攀升较大，主要原因是甲公司2××9年大幅增加了对外权益性投资。结合其他资料，建议甲公司在投资项目上充分预见和防范风险，强化投资回收的力度。

三、现金流入流出结构分析

现金流入流出结构分析是将三类活动各自产生的现金流入小计与现金流出小计进行比较，计算两者之比（即现金流入流出结构比率），以便分析观察企业各类活动现金流量的匹配情况。

现金流入流出结构分析

一般而言，对于一个正常发展的企业，经营活动现金流入流出比率应大于1，投资活动现金流入流出比率应小于1，筹资活动现金流入流出比率会随着企业现金余缺的程度在1上下波动。这一比率到底多大才算标准，还要具体视企业所处的发展阶段和环境等因素作出分析。

计算公式如下：

$$各类现金流入量与各类现金流出量之比率 = \frac{该类现金流入量}{该类现金流出量} \times 100\%$$

【例6-6】 以甲公司2××6年至2××9年现金流量表为基础，编制甲公司连续四年现金流入流出结构表，如表6-5所示。

表 6-5　甲公司现金流入流出结构表　　　　　　　　　　　　　　%

年度	2××6年	2××7年	2××8年	2××9年
经营活动现金流入：现金流出	157.60	249.74	189.96	125
投资活动现金流入：现金流出	66.79	30.29	171.89	12.18
筹资活动现金流入：现金流出				
现金总流入：现金总流出	95.60	102.33	146.56	67.92

通过计算，分析表 6-5 中的数据，可以得出以下信息：

(1) 经营活动现金流入流出比率连续三年均大于 1，说明甲公司经营活动现金运动正常，不仅有持续生产的能力，并能为公司未来的经营扩张提供一定的现金资金支持。但 2××9 年相对于前两年而言，这一比率有所降低，财务信息使用者及甲公司管理层应进一步分析该指标降低的原因，判断其对公司未来财务和经营的影响。

(2) 投资活动现金流入流出比率从 2××6 年到 2××9 年波动很大，且 2××9 年这一比率仅为 12.18%，大大低于基准值 1，分析相关资料可知，该公司 2××9 年投资支付的现金项目达 66 676 万元，而取得投资收益收到的现金为 8 173 万元，同年利润表中的投资收益也仅为 7 804 万元，表明甲公司前期投资的回报率较低。甲公司一方面要加强前期投资的管理；另一方面，要对未来投资活动形成准确可靠的决策，注重投资活动收益回报的匹配。同时，在投资活动中要充分预见和有效规避投资市场的风险。

(3) 筹资活动现金流入流出比率连续三年为 0，原因前已述及，此处不再赘述。

(4) 甲公司总现金流入流出比率前三年均保持在 1 左右，显示出该企业总现金流入和现金流出的匹配基本适合；2××9 年比率下降为 67.92%，不太理想。结合大经济环境，初步判断 2××9 年可能受金融危机影响，存货增加，投资扩张，收益回报率低，使得现金入不敷出，只能吃老本；长此以往，公司将面临在未来时期内的发展存在相当严重的资金瓶颈。而长期现金资金不足又会进一步恶化企业的财务状况，使企业面临财务风险。

学习情景四　现金流量质量分析

现金流量质量是指企业的现金流量能够按照企业的预期目标进行运转的质量。从实务操作角度而言，现金流量质量集中体现在现金流量的量和质上。因此，现金流量质量分析主要应从两个方面进行，即三类活动现金流量各自的整体质量分析、各个现金流量项目的项目质量分析。整体质量分析是基础和导向，项目质量分析是深入和佐证。两者的分析结论要能相互支撑，从而对企业的现金流量形成一致的评价。本书主要探讨企业经营活动、投资活动、筹资活动中现金流量各自的整体质量分析。

尽管企业经营活动、投资活动和筹资活动由于活动的性质不同，其相应的现金流量性质也会不相同，但各自的现金净流量无外乎都表现为三种结果，即大于零、等于零、小于零，而且每种结果都是受到企业所在的经营周期、发展战略、行业类型、市场环境、宏观经济政策、企业自身的营运管理等因素影响所致，所以在分析时不能仅仅依据现金净流量的大小作出优劣判别，还必须结合影响这些现金流量的各种具体因素进行系统性评价。

> 【名言警句】
> 轻财足以聚人，律己足以服人，量宽足以得人，身先足以率人。
>
> ——宋·李邦献《省心杂言》

一、经营活动现金流量质量分析

企业经营活动现金流量是构成企业现金流量的主要成分。其产生的现金流入是企业现金的主要来源。而且其在未来的可持续性也最强，所以对该部分内容的分析是现金流量整体质量分析的重点。

经营活动现金流量质量分析

（一）经营活动现金净流量大于零

一般而言，企业经营活动现金净流量大于，零意味着企业生产经营比较正常，意味着具有很强的"自我造血"功能，且经营活动现金净流量占总现金净流量的比率越大，说明企业的现金状况越稳定，支付能力越有保障。但需要注意的是，企业除了正常的生产经营活动引起的现金流出的付现成本外，还会产生一些诸如固定资产折旧、无形资产摊销、长期待摊费用的摊销等非付现成本和费用，如果企业现金净流量在大于零的基础上，除了弥补当期所发生的非付现成本和费用以外，还有剩余，则可用剩余现金进行扩大再生产或进行其他项目投资，进而增强企业的竞争能力。但是，如果在弥补当期发生的非付现成本和费用后没有剩余现金，则无法增强自身的竞争力。所以分析人员不能仅仅停留在经营活动现金净流量是不是大于零，还应进一步关注其大于零的程度，即能否补偿非付现成本的费用，否则就可能得出较为片面的结论。

甲公司的经营活动现金净流量各年均大于零，说明甲公司经营活动现金流量质量较好。

（二）经营活动现金净流量等于零

这种情况一般属于理论结果，在现实工作中比较少见。经营活动现金净流量等于零，意味着经营活动中现金流量的收支平衡。表面上看似平衡，实际上却不能对非付现成本和费用给予弥补，长此以往，不仅对能够增加未来投资收益的长期投资无法得以实施，而且是简单再生产也只能在短期内维持；这种表面的平衡会随着生产周期的循环使原有资产消耗殆尽，使企业的现金净流量萎缩成负数的结局，例如设备折旧到期面临报废，需要更新换代的时候，企业出现无力支付的现象。因此这种情况对企业的长远发展并不利。

（三）经营活动现金净流量小于零

这种情况意味着企业在经营过程中现金流转存在严重问题，经营中入不敷出。如果企业处于初创或成长阶段，销售不稳定，设备、人力资源等投入较大，导致经营活动现金净流量小于零，这是发展过程中不可避免的正常现象。如果企业处于正常生产经营期间，仍然出现这种情况，则说明经营活动创造现金流量的能力下降，现金流量质量不高。长此以往，将陷入严重的财务危机，进而产生经营危机，甚至难以在短期内进行简单的再生产。

二、投资活动现金流量质量分析

投资活动是指企业对外的股权、债权投资，以及对内的非货币性资产

投资活动现金流量质量分析

（固定资产、无形资产等）投资。投资活动着眼于企业的长期策略，对当期经营成果的影响一般较小，但会直接影响企业未来期间的损益和现金流量。

> 【名言警句】
> 不进行长期投资，便不会有近期收益。
> ——（美）乔治·戴维

（一）投资活动现金净流量大于或等于零

投资活动产生的现金净流量大于或等于零的情况可以得出两种相反的分析结论：一种是企业投资收益的效果显著，尤其是短期投资回报收现能力强；另一种可能是企业因为财务危机，同时又难以从外部筹资，而不得不处置一些长期资产，以补偿日常经营活动的现金需求。如果是后者，分析人员应该进一步分析企业的财务状况和以后期间是否存在财务危机的隐患。

（二）投资活动现金净流量小于零

企业投资活动现金净流量小于零也存在两种分析情况：一种是投资收益状况较差；另一种是企业当期有较大的对外投资。第二种情况对企业的长远发展是有利的，但分析人员应该注意分析这种情况产生的原因，以便得出正确的结论。

甲公司的投资活动现金净流量除了2××8年外，都为负数。结合投资活动现金流入和流出的具体项目来看，甲公司2××8年取得的投资收益现金流入最多，而2××6年、2××7年、2××9年投资支付的现金大于投资收益现金流入，所以造成这三年投资活动的现金流量入不敷出，说明甲公司投资活动现金流量质量不是很理想。

三、筹资活动现金流量质量分析

（一）筹资活动现金净流量大于零

这种情况下，分析人员应该注意分析企业筹资活动现金净流量大于零是否正常，筹资行为是否已经纳入发展规划，是为了扩大投资和经营活动而主动筹资，还是因投资活动和经营活动的现金流出失控，企业不得已的筹资行为。

筹资活动现金流量质量分析

（二）筹资活动现金净流量小于零

这种情况出现的原因有三种：第一种是企业在本会计期间集中偿还债务、支付筹资费用、进行利润分配、支付利息等业务；第二种是企业的经营活动和投资活动现金流量比较充裕，有能力支付筹资费用或分配利润等；第三种是企业在投资活动和企业战略发展方面没有更多作为的一种表现，分析人员应该抓住主因进行分析。

甲公司筹资活动现金净流量各年均小于零，且各年均无筹资活动现金流入。说明甲公司从2××6年至2××9年均没有增加股权资本，也没有进行其他负债筹资，仅仅是归还长期债务利息和分配利润而已，说明甲公司的经营活动现金流量能够满足企业的资金需求。

学习情景五 现金流量财务比率分析

现金流量财务比率分析是指通过将现金流量与其他有密切联系的相关项目数据相比得出

比率，从而更加广泛地衡量和评价企业的财务状况、经营效绩和经营能力。它是现金流量分析的一种重要方式，在财务报表分析中占有重要地位。现金流量财务比率分析主要从现金流量偿债能力分析、获取现金能力分析、财务弹性分析、收益质量分析四个方面进行。

> 【名言警句】
> 未有不能正身而能正人者。
> ——宋·苏辙《盛南仲知衡州》

一、现金流量偿债能力分析

现金流量偿债能力分析

本书项目三中介绍了常见的偿债能力评价指标，如资产负债率、流动比率、速动比率，它们均是以权责发生制为基础的会计数据来计算和评价的。这些指标不能反映出企业伴随着现金流入、流出的财务状况，往往只能用于定量地评价企业偿债能力的数量，不能准确评价企业偿债能力的质量。

一个企业的偿债能力，主要根据资产的流动性（即资产的变现速度和变现能力）来评价。而在资产中，以现金和现金等价物的变现速度最为快捷，变现能力最强。因此，用现金流量来衡量和评价偿债能力，更稳健、更准确。

（一）现金流动负债比率

现金流动负债比率是指企业的经营活动现金净流量与企业的流动负债平均余额之比。表明经营活动现金净流量对短期债务偿还的满足程度，或者企业获得现金偿付短期债务的能力。其计算公式为：

$$现金流动负债比率 = \frac{经营活动现金净流量}{流动负债平均余额} \times 100\%$$

现金流动负债比率是衡量企业短期债务偿还能力的一个重要指标。该指标越高，现金流入对短期债务清偿的保障性越强，表明企业的资产流动性越好，偿债能力越强；反之，则表明企业资产流动性较差，偿债能力较弱。

（二）现金负债总额比率

现金负债总额比率是以企业年度经营活动现金净流量与负债平均余额之比，表明企业现金流量对其全部债务偿还的满足程度，也称作债务保障率。其计算公式为：

$$现金负债总额比率 = \frac{经营活动现金净流量}{负债平均余额} \times 100\%$$

现金负债总额比率是衡量企业综合债务偿还能力的一个重要指标。表明企业每一元负债有多少经营现金净流入作为保障，是债权人所关心的现金流量分析指标。一般来说，该指标越高，表明企业偿债能力越强。总现金净流量与债务总额之比的数值也是越高越好。

当然，企业所处的行业和经营环境等因素不同，其指标也会有所不同。从行业看，公用事业、信息产业行业主营业务收入多为服务性的现金收入，而不是应收账款，因此流动性当然会比其他行业好，现金流量偿债能力指标也比其他行业要高，而房地产等行业收入往往采取分期付款销售，收现的数量不多，影响其流动性，指标也会整体偏低。

【例6—7】以甲公司2××6年至2××9年现金流量表、资产负债表为基础，编制甲公司连续四年现金流量偿债能力分析计算表，如表6-6所示。（因资料中无2××5年相关数据，故2××6年流动负债平均余额、负债平均余额以当年期末数替代计算）

表6-6 甲公司现金流量偿债能力分析计算表

年度	2××6年	2××7年	2××8年	2××9年
经营活动现金净流量/万元	33 633	82 791	46 056	23 984
流动负债平均余额/万元	22 457	13 999.50	12 438.50	19 396.50
现金流动负债比率/%	149.77	591.39	370.27	123.65
负债平均余额/万元	122 594	114 068	112 558	119 536.50
现金负债总额比率/%	27.43	72.58	40.92	20.06

通过计算，结合现金流量表、资产负债表等相关资料，可以得出以下信息：

(1) 现金流动负债比率。

从表6-6可知，该指标从2××7年至2××9年逐年大幅下降，但是都大于1，说明该公司经营活动产生的现金流量还能满足流动债务的偿还。从发展趋势来看，该公司的短期偿债能力越来越低，应该引起重视，可进一步结合同行业实际情况来分析。

(2) 现金负债总额比率。

从表6-6可知，该指标从2××7年至2××9年也是逐年大幅下降，且均小于1，表明该公司当期经营活动创造的现金远远不足以清偿当期所有债务。结合资产负债表，发现甲公司存在较多的长期债务。财务信息使用者有必要进一步对甲公司长期债务的结构展开调查，以准确判断甲公司经营活动现金流量的偿债能力。甲公司也应该加大经营活动回收现金的管理，以增强偿债能力。

二、获取现金能力分析

企业的现金流正如人类的血液一般，现金不足，引起流通不畅，从而影响企业正常的生产和经营周转。现实中有许多企业就是因获取现金流量能力不足，不能偿还到期债务而引发企业破产。因此，结合现金流量项目对企业获取现金能力进行分析是非常必要的。获取现金能力分析的指标主要有营业现金比率、每股营业现金流量、总资产现金回收率等。

（一）营业现金比率

营业现金比率是以年度经营现金净流量与全部营业收入相比较，表明企业实现营业收入所能获得的现金净流量。其计算公式为：

$$营业现金比率 = \frac{经营现金净流量}{全部营业收入} \times 100\%$$

该指标实质反映每一元营业收入获得的现金流入。一般来说，该指标高，表明企业营业收入的收现能力强，对应收账款管理得好，坏账损失风险小。因此，该指标越高越好。

（二）每股营业现金流量

每股营业现金流量是反映每股发行在外的普通股股票所平均占有的现金流量，或者说是反映公司为每一普通股获取的现金流入量的指标。其计算公式为：

$$每股营业现金流量 = \frac{经营活动现金净流量 - 优先股股利}{发行在外的普通股平均股数} \times 100\%$$

该指标所表达的实际上是作为每股盈利的支付保障的现金流量,每股营业现金流量指标越高,越为股东所乐意接受。

(三) 总资产现金回收率

总资产现金回收率是指经营活动现金净流量与全部资产平均余额的比值,反映企业运用全部资产获取现金的能力。其计算公式为:

$$总资产现金回收率 = \frac{经营活动现金净流量}{全部资产平均余额} \times 100\%$$

该指标表明每一元资产通过经营活动所能形成的现金流量净额是多少,反映了企业资产的经营收现水平。一般来说,该指标越高,意味着企业资产的利用效率越高。该指标也是衡量企业资产综合管理水平的重要指标之一。

【例6-8】以甲公司2××7年至2××9年现金流量表、资产负债表、利润表数据为基础,编制甲公司连续三年获取现金能力分析计算表,如表6-7所示。

表6-7 甲公司连续三年获取现金能力分析计算表

年 度	2××7年	2××8年	2××9年
经营活动净现金流量/万元	82 791	46 056	23 984
营业收入/万元	177 033	221 673	242 100
资产平均余额/万元	583 283	575 411.50	566 611
发行在外的普通股股数/万股	225 392.405 1	226 081.081 1	226 081.081 1
营业现金比率/%	46.77	20.78	9.91
每股营业现金流量/元	0.367 3	0.207 3	0.106 1
总资产现金回收率/%	14.19	8	4.23

根据计算,可得出如下信息:

(1) 营业现金比率。

甲公司营业现金比率逐年下降,2××8年、2××9年相对偏低,表明企业销售款现金回收能力相对弱化,这和甲公司这两年资产负债表中应收款项的数据相对偏高基本符合。建议甲公司加强销售款项的催收管理,从而降低坏账风险。

(2) 每股营业现金流量。

甲公司的每股营业现金流量从2××7年至2××9年都保持较低,意味着作为每股盈利的支付保障的经营活动创造现金能力低下,不太容易被股东所接受。

(3) 总资产现金回收率。

甲公司的总资产现金回收率除2××7年为14.19%外,2××8年、2××9年均在10%以下,反映公司运用全部资产获取现金的能力和资产运营效率较低。而结合该公司较高的获利能力指标,进一步建议甲公司加强对现金回流的管理。

三、财务弹性分析

财务弹性,是指企业自身产生的现金与现金需求之间的适合程度。反映财务弹性的财务比率主要有现金流量适合比率（现金充分性比率）和现金股利保障倍数。

（一）现金流量适合比率

现金流量适合比率是指企业经营活动现金净流量与资本性支出额、存货净投资额和现金股利的比率。它反映企业经营活动产生的现金满足基本现金需求的程度。其计算公式为：

$$现金流量适合比率 = \frac{经营活动现金净流量}{资本性支出额 + 存货净投资额 + 现金股利} \times 100\%$$

财务弹性分析

存货净投资额等于期末存货减去期初存货，如果期末存货小于期初存货，则以零计算。

该指标若等于1，表明经营活动现金流量正好能够满足企业日常基本现金需要；若该指标小于1，表明企业经营活动现金流量不能满足企业日常需要，应该对外筹资；若该指标大于1，则表明企业经营活动现金流量大于日常需要，不仅不需筹资，还可以考虑提前偿还债务以减轻利息负担，或扩大生产能力、增加长期投资等。

（二）现金股利保障倍数

现金股利保障倍数（支付现金股利率），是指企业经营活动现金净流量与现金股利支付额之比。其计算公式为：

$$现金股利保障倍数 = \frac{经营活动现金净流量}{现金股利支付额} \times 100\%$$

该指标越高，说明企业的现金股利占结余现金流量的比重越小，企业支付现金股利的能力越强。该指标越高，说明公司支付现金股利的能力越强，但是并不意味着公司发放的现金股利就越多，公司现金股利的发放受多种因素影响，也与公司的股利政策有关。

需要说明的是，在财务弹性分析中，若仅仅分析1年的数据，很难说明该指标的好坏，一般要利用3年或者更长时间的平均数来计算分析，才更能说明问题。

四、收益质量分析

评价收益质量的现金流量财务比率是营运指数，它是企业经营活动现金净流量与经营所得现金的比率。

营运指数反映企业营运管理的水平和收益的质量。其计算公式为：

收益质量分析

$$营运指数 = \frac{经营活动现金净流量}{经营所得现金} \times 100\%$$

其中，经营所得现金是指经营活动净收益与非付现费用之和。其计算公式为：

$$经营所得现金 = 净收益 - 非经营收益 + 非付现费用$$

营运指数若等于1，说明经营所得现金全部实现；营运指数小于1，说明营运资金增加，经营所得现金被营运资金占用，收益质量不够好；营运指数大于1，说明一部分营运资金被收回，现金返回状态好，收益质量提高。

知识小结 ▶▶▶▶

现金流量是评价企业财务状况和效绩的一个重要标准。本项目以现金流量表为基础，从现金流量分析的相关基本概念入手，介绍了现金流量分析的意义，影响现金流量的相关因素，重点阐述了现金流量趋势分析、现金流量结构分析、现金流量质量分析和现金流量财务比率分析。

现金、现金流量是现金流量分析中的两个重要基本概念，要求必须掌握。

现金流量趋势分析除了要求掌握具体分析的方法和评价之外，还要求在应用趋势分析方法时注意相关事项。同时，现金流量趋势分析要求将比较报表分析和趋势百分比分析的结果综合起来对企业财务进行评价和判断，对企业现金流量的趋势作出准确可行的预测。

现金流量结构分析要求从现金流入结构比率、现金流出结构比率及现金流入流出结构比率三个方面全面分析，并善于将这三个结构比率结合起来展开较全面系统的分析。

现金流量质量分析应从两个方面进行，即三类活动现金流量各自的整体质量分析、各个现金流量项目的项目质量分析。整体质量分析是基础和导向，项目质量分析是深入和佐证。两者的分析结论要相互支撑，从而对企业的现金流量形成一致的评价。

现金流量财务比率分析是现金流量分析中的一个重要方法。本项目中考虑实务操作层面，分类介绍了四类财务比率和相关计算指标。除了要求掌握本项目中介绍到的这些指标外，在具体现金流量分析实务中，财务信息使用者还需要根据企业实际情况，对现金流量项目和更多相关项目建立分析关联，形成一些可用的财务比率，如净利润现金保证比率、现金流量适合比率、现金再投资比率、到期债务本息偿付比率等。现金流量分析者要融会贯通，要做到全面、系统、客观、可行、有预见性。

复习思考题

一、名词解释
1. 现金及现金流量
2. 现金流量质量分析
3. 现金流量趋势分析
4. 现金流量结构分析
5. 现金流量财务比率分析

二、简述题
1. 现金流量分析的内容有哪些？
2. 现金流量财务比率分析主要有哪几类？分别有哪些主要比率指标？如何分析这些比率指标的计算结果？
3. 什么是现金流量偿债能力分析？
4. 现金流量分析的意义何在？
5. 现金流量趋势分析中应注意哪些问题？

习 题

一、判断题
1. 一般而言，主营业务收入现金含量指标越高，意味着企业销售款的回收速度越快。
（　　）
2. 经营活动现金流量是企业现金的主要来源，并且其在未来的可持续性也最强。
（　　）

3. 企业利润质量的一个关键就是观察企业利润受到现金流量支撑的程度。（   ）

4. 现金流量趋势是指企业不同时期现金流量的增减变动及其变动趋势。现金流量趋势分析旨在确定企业现金流量变动的性质和原因。（   ）

5. 在现金流量趋势百分比分析中，当选定的基期某个项目为零时，不应该计算趋势百分比，否则会产生错误的计算结果，形成错误的分析结论。（   ）

二、单项选择题

1. 现金流量表的编制基础是（   ）。
   A. 现金　　　　　　　　　　B. 现金等价物
   C. 营运资金　　　　　　　　D. 库存现金

2. 下列项目中不属于现金流量表中现金的是（   ）。
   A. 银行存款　　　　　　　　B. 长期债券投资
   C. 银行汇票存款　　　　　　D. 银行本票存款

3. 不属于经营活动流入的现金主要有（   ）。
   A. 销售商品、提供劳务收到的现金
   B. 收回投资所收到的现金
   C. 收到的租金
   D. 收到的增值税销项税额和退回的增值税

4. 下列项目中属于投资活动产生的现金流出是（   ）。
   A. 购买固定资产所支付的现金
   B. 分配股利所支付的现金
   C. 支付的所得税款
   D. 融资租赁所支付的现金

5. 某公司2××9年净利润为83 519万元，本年计提的固定资产折旧为12 764万元，无形资产摊销为5万元，待摊费用增加90万元，则本年产生的现金净流量是（   ）万元。
   A. 83 519　　　B. 96 198　　　C. 96 288　　　D. 96 378

三、多项选择题

1. 我国的现金流量表将现金流量分为（   ）几类。
   A. 经营活动　　B. 投资活动　　C. 筹资活动　　D. 金融活动

2. 关于经营活动现金流量整体质量分析，说法正确的是（   ）。
   A. 经营活动现金净流量大于零，意味着企业生产经营比较正常
   B. 经营活动现金净流量等于零，意味着企业经营现金收支平衡
   C. 经营活动现金净流量等于零，意味着企业经营不善
   D. 经营活动现金净流量等于零，意味着企业经营过程中的现金流转不畅，存在着入不敷出的问题

3. 下列各项中，属于经营活动产生的现金流量包括（   ）。
   A. 取得投资收益收到的现金
   B. 支付的所得税
   C. 分配股利、利润或偿付利息支付的现金
   D. 收到的出租固定资产租金
   E. 购买商品、接受劳务支付的现金

4. 下列关于现金流量财务比率的叙述，正确的有（　　）。
   A. 现金流动负债比率用以评价偿付现金流动负债的现金能力
   B. 现金负债总额比率表明企业现金流量对其全部债务偿还的满足程度
   C. 现金负债总额比率是衡量企业偿还综合债务能力的一个重要指标
   D. 一般来说，主营业务收入现金含量指标越低，表明企业销售款的回收速度越快，对应收账款的管理越好，坏账损失的风险越小。
   E. 总资产现金回收率反映了企业资产的经营收现水平

5. 投资活动产生的现金流出包括（　　）。
   A. 购建固定资产所支付的现金
   B. 权益性投资所支付的现金
   C. 债券性投资所支付的现金
   D. 购货所支付的现金
   E. 接受劳务所支付的现金

四、计算分析题

1. 某公司 2××7 年、2××8 年和 2××9 年有关现金流量资料如表 6-8 所示。

表 6-8　现金流量资料　　　　　　　　　　　　　　　　　万元

项目	2××9 年	2××8 年	2××7 年
经营活动现金流量净额	2 520	2 880	3 970
投资活动现金流量净额	-1 260	-2 450	-2 860
筹资活动现金流量净额	-500	-800	-1 500
现金及现金等价物净增加额	-240	-370	-390

要求：根据资料，以 2××7 年为基期，进行现金流量定比趋势分析，并进行简要的分析评价。

2. 某公司简化的现金流量表如表 6-9 所示。

表 6-9　某公司简化的现金流量表　　　　　　　　　　　　万元

项目	2××9 年	2××8 年	2××7 年
一、经营活动产生的现金流量			
现金流入	48 560	41 523	49 512
现金流出	45 343	36 245	40 775
经营活动产生的现金流量净额	3 217	5 278	8 737
二、投资活动产生的现金流量			
现金流入	3 730	0	1 478
现金流出	1 450	921	2 600
投资活动产生的现金流量净额	2 280	-921	-1 122
三、筹资活动产生的现金流量			

续表

项目	2××9年	2××8年	2××7年
现金流入	3 450	9 980	1 785
现金流出	9 340	12 030	5 647
筹资活动产生的现金流量净额	-5 890	-2 050	-3 862
现金及现金等价物净增加额	-383	2 307	3 753

要求：根据表6-9对现金流量结构进行分析，对该公司现金流量结构作出评价。

3. 巨天股份有限公司2××9年经营活动现金净流量为1 365万元，销售收入为10 000万元，资产总额为5 000万元，流动负债为800万元。资产负债率为40%，净利润为4 000万元。同年分配现金股利600万元。

要求：根据以上数据计算现金流动负债比率、现金负债总额比率、总资产现金回收率、现金股利保障倍数等指标并分析。

4. 天润公司2××9年有关资料如下：

本期主营业务收入为2 250万元；应收账款年初数为520万元，年末数400万元；预收账款年初数为100万元，年末数为150万元。

要求：计算该公司销售商品、提供劳务收到的现金。

项目七

企业财务综合分析

■ 知识目标

1. 了解财务综合分析的概念、依据、意义和方法;
2. 理解沃尔分析法的评价步骤和缺陷;
3. 掌握杜邦分析法的内容、特点和分析思路;
4. 理解企业综合绩效评价的内容和指标体系,熟悉其基本的评价程序。

■ 能力目标

1. 能正确计算杜邦分析指标,并对企业进行分析;
2. 能正确运用企业综合绩效评价指标体系。

■ 素质目标

1. 培养学生分析解决问题的客观意识、全面意识、层次意识;
2. 让学生掌握分析解决问题的科学方法。

学习情景一　企业财务综合分析概述

一、企业财务综合分析的概念

企业的经济活动是一个有机的整体，单独分析任何一项财务指标，都不能全面评价企业总体的财务状况、经营成果和现金流量情况。只有将相互关联的财务指标结合起来，采用适当的标准进行综合性评价，才能对企业的经济效益作出客观、公正的评价。

企业财务综合分析是指将企业偿债能力、资产营运能力和获利能力等指标的分析纳入一个有机的分析系统中，全面地进行相互关联的综合分析，从而对企业经济效益的优劣作出准确的评价与判断。

二、企业财务综合分析的依据

企业财务综合分析的主要依据是企业提供的财务报表和其他相关资料。

由于信息的不对称性，除了企业内部相关人员外，企业外部人员、企业内部与会计核算无关的人员等，均无法获得完整的会计资料；因此，在进行分析时，企业外部信息使用者主要依据企业对外披露的财务报表及一些相关资料，如上市公司的年度报告等。

三、企业财务综合分析的意义

对企业财务信息进行综合分析在经济活动中是必要的，具有重要意义。

企业财务综合分析能够全面、正确地评价企业的财务状况和经营成果，因为局部不能代替整体，某项指标的好坏不能说明整个企业经济效益的高低；因此，要达到对公司整体状况的分析，仅仅测算几个简单、孤立的财务指标，或将若干个孤立的财务指标罗列起来考察企业的经营状况，都不能得出合理、正确的结论；只有将企业偿债能力、获利能力、营运能力等各项指标联系起来，相互配合使用，才能从整体上把握企业的财务状况和经营状况，从而对企业作出综合评价。

企业财务综合分析的结果在进行企业不同时期比较分析及不同企业之间比较分析时，消除了时间上和空间上的差异，使之更具有可比性，有利于总结经验、吸取教训、发现差距、赶超先进。进而从整体上、本质上反映和把握企业生产经营的财务状况和经营成果。

四、企业财务综合分析的方法

自亚历山大·沃尔创建沃尔分析法以来，财务评价问题一直是国外财务学界研究的热点，出现了诸多财务综合评价方法，比如杜邦分析法、平衡计分卡、经济增加值、供应链绩效衡量、雷达图分析法等，并在中国的很多企业中运用于实践；我国近年来理论界和实务界也研究出了适合我国国情的企业绩效综合评价体系，并在实践中逐步完善。本项目对在我国运用较广泛的沃尔分析法和杜邦分析法进行介绍。

> **【名言警句】**
> 博学之，审问之，慎思之，明辨之，笃行之。有弗学，学之弗能弗措也；有弗问，问之弗知弗措也；有弗思，思之弗得弗措也；有弗辨，辨之弗明弗措也；有弗行，行之弗笃弗措也。
>
> ——汉·戴圣《礼记·中庸》

学习情景二 沃尔分析法

沃尔分析法

一、沃尔分析法的含义

在进行财务信息分析时，人们碰到的一个主要困难就是计算出财务比率之后，无法判断它是偏高还是偏低。与本企业的历史比较，也只能看出自身的变化，却难以评价其在市场竞争中的优劣地位。为了弥补这些缺陷，美国的亚历山大·沃尔提出了沃尔分析法。他在20世纪初出版的《信用晴雨表研究》和《财务报表比率分析》等著作中提出了信用能力指数的概念，将7个财务比率用线性关系结合起来，以此来评价企业的信用水平，也称为沃尔评分法。

他选定的7个财务比率分别是流动比率、资本负债率①、固定资产比率、存货周转率、应收账款周转率、固定资产周转率和自有资金周转率，并分别给出在总评价中所占的分数比重，总和为100分；然后确定标准比率，再将企业的实际比率与标准比率进行比较，确定每项指标的得分，累计得出总评分，从而对企业的财务状况及信用水平作出评价。

二、沃尔分析法的计算方法

（一）沃尔分析法的分析步骤

沃尔分析法的基本步骤如下：

（1）选择用于评价的财务指标并分配各财务指标的权重，使权重之和为100%。
（2）确定各财务指标的标准值，即各财务指标在现时条件下的最好值。
（3）根据企业的财务报表，计算企业在一定时期各财务指标的实际值。
（4）将企业各财务指标的实际值与标准值进行比较，计算出相对值。
（5）用各财务指标的相对值乘以各自的权重，计算出各财务指标的评分和累计总评分。
（6）形成评价结果。

（二）沃尔分析法的计算公式

沃尔分析法的计算公式为：

$$实际分数 = \frac{实际值}{标准值} \times 权重$$

当指标实际值＞标准值为理想（正指标）时，此公式正确；
但当指标实际值＜标准值为理想（负指标）时，实际值越小，得分应越高，用此公式

---

① 资本负债率：即项目三中所述及的产权比率的倒数；学术界有时将资本负债率也称为产权比率。

计算的结果却恰恰相反;另外,当某一单项指标的实际值畸高时,会导致最后总分大幅度增加,掩盖情况不良的指标,从而给管理者造成一种假象。

【例7-1】根据甲公司财务报表中2××8年和2××9年有关数据资料,采用沃尔评分法对甲公司2××9年的财务状况进行综合评价,如表7-1所示。

表7-1 沃尔评分表

财务比率	权重	标准比率	实际比率	相对比率	评分
	1	2	3	4 = 3/2	5 = 1 × 4
流动比率	25	2	9	4.5	112.5
资本负债率①	25	1.5	3.74	2.49	62.25
固定资产比率②	15	2.5	28.25	11.3	169.5
存货周转率	10	8	82.88	10.36	103.6
应收账款周转率	10	6	10.31	1.72	17.18
固定资产周转率	10	4	11.31	2.83	28.28
自有资金周转率③	5	3	0.54	0.18	0.9
合计	100				494.21

注:
① 资本负债率 = 净资产 ÷ 负债总额。
② 固定资产比率 = 总资产 ÷ 固定资产。
③ 自有资金周转率 = 营业收入 ÷ 净资产。

从表7-1的计算结果可以看出,甲公司的累计评分为494.21分,分数高出标准值4倍多,说明甲公司的财务状况总体上较好,综合评分达到标准的要求。除自有资金周转率很低外,其余指标的相对值均大于1,特别是流动比率、固定资产周转率和存货周转率很高,说明企业存货周转速度快,流动资金较充裕,短期偿债能力强;但甲公司的自有资金周转率太低,表明甲公司利用自有资金盈利能力较差,值得重点关注。

三、沃尔分析法的缺陷

沃尔分析法有三个明显的缺陷:

(1) 理论上没能证明选定这7个财务指标的理由,以及没能证明每个指标所占比重的合理性,这7项指标仅体现了企业的资产结构以及资金的运营效率;

(2) 技术上也不完善,就是当某一个指标严重异常时,会对总评分产生不合逻辑的重大影响。这个问题是由财务比率与其比重相"乘"引起的。财务比率提高一倍,评分增加100%;而财务比率缩小一半,其评分只减少50%;

(3) 其指标体系中只有财务指标,缺乏非财务指标的辅助说明和解释,评价不完善,弱化了企业财务评价的导向性功能。

尽管沃尔分析法在理论上还有待证明,在技术上也不完善,但它还是在实践中被应用。耐人寻味的是,很多理论上相当完善的经济计量模型在实践中往往很难应用,而企业实际使用并行之有效的模型却又在理论上无法证明。这可能是人类对经济变量之间数量关系的认识还比较肤浅造成的。

四、沃尔分析法的改进

现代社会与沃尔的时代相比，已有很大变化，沃尔最初提出的财务指标已难以完全适用当前企业评价的需要。要对沃尔分析法进行改进，使之能客观评价企业的财务状况，可以将财务比率的标准值由企业最优值调整为本行业平均值；选定指标时，偿债能力、营运能力、获利能力和发展能力等指标均应当选到，除此之外，还应适当选取一些非财务指标作为参考；设定评分值的上限（正常值的 1.5 倍）和下限（正常值的一半）；评分时不采用"乘"的关系，而采用"加"的关系处理。这样改进之后，计算公式为：

$$综合得分 = 评分值 + 调整分$$

$$调整分 = \frac{实际比率 - 标准比率}{每分比率}$$

$$每分比率 = \frac{行业最高比率 - 标准比率}{最高评分 - 评分值}$$

学习情景三　杜邦分析法

一、杜邦分析法的含义和特点

杜邦分析法

（一）杜邦分析法的含义

杜邦分析法因其在 20 世纪 20 年代最先由美国大型化学公司——杜邦公司成功使用，故得此名。杜邦分析法也叫杜邦财务分析体系，简称杜邦体系，它是利用几种主要财务指标之间的内在联系，对企业财务状况及经营成果进行综合系统分析评价的一种财务分析方法。

（二）杜邦分析法的特点

企业的财务状况是一个完整的系统，内部各因素都是相互依存、相互作用的，任何一个因素的变动都会引起企业整体财务状况的改变。因此，财务工作者在进行财务报表综合分析时，必须全面、深入了解企业财务状况内部的各项因素及其相互之间的关系，这样才能比较全面地揭示企业财务状况的总体面貌。

杜邦分析法就是这样一种分析方法，它是以净资产收益率为起点，以总资产净利率和权益乘数为核心，重点揭示企业获利能力和权益乘数对净资产收益率的影响，以及各相关指标间的相互影响作用关系。

杜邦分析法是用来评价企业赢利能力和股东权益回报水平，从财务角度评价企业绩效的一种经典方法。其基本思想是将企业净资产收益率逐级分解为多项财务比率乘积，这样有助于深入分析比较企业经营业绩。采用这一方法，可使财务比率分析的层次更清晰、条理更突出，为报表分析者全面仔细地了解企业的经营和盈利状况提供方便。杜邦分析法有助于企业管理层更加清晰地看到净资产收益率的决定因素，以及营业净利率与总资产周转率、债务比率之间的相互关联关系，给管理层提供了一张明晰的考察企业资产管理效率和股东投资回报是否最大化的路线图。

二、杜邦分析法的基本内容

杜邦分析法的基本内容，是利用各项财务指标间的关系绘制成杜邦分析图来表示，如图 7-1 所示。

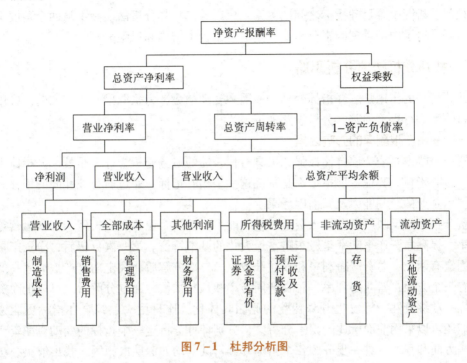

图 7-1 杜邦分析图

其中：

$$净资产报酬率 = 总资产净利率 \times 权益乘数$$

$$= \frac{净利润}{净资产平均余额}$$

$$权益乘数 = \frac{1}{1-资产负债率} = \frac{总资产平均余额}{净资产平均余额}$$

$$资产负债率 = \frac{负债平均余额}{总资产平均余额}$$

$$总资产净利率 = 营业净利率 \times 总资产周转率$$

$$营业净利率 = \frac{净利润}{营业收入}$$

$$总资产周转率 = \frac{营业收入}{总资产平均余额}$$

净利润 = 营业收入 - 全部成本 + 其他利润 - 所得税费用

全部成本 = 制造成本 + 销售费用 + 管理费用 + 财务费用

总资产平均余额 = 流动资产 + 非流动资产

流动资产 = 现金和有价证券 + 应收及预付账款 + 存货 + 其他流动资产

净资产收益率 = 营业净利率 × 总资产周转率 × 权益乘数

采用杜邦分析图将有关分析指标按内在联系加以排列，从而直观地反映出企业的财务状况和经营成果的总体面貌。杜邦分析法从评价企业绩效最具综合性和代表性的指标——净资产收益率出发，层层分解至企业最基本生产要素的使用，成本与费用的构成和企业风险，从而满足企业管理者、经营者通过财务分析进行绩效评价的需要，在经营目标发生异动时能及时查明原因并加以修正。

从杜邦分析图中各财务指标之间的关系，可以看出杜邦分析法实际上从两个角度来分析财务：一是进行了内部管理因素分析，二是进行了资本结构和风险分析。

三、杜邦分析法的分析思路

杜邦分析法的作用是解释指标变动的原因和变动趋势，为采取措施指明方向。应用杜邦财务分析体系进行决策的基本分析思路如下：

（一）净资产报酬率的影响因素

净资产报酬率是一个综合性极强、极具有代表性的财务分析指标，是杜邦分析体系的龙头指标、核心指标。其他各项指标都是围绕这一个核心指标，通过研究彼此间的依存制约关系，而揭示企业的获利能力及其前因后果。

净资产报酬率反映所有者投入资金的获利能力，反映企业筹资、投资、资产运营等财务活动效率，提高净资产报酬率是股东财富最大化的基本特征。第一次分解后，净资产报酬率的影响因素有两个：总资产净利率和权益乘数；第二次分解后，决定净资产报酬率高低的因素主要有三个方面：营业净利率、总资产周转率和权益乘数。通过分解后，可以把净资产报酬率这样一项综合性指标发生升降变化的原因具体化，比只用一项综合性指标更能说明问题。我们还可以采用前面所述的因素分析法，分别计算分析这三个指标的变动对净资产报酬率的影响方向和程度，进一步分解各个指标并分析其变动的深层次原因，找出解决办法；另外，这三个比率在各企业之间可能存在显著差异，通过对差异的比较，可以观察本企业与其他企业的经营战略和财务政策有何不同。

（二）总资产净利率的影响因素

总资产净利率是反映企业总资产获利能力的财务指标，它是影响净资产收益率的重要指标，把企业一定期间的净利润与企业的总资产相比较，表明企业资产利用的综合效果。其本身也是一个综合性的指标，总资产净利率同时受到营业净利率和总资产周转率的影响。因此，同样可以运用因素分析法进一步分析销售成果和资产管理情况对总资产净利率的影响，企业的营业收入、成本费用、资产结构、资产周转速度以及资金占用量等各种因素，都直接影响总资产净利率的高低。

（三）营业净利率的分析

营业净利率是企业净利润与营业收入的比值，它反映了企业营业收入的收益水平，它受营业收入和利润两方面的影响，其中利润与营业净利率成正比关系，销售额与营业净利率成反比关系。企业在增加营业收入的同时，必须相应地获得更多的利润，即降低成本费用，才能提高营业净利率，从而提高企业的收益水平。也就是说营业净利率的高低取决于销售收入和成本总额的高低。

要想提高营业净利率有两个根本途径：一是扩大营业收入，二是降低成本费用。扩大营业收入，既有利于提高营业净利率，又有利于提高总资产周转率；降低成本费用是提高营业净利率的一个重要因素，从杜邦分析图可以找出成本费用的基本结构是否合理，从而找到降低成本费用的途径和加强成本费用控制的方法。如果企业制造成本偏高，就要从产品成本构成上进行分析；如果企业管理费用过高，就要进一步分析其资产周转情况或行政管理机构臃肿；如果企业财务费用过高，就要进一步分析其负债比率是否过高，等等。为了详细了解成本费用的发生情况，在具体列示成本总额时，还可根据重要性要求，将那些影响较大的费用单独列示，以便为寻求降低成本的途径提供依据。

（四）总资产周转率的分析

总资产周转率揭示企业资产总额实现营业收入的能力，说明资产的周转速度。对总资产周转率的分析，需对影响资产周转的各因素进行分析。从杜邦分析图可以看出，总资产周转率受销售规模和资产总额两方面影响。资产总额一般由流动资产和非流动资产构成，它们的结构是否合理将直接影响资产的流动性，它不仅关系到企业的偿债能力，也会影响到企业的获利能力、经营规模及发展潜力。除了对总资产的各构成部分从占用量上是否合理进行分析外，还可以通过对流动资产周转率、存货周转率、应收账款周转率等有关资产组成部分使用效率的分析，判明影响资产周转的问题出在哪里。为此，企业要想提高总资产的周转率，一方面要扩大销售，另一方面要合理占用资金，加强对各种资产的管理，提高各种资产的利用率。

（五）权益乘数的分析

权益乘数反映所有者权益与总资产的关系，表示企业的负债程度，受资产负债率影响，反映了公司利用财务杠杆进行经营活动的程度。权益乘数对净资产收益率具有倍数影响，反映了财务杠杆对利润水平的影响。企业的负债比例越大，权益乘数越高，说明企业有较高的负债程度，给企业带来了较多的杠杆利益，同时也给企业带来了较大的财务风险；反之，负债比例越小，权益乘数越低，说明企业的负债程度越低，财务杠杆作用没能充分利用，但是债权人的权益却能得到较大的保障。

对权益乘数的分析要联系销售收入分析企业的资产使用是否合理，联系权益结构分析企业的偿债能力。在资产总额不变的条件下，适度地负债经营，相对减少所有者权益的占用额，从而提高净资产收益率。

（六）杜邦分析法的综合分析

从杜邦分析图可以看出，杜邦分析法是一种对财务比率进行分解的方法，而不是另外建立的新的财务指标。总的来说，企业的盈利能力涉及企业经营活动的各个方面，净资产报酬率与企业的筹资结构、销售、成本费用、资产管理等密切相关，这些构成了一个完整的系统。通过杜邦分析体系自上而下地分析，不仅可以揭示出企业各项财务指标间的结构关系，查明各项主要指标变动的影响因素，而且为决策者优化经营理财状况，提高企业经营效益提供了依据。提高净资产收益率的根本途径在于扩大销售、节约成本费用、合理投资配置、加速资金周转、优化资本结构、确立风险意识等。只有协调好系统内每个因素之间的关系，才能使净资产收益率达到最大，从而实现股东财富最大化目标。

四、杜邦分析法的运用

由于杜邦分析法是一种对财务比率进行分解的方法，所以不同企业都可以根据需要利用财务报表等有关数据资料，对企业财务状况进行杜邦综合分析。

【例7-2】根据甲公司的财务报表 2××8 年、2××9 年有关数据资料，如表 7-2 所示，采用杜邦分析法对甲公司 2××9 年的财务状况进行综合评价，指标计算结果如表 7-3 所示。（以下指标计算中的资产、负债、所有者权益数据均使用年平均余额）

表 7-2 甲公司基本财务数据　　　　　　　　　　　　　　　　　　　　万元

项目	2××8年	2××9年	项目	2××8年	2××9年
总资产平均余额	575 411.5	566 611	制造成本	180 154	183 001
负债平均余额	112 558	119 536.5	销售费用	14 840	23 566
净资产平均余额	462 853.5	447 074.5	管理费用	11 228	12 702
营业收入	221 673	242 100	财务费用	61	1 887
净利润	108 745	27 478	全部成本	206 283	221 156

表 7-3 甲公司财务比率计算表

项目	2××8年	2××9年
净资产报酬率/%	23.49	6.15
权益乘数	1.24	1.27
资产负债率/%	19.56	21.1
总资产净利率/%	18.9	4.85
营业净利率/%	49.06	11.35
总资产周转率/次	0.39	0.43

（一）分析净资产报酬率

根据杜邦分析图，通过第一次分解：

$$净资产报酬率 = 总资产净利率 \times 权益乘数$$

2××8年：

$$23.49\% = 18.9\% \times 1.24$$

2××9年：

$$6.15\% = 4.85\% \times 1.27$$

甲公司的净资产报酬率 2××9 年比 2××8 年下降了 17.34%，降幅较大。

运用连环替代法对甲公司的净资产报酬率进行分析：

第一次替代总资产净利率：

$$4.85\% \times 1.24 = 6.01\%$$

总资产净利率下降使得净资产报酬率下降：

$$6.01\% - 23.49\% = -17.48\%$$

第二次替代权益乘数：

$$4.85\% \times 1.27 = 6.15\%$$

权益乘数上升使得净资产报酬率提高：

$$6.15\% - 6.01\% = 0.14\%$$

二者综合影响使得净资产报酬率下降：

$$-17.48\% + 0.14\% = -17.34\%$$

通过第一次分解可以明显看出，甲公司的净资产报酬率变动在于资产利用效果变动

（总资产净利率下降）和资本结构变动（权益乘数上升）两方面共同作用的结果，而该公司的总资产净利率太低，显示出很差的资产利用效果。

（二）分析总资产净利率

根据杜邦分析图，通过第二次分解：

$$总资产净利率 = 营业净利率 \times 总资产周转率$$

2××8年：

$$18.9\% = 49.06\% \times 0.39$$

2××9年：

$$4.85\% = 11.35\% \times 0.43$$

甲公司的总资产净利率2××9年比2××8年下降了14.05%，降幅较大。

同样运用连环替代法对甲公司的总资产净利率进行分析：

第一次替代营业净利率：

$$11.35\% \times 0.39 = 4.43\%$$

营业净利率下降使得总资产净利率下降：

$$4.43\% - 18.9\% = -14.47\%$$

第二次替代总资产周转率：

$$11.35\% \times 0.43 = 4.85\%$$

总资产周转率上升使得总资产净利率上升：

$$4.85\% - 4.43\% = 0.42\%$$

二者共同作用使得总资产净利率下降：

$$-14.47\% + 0.42\% = -14.05\%$$

通过第二次分解可以看出，2××9年甲公司的总资产周转率有所提高，说明资产的利用得到了较好的控制，显示出比2××8年更好的结果，表明该公司利用其总资产产生营业收入的效率提高。但是总资产周转率提高的同时，营业净利率下降阻碍了总资产净利率的提高。

（三）分析营业净利率

$$营业净利率 = \frac{净利润}{营业收入} \times 100\%$$

2××8年：

$$\frac{108\,745}{221\,673} = 49.06\%$$

2××9年：

$$\frac{27\,478}{242\,100} = 11.35\%$$

甲公司的营业净利率2××9年比2××8年下降了37.71%，降幅较大。

同样运用连环替代法对甲公司的营业净利率进行分析：

第一次替代净利润：

$$\frac{27\,478}{221\,673} = 12.4\%$$

净利润下降使得营业净利率下降：
$$12.4\% - 49.06\% = -36.66\%$$
第二次替代营业收入：
$$\frac{27\,478}{242\,100} = 11.35\%$$
营业收入增加使得营业净利率下降：
$$11.35\% - 2.4\% = -1.05\%$$
二者共同作用使得营业净利率下降：
$$-36.66\% - 1.05\% = -37.71\%$$

通过分析可以看出，甲公司2××9年营业收入有所提高，但是净利润却大幅度下降，分析其原因是成本费用增多，投资收益减少较多。从表7-2和前述利润表可知，甲公司的全部成本2××9年比2××8年增加了14 873万元，投资收益减少了88 709万元，而营业收入只增加20 427万元，说明收入的增长幅度小于成本费用的增长幅度。

（四）分析全部成本

$$全部成本 = 制造成本 + 销售费用 + 管理费用 + 财务费用$$

2××8年：
$$206\,283(元) = 180\,154 + 4\,840 + 11\,228 + 61$$

2××9年：
$$221\,156(元) = 183\,001 + 23\,566 + 12\,702 + 1\,887$$

甲公司的全部成本2××9年比2××8年增加了14 873元。

本例中，导致甲公司净资产收益率下降的主要原因是全部成本增加较多，特别是制造成本增加了2 847万元，销售费用增加了8 726万元和财务费用增加了1 826万元。也正是因为全部成本的提高导致了净利润大幅度下降，而营业收入大幅度增加，就引起了营业净利率的下降，显示出该公司销售盈利能力的降低。总资产净利率的下降幅度比营业净利率低，主要归功于总资产周转率的提高。

（五）分析权益乘数

$$权益乘数 = \frac{1}{1-资产负债率} = \frac{总资产平均余额}{净资产平均余额}$$

2××8年：
$$1.24 = \frac{1}{1-19.56\%} = \frac{575\,411.5}{575\,411.50 - 112\,558}$$

2××9年：
$$1.27 = \frac{1}{1-21.1\%} = \frac{566\,611}{566\,611 - 119\,536.5}$$

甲公司权益乘数2××9年比2××8年增加了0.03，说明公司的资本结构发生了变动。从前述资产负债表资料可以看出，导致甲公司权益乘数增加的主要原因在于，甲公司的流动负债总额2××9年比2××8年增加了123万元，而非流动负债却减少了198万元，负债总额减少75万元；净资产减少了145万元，总资产共减少了220万元。这些情况表明甲公司负债减少的幅度小于总资产减少的幅度，而总资产减少的幅度却大于净资产减少的幅度。权益乘数越大，负债程度越高，偿还债务能力越低，财务风险越大。这个指标同时也反映了财务杠杆对利润水平的影响。该公司的权益乘数在2以下，也即资产负债率在20%左右，属于保守型企业。可以结合行业情况和国际先进水平进行进一步分析，是否可以进一步提高权益乘数，即提高资产负债率。

（六）结论

通过以上分析可以看出，甲公司要想提高净资产收益率，最为重要的就是要努力降低各项成本费用，控制投资规模，提高投资收益，同时要保持较高的总资产周转率，这样可以使营业净利率提高，进而使总资产净利率有更大的提高。也可以适度提高负债水平，使权益乘数更大，净资产收益率相应提高。

五、杜邦分析法的缺陷

杜邦分析法在现实中得到广泛的应用，在财务分析方面的优势是简洁、系统和可操作性强。然而，随着时代的发展，杜邦分析法日渐显露其缺陷。

（一）总资产净利率的确定不全面

在分析体系中，总资产净利率的公式是用净利润除以总资产。总资产是全部资产提供者享受的权利，而净利润是专门属于股东的，投入和产出两者不相匹配，不能真实地反映回报率。为企业提供资产的包括股东和债权人，要计算收益率，应该用资产报酬率才合乎逻辑，才能准确反映企业的基础盈利能力。同时，企业的总资产中还包括一些闲置或未能使用的资产，这些是不能带来收益的。

（二）未能区分经营性损益和金融性损益

杜邦财务分析体系没有区分企业的经营活动和金融活动，企业从资本市场上筹集资金，筹资活动一般是没有收益的，而是产生筹资费用，这部分的费用并不是企业经营活动的费用。同样，企业的金融资产是没有投入经营活动的资产，而产生的投资收益却计入了企业的净利润中。企业的经营活动的资产和收益没有相互匹配。正确的计算企业的盈利能力的前提是要区分经营资产和金融资产，以及它们的损益。

（三）没有考虑财务风险因素

从杜邦分析指标体系来看，在其他因素不变的情况下，资产负债率越高，净资产收益率就越高。这是因为利用较多负债，从而利用财务杠杆作用的结果，但是没有考虑财务风险因素，负债越多，财务风险越大，偿债压力越大。因此，还要结合其他指标进行综合分析。

（四）没有区分有息负债和无息负债

无息负债没有固定成本，本来就没有杠杆作用，将其纳入财务杠杆会歪曲杠杆的实际作用。

（五）仅涉及财务指标

杜邦分析法只涉及财务指标，没有将定性指标（非财务因素）纳入企业财务评价体系，不适应现代企业绩效评价的要求，无法对企业进行有效的、全面的评价。

学习情景四　我国企业综合绩效评价体系

随着市场经济条件下国有企业监管方式的改革，我国企业绩效评价的标准和方法也在不断地完善。多年以来,财政部、原人事部①、原国家经贸委、原国家计委②联合颁布了《国有资本金绩效评价规则》和《国有资本金绩效评价操作细则》;财政部、原国家经贸委、中共中央企业工作委员会、原劳动和社会保障部③、原国家计委对《国有资本金绩效评价操作细则》进行了重新修订,修改了某些指标,制定了《企业绩效评价操作细则(修订)》;国资委发布了《中央企业综合绩效评价管理暂行办法》(以下简称《暂行办法》),并据此制定了《中央企业综合绩效评价实施细则》;财政部发布了《金融类国有及国有控股企业绩效评价实施细则》等。本书将以《暂行办法》和《中央企业综合绩效评价实施细则》为依据对我国企业综合绩效评价体系进行介绍。

一、企业综合绩效评价的含义

企业综合绩效评价,是指以投入产出分析为基本方法,通过建立综合评价指标体系,对照相应行业的评价标准,对企业特定经营期间的盈利能力、资产质量、债务风险、经营增长以及管理状况等进行的综合评判。

企业综合绩效评价是综合分析的一种方法,一般是站在所有者(投资人)的角度进行的。评价主体主要是代表政府的国务院国有资产监督管理委员会(简称国资委)。评价的对象主要是国有独资企业和国家控股企业。

二、企业综合绩效评价的原则

企业综合绩效评价应当遵循以下原则:

(一)全面性原则

企业综合绩效评价应当通过建立综合的指标体系,对影响企业绩效水平的各种因素进行多层次、多角度的分析和综合评判。

(二)客观性原则

企业综合绩效评价应当充分体现市场竞争环境特征,依据统一测算的、同一期间的国内行业标准或者国际行业标准,客观公正地评判企业经营成果及管理状况。

(三)效益性原则

企业综合绩效评价应当以考察投资回报水平为重点,运用投入产出分析基本方法,真实反映企业资产运营效率和资本保值增值水平。

(四)发展性原则

企业综合绩效评价应当在综合反映企业年度财务状况和经营成果的基础上,客观分析企业年度之间的增长状况及发展水平,科学预测企业的未来发展能力。

> 【名言警句】
> 天行健,君子以自强不息。地势坤,君子以厚德载物。
> ——先秦·《周易·乾》

---

① 现人力资源和社会保障部。
② 现国家发展和改革委员会。
③ 现人力资源和社会保障部。

三、企业综合绩效评价的内容与指标体系

（一）企业综合绩效评价的内容

根据《暂行办法》，企业综合绩效评价由 22 个财务绩效定量评价和 8 个管理绩效定性评价两部分组成。

（一）财务绩效定量评价

财务绩效定量评价是指对企业一定期间的盈利能力、资产质量、债务风险和经营增长四个方面进行定量对比的分析和评判。由 8 个基本指标和 14 个修正指标构成，用于综合评价企业财务会计报表所反映的经营绩效状况。

（二）管理绩效定性评价

管理绩效定性评价是指在企业财务绩效定量评价的基础上，采取专家评议的方式，对企业一定期间的经营管理水平进行定性分析与综合评判。管理绩效定性评价指标包括企业发展战略管理、经营决策、发展创新、风险控制、基础管理、人力资源、行业影响、社会贡献共 8 个方面的指标，主要反映企业在一定经营期间所采取的各项管理措施及其管理成效。

（三）企业综合绩效评价指标体系

企业综合绩效评价指标体系中各评价指标的内容及权数如表 7-4 所示。

表 7-4 企业综合绩效评价指标及权重

评价内容与权数		财务绩效（70%）				管理绩效（30%）	
		基本指标	权数	修正指标	权数	评议指标	权数
盈利能力状况	34	净资产收益率 总资产报酬率	20 14	营业净利率 利润现金保障倍数 成本费用利润率 资本收益率	10 9 8 7	发展战略管理 经营决策 发展创新 风险控制 基础管理 人力资源 行业影响 社会贡献	18 15 16 13 14 8 8 8
资产质量状况	22	总资产周转率 应收账款周转率	10 12	不良资产比率 流动资产周转率 总资产现金回收率	9 7 6		
债务风险状况	22	资产负债率 已获利息保障倍数	12 10	速动比率 现金流动负债比率 带息负债比率 或有负债比率	6 6 5 5		
经营增长状况	22	营业增长率 资本保值增值率	12 10	营业利润增长率 总资产增长率 技术投入比率	10 7 5		

四、企业综合绩效评价标准

企业综合绩效评价标准分为财务绩效定量评价标准和管理绩效定性评价标准。

（一）财务绩效定量评价标准

财务绩效定量评价标准包括国内行业标准和国际行业标准。财务绩效定量评价标准的行业分类，按照国家统一颁布的国民经济行业分类标准结合企业实际情况进行划分。按照不同行业、不同规模及指标类别划分的财务绩效定量评价标准及标准系数如表 7-5 所示。

表 7-5　财务绩效定量评价标准及标准系数

评价标准	A	B	C	D	E
评价档次	优秀	良好	平均	较低	较差
标准系数	1	0.8	0.6	0.4	0.2

（二）管理绩效定性评价标准

管理绩效定性评价标准根据评价内容，结合企业经营管理的实际水平和出资人监管要求，由国资委统一制定和发布。管理绩效定性评价标准不进行行业划分，仅提供给评议专家参考。具体评价标准及标准系数与财务绩效定量评价标准及标准系数相同。

五、企业综合绩效评价计分

企业综合绩效评价计分方法采取功效系数法和综合分析判断法，其中功效系数法用于财务绩效定量评价指标的计分，综合分析判断法用于管理绩效定性评价指标的计分。功效系数法又叫功效函数法，它是根据多目标规划原理，对每一项评价指标确定一个满意值和不允许值，以满意值为上限，以不允许值为下限，计算各指标实现满意值的程度，并以此确定各指标的分数，再经过加权平均进行综合，从而评价被研究对象的综合状况。

（一）财务绩效定量评价计分

1. 基本指标计分

财务绩效定量评价基本指标计分是按照功效系数法计分原理，将评价指标实际值对照行业评价标准值，按照规定的计分公式计算各项基本指标得分。

计算公式为：

$$单项基本指标得分 = 本档基础分 + 调整分$$

$$本档基础分 = 指标权数 \times 本档标准系数$$

$$调整分 = 功效系数 \times （上档基础分 - 本档基础分）$$

$$功效系数 = \frac{实际值 - 本档标准值}{上档标准值 - 本档标准值}$$

$$上档基础分 = 指标权数 \times 上档标准系数$$

$$基本指标总得分 = \sum 单项基本指标得分$$

本档标准值是指上下两档标准值居于较低等级一档。

【例 7-3】假设前述甲公司是一家大型普通机械制造企业，2××9 年净资产收益率为 6.15%，如大型普通机械制造企业的净资产收益率的标准值为：优秀 16.5%；良好 13.2%；平均值 9.9%；较低值 6.6%；较差值 3.3%。

$$本档基础分 = 25 \times 0.2 = 5（分）$$

$$上档基础分 = 25 \times 0.4 = 10（分）$$

$$功效系数 = \frac{6.15\% - 3.3\%}{6.6\% - 3.3\%} = \frac{2.85\%}{3.3\%} = 0.86$$

$$调整分 = 0.86 \times (10 - 5) = 4.3（分）$$

$$净资产收益率指标得分 = 5 + 4.3 = 9.3（分）$$

2. 修正指标计分

财务绩效定量评价修正指标的计分是在基本指标计分结果的基础上，运用功效系数法原理，分别计算盈利能力、资产质量、债务风险和经营增长四个部分的综合修正系数，再据此计算出修正后的分数。

计算公式为：

$$某部分基本指标分析系数 = \frac{该部分基本指标得分}{该部分权数}$$

$$某指标单项修正系数 = 1.0 + (本档标准系数 + 功效系数 \times 0.2 - 该部分基本指标分析系数)$$

单项修正系数控制修正幅度为 0.7~1.3。

$$某指标加权修正系数 = \frac{修正指标权数}{该部分权数} \times 该指标单项修正系数$$

$$某部分综合修正系数 = \sum 该部分各修正指标加权修正系数$$

$$各部分修正后得分 = 各部分基本指标分数 \times 该部分综合修正系数$$

$$修正后总得分 = \sum 各部分修正后得分$$

【例7-4】假设前述甲公司是一家大型普通机械制造企业，2××9年营业净利率为11.35%，如营业净利率的标准值为：优秀30%；良好25%；平均值18%；较低值11%；较差值4%。若该公司盈利能力状况的基本指标得分为16分。

据甲公司盈利能力状况的基本指标得分为16分可得：

$$该部分基本指标分析系数 = \frac{16}{34} = 0.47$$

$$功效系数 = \frac{11.35\% - 11\%}{18\% - 11\%} = 0.05$$

$$该指标单项修正系数 = 1.0 + (0.4 + 0.05 \times 0.2 - 0.47) = 1.03$$

$$该指标加权修正系数 = \frac{10}{34} \times 1.03 = 0.3$$

（二）管理绩效定性评价计分

管理绩效定性评价指标的计分一般通过专家评议打分形式完成，聘请的专家应不少于7名；评议专家应当在充分了解企业管理绩效状况的基础上，对照评价参考标准，采取综合分析判断法，对企业管理绩效指标做出分析评议，评判各项指标所处的水平档次，并直接给出评价分数。

计分公式为：

$$管理绩效定性评价指标分数 = \sum 单项指标分数$$

$$单项指标分数 = \frac{\sum 每位专家给定的单项指标分数}{专家人数}$$

（三）综合绩效评价计分

在得出财务绩效定量评价分数和管理绩效定性评价分数后，应当按照规定的权重，耦合形成综合绩效评价分数。

计算公式为：

企业综合绩效评价分数 = 财务绩效定量评价分数 × 70% + 管理绩效定性评价分数 × 30%

六、企业综合绩效评价结果

企业综合绩效评价结果是指根据企业综合绩效评价分数及分析得出的评价结论。评价结果用五等十级制表示，具体分级标准如表 7-6 所示。

表 7-6 企业综合绩效评级表

等级	级别	分数
优（A）	A++	95~100
	A+	90~94
	A	85~89
良（B）	B+	80~84
	B	75~79
	B-	70~74
中（C）	C	60~69
	C-	50~59
低（D）	D	40~49
差（E）	E	39 分以下

知识小结

　　财务综合分析是单项分析的深化，为全面地评价企业的财务状况和经营成果，必须将企业偿债能力、资产营运能力和获利能力等指标的分析纳入一个有机的分析系统中，对财务报表进行综合分析，以便信息使用者对企业进行全面了解和评价。本项目主要介绍了财务综合分析的各种方法，包括常用的沃尔分析法、杜邦分析法以及我国企业综合绩效评价指标体系。在具体应用这些综合分析方法时，应注意结合行业特点作出分析评价。

复习思考题

一、名词解释
1. 企业综合财务分析
2. 沃尔分析法
3. 杜邦分析法

二、简述题
1. 企业财务综合分析的意义是什么？
2. 简述沃尔分析法的步骤。
3. 沃尔分析法的局限性有哪些？如何进行改进？
4. 杜邦分析法的特点有哪些？
5. 杜邦分析法的基本内容及其相互关系如何？从杜邦分析体系中可以了解到哪些财务

信息？

6. 杜邦分析法的分析思路是怎样的？
7. 杜邦分析法的缺陷有哪些？
8. 企业综合绩效评价的内容和指标体系有哪些？
9. 企业综合绩效评价的标准和计分方法有哪些？简要说明如何应用。

习 题

一、判断题

1. 用传统的沃尔分析法进行财务分析时，财务比率提高一倍，评分增加50%；而财务比率缩小一半，其评分却减少100%。（   ）
2. 在其他条件不变的情况下，权益乘数越大，则财务杠杆系数越大。（   ）
3. 财务绩效定量评价基本指标计分是运用综合分析判断法原理，以企业评价指标实际值对照企业所处行业标准值，按照既定的计分模型进行定量测算。（   ）
4. 流动资产周转率属于财务绩效定量评价中评价企业资产质量的基本指标。（   ）
5. 杜邦分析法的最核心指标是净资产收益率。（   ）
6. 产权比率为 $\frac{3}{4}$，则权益乘数为 $\frac{4}{3}$。（   ）
7. 沃尔分析法和杜邦分析法都没考虑非财务指标。（   ）
8. 在总资产利润率不变的情况下，资产负债率越高，净资产收益率越低。（   ）

二、单项选择题

1. 权益净利率在杜邦分析法中是一个综合收入水平最强、最具有代表性的指标，通过系统的分析可知，提高权益净利率的途径不包括（   ）。
   A. 加强销售管理，提高营业净利率
   B. 加强资产管理，提高其利用率和周转率
   C. 加强负债管理，降低资产负债率
   D. 加强负债管理，提高产权比率
2. 在沃尔分析法中，不包括的指标是（   ）。
   A. 应收账款周转率   B. 存货周转率
   C. 流动比率   D. 净资产收益率
3. 产权比率与权益乘数的关系是（   ）。
   A. 产权比率×权益乘数=1   B. 产权比率+权益乘数=1
   C. 产权比率+1=权益乘数   D. 权益乘数= $\frac{1}{1-产权比率}$
4. 企业综合绩效评价是综合分析的一种方法，一般是站在（   ）主体的角度进行的。
   A. 企业所有者   B. 企业债权人
   C. 企业经营者   D. 政府
5. 下列指标中属于反映企业经营增长状况的指标是（   ）。
   A. 已获利息保障倍数   B. 技术投入比率
   C. 利润现金保障倍数   D. 资本收益率

6. 下列各项中，可能导致企业资产负债率变化的经济业务是（ ）。
A. 收回应收账款　　　　　　　　B. 用现金购买债券
C. 接受所有者投资转入的固定资产　　D. 以固定资产对外投资（按账面价值作价）

三、多项选择题

1. 下列分析方法中，属于财务综合分析方法的有（ ）。
A. 因素分析法　　　　　　　　　B. 沃尔分析法
C. 杜邦分析法　　　　　　　　　D. 雷达图分析法

2. 影响净资产收益率的因素有（ ）。
A. 营业净利率　　　　　　　　　B. 资产负债率
C. 流动负债与长期负债的比率　　D. 资产周转率

3. 原始意义上的沃尔分析法的缺陷有（ ）。
A. 选定的指标缺乏证明力
B. 不能确定总体指标的比重
C. 不能对企业的作用水平作出评价
D. 指标严重异常时，对总评分产生不合逻辑的重大影响

4. 下列各项中，可能直接影响企业净资产收益率指标的措施有（ ）。
A. 提高营业净利率　　　　　　　B. 提高资产负债率
C. 提高总资产周转率　　　　　　D. 提高流动比率

5. 财务绩效定量评价是指对企业一定期间（ ）几个方面进行的定量对比分析和评判。
A. 盈利能力　　B. 资产质量　　C. 债务风险　　D. 经营增长

四、计算分析题

某公司 2××9 年年末资产负债表如表 7-7 所示。

表 7-7　资产负债表

2××9 年 12 月 31 日　　　　　　　　　　　　　　　　　万元

资产	年末数	年初数	负债及所有者权益	年末数	年初数
货币资金	90	100	流动负债合计	300	450
应收账款净额	180	120	长期负债合计	400	250
存货	360	230	负债合计	700	700
流动资产合计	630	450	所有者权益合计	700	700
固定资产合计	770	950			
计	1 400	1 400	总计	1 400	1 400

该公司 2××8 年度营业净利率为 16%，总资产周转率为 0.5 次，权益乘数为 2.2，净资产收益率为 17.6%。2××9 年度营业收入为 840 万元，净利润总额为 117.6 万元。

要求：

（1）计算 2××9 年年末速动比率、资产负债率和权益乘数；

（2）计算 2××9 年总资产周转率、营业净利率和净资产收益率；

（3）利用连环替代法分析营业净利率、总资产周转率和权益乘数变动对净资产收益率的影响。

项目八

财务分析报告的撰写

■ **知识目标**

1. 了解企业财务分析报告的分类;
2. 理解企业财务分析报告的内容;
3. 掌握企业财务分析报告的撰写方法。

■ **能力目标**

1. 能独立地对企业财务进行综合分析并撰写财务分析报告;
2. 具备理解能力、沟通能力、表达能力和实际动手能力。

■ **素质目标**

1. 培养学生诚实守信的职业素质;
2. 培养学生团结协作的精神。

学习情景一 财务分析报告概述

财务分析报告是在财务分析的基础上，概括、提炼，作出说明性和结论性的书面资料。通过财务分析报告，可以把有关分析的情况、数字、原因等表述清楚，向上级主管部门、单位领导或企业内部有关部门汇报，以便积极采取措施，有效地运用人力、物力和财力，全面提高财务管理的水平，促进计划的顺利完成，同时也可为未来提供可靠的预测、决策数据。

一、财务分析报告的分类

按不同的标准，财务分析报告可分为以下几类：

（一）财务分析报告按其内容、范围不同，可分为综合分析报告、专题分析报告和简要分析报告

1. 综合分析报告

综合分析报告又称全面分析报告，是企业依据会计报表、财务分析表及经营活动和财务活动所提供的丰富、重要的信息及其内在联系，运用一定的科学分析方法，对企业的经营特征、利润实现及其分配情况，资金增减变动和周转利用情况，税金缴纳情况，存货、固定资产等主要财产物资的盘盈、盘亏、毁损等变动情况及对本期或下期财务状况将发生重大影响的事项作出客观、全面、系统的分析和评价，并进行必要的科学预测而形成的书面报告。它具有内容丰富、涉及面广，对财务报告使用者作出各项决策有深远影响的特点。它还具有以下两方面的作用：

（1）为企业的重大财务决策提供科学依据。由于综合分析报告几乎涵盖了对企业财务计划各项指标的对比分析和评价，能使企业经营活动的成果和财务状况一目了然，及时反映出存在的问题，这就给企业的经营管理者作出目前和未来的财务决策提供了科学依据。

> 【名言警句】
> 立信，乃会计之本。没有信用，也就没有会计。
>
> ——潘序伦

（2）全面、系统的综合分析报告，可以作为以后企业财务管理进行动态分析的重要历史参考资料。

综合分析报告主要用于半年度、年度进行财务分析时撰写。撰写时必须对分析的各项具体内容的轻重缓急作出合理安排，既要全面，又要抓住重点。

2. 专题分析报告

专题分析报告又称单项分析报告，是指针对某一时期企业经营管理中的某些关键问题、重大经济措施或薄弱环节等进行专门分析后形成的书面报告。它具有不受时间限制、一事一议、易被经营管理者接受、收效快的特点。因此，专题分析报告能总结经验，引起领导和业务部门重视所分析的问题，从而提高管理水平。

专题分析的内容很多，比如关于企业清理积压库存，处理逾期应收账款的经验，对资金、成本、费用、利润等方面的预测分析，处理母子公司各方面的关系等问题均可进行专题

分析，从而为各级领导作出决策提供现实的依据。

3. 简要分析报告

简要分析报告是对主要经济指标在一定时期内存在的问题或比较突出的问题，进行概要的分析而形成的书面报告。

简要分析报告具有简明扼要、切中要害的特点。通过分析，能反映和说明企业在分析期内业务经营的基本情况、企业累计完成各项经济指标的情况并预测今后的发展趋势。主要适用于定期分析，可按月、按季进行编制。

（二）财务分析报告按其分析的时间不同，可分为定期分析报告与不定期分析报告两种

1. 定期分析报告

定期分析报告一般是由上级主管部门或企业内部规定的每隔一段相等的时间应予编制和上报的财务分析报告。如每半年、年末编制的综合财务分析报告就属定期分析报告。

2. 不定期分析报告

不定期分析报告，是从企业财务管理和业务经营的实际需要出发，不做时间规定而编制的财务分析报告。比如上述专题分析报告即为不定期财务分析报告。

二、财务分析报告的主要内容

严格地讲，财务分析报告没有固定的格式和体裁，但要求能够反映要点、分析透彻、有实有据、观点鲜明、符合报送对象的要求。一般来说，财务分析报告均应包含以下几个方面的内容：提要段、说明段、分析段、评价段和建议段。但在实际编写分析报告时，要根据具体的目的和要求有所取舍，不一定要囊括这五部分内容。

财务分析报告的主要内容

（一）提要段

提要段即概括公司综合情况，让财务报告接受者对财务分析说明有一个总括的认识。如企业员工人数、构成和专业素质情况及人员变动情况；企业固定资产增减、计提折旧、净值情况；企业年度内各项流动资产、负债、所有者权益增减情况、增减原因、周转情况，尤其是年度内重要应收、应付的变动，及年底债权、债务情况；职工收入情况等。

（二）说明段

说明段是对公司运营及财务现状的介绍。该部分要求文字表述恰当、数据引用准确。对经济指标进行说明时可适当运用绝对数、比较数及复合指标数。特别要关注公司当前运作上的重心，对重要事项要单独反映。公司在不同阶段、不同月份的工作重点有所不同，所需要的财务分析重点也不同。如公司正进行新产品的投产、市场开发，则公司各阶层需要对新产品的成本、回款、利润数据进行分析的财务分析报告。年度内企业主营业务的范围及经营情况，如项目概况，取得的产值，发生的成本，税金，取得的利润等，要分项目逐一说明。另外还要说明企业全年管理费用、财务费用等期间费用的支出情况、企业营业外收支等综合情况。

（三）分析段

分析段是对公司的经营情况进行分析研究。在说明问题的同时还要分析问题，寻找问题的原因和症结，以达到解决问题的目的。财务分析一定要有理有据，要细化分解各项指标，因为有些报表的数据是比较含糊和笼统的，要善于运用表格、图示，突出表达分析的内容。分析问题一定要善于抓住当前要点，多反映公司经营焦点和易于忽视的问题。

（四）评价段

作出财务说明和分析后，对于经营情况、财务状况、盈利业绩，应该从财务角度给予公正、客观的评价和预测。财务评价不能运用似是而非、可进可退、左右摇摆等不负责任的语言，评价要从正面和负面两方面进行，评价既可以单独分段进行，也可以将评价内容穿插在说明部分和分析部分。

（五）建议段

建议段即财务人员在对经营运作、投资决策进行分析后形成的意见和看法，特别是对运作过程中存在的问题所提出的改进建议。值得注意的是，财务分析报告中提出的建议不能太抽象，而要具体化，最好有一套切实可行的方案。针对上述各项分析中存在的问题，综合考虑，站在财务角度，财务人员应该提出对企业切实可行的建议，比如制度建设方面、岗位设置方面、资金筹措渠道等。

> 【名言警句】
> 作出规划。今天所做的事情是为了我们有更好的明天。
> ——（美）伊顿公司

学习情景二　财务分析报告撰写

撰写财务分析报告，首先要明确报告的阅读对象、报告分析的范围。报告的阅读对象不同，其写作也应因人而异。比如，提供给财务人员的可以专业化一些，而提供给其他部门使用者，尤其是对本专业相当陌生的人员的报告，则要力求通俗一些；同时，企业外部信息使用者和为企业内部管理服务需要的财务分析各有其特点。再如，报告分析的范围若是某一部门或二级公司，分析的内容可以详细、具体一些；而分析的对象若是整个集团公司，则不能对所有问题面面俱到，集中性地抓住几个重点问题进行分析即可。

> 【名言警句】
> 好的作者从不拿自己的首稿交差。请他人高声朗读你的案例分析报告，你将发现应当修改的不妥之处。
> ——（美）劳伦斯·耀科

财务分析报告在表达方式上可采取多种形式，如可采用文字与图表相结合的方法，使其易懂、生动、形象；分析报告的行文要尽可能流畅、简明、精练，避免口语化、冗长化。

【例8—1】现以甲公司为例，撰写其简要财务分析报告。

本案例主要介绍为企业外部信息使用者提供的财务分析报告撰写方法。

为外部信息使用者分析评价企业财务状况、经营成果及存在的问题，判断其发展趋势的财务分析报告一般可遵循公司简介、综合分析、指标分析、提出问题或评价的基本框架和思路进行撰写。

甲股份有限公司2××9年度财务分析报告

一、公司简介

甲股份有限公司经中国人民银行××分行1989年批准募股,以定向募集资金1.5亿元方式设立股份有限公司。1993年,经××市股份制试点工作小组批准,由定向募集公司转为社会募集公司,并增发社会公众股5 000万股,于1993年11月在上交所上市交易。

本公司主要从事电器、电子产品、机械产品、通信设备及相关配件制造,家用电器及电子产品技术咨询服务,进出口业务(按外经贸部①核准范围经营),批发零售,国内商业(国家禁止商品除外)、矿泉水制造、饮食、旅游服务(限分支机构经营)。

二、主要经济指标完成情况

2××9年度甲公司营业收入为242 100万元,比上年增加20 427万元,增长率为9.21%;全年实现营业毛利额59 099万元,营业毛利率达24.41%,比上年提高5.68%;年度成本费用总额218 543万元,营业成本费用水平为90.27%,较上年下降3.13%。全年实现净利润27 478万元,比上年减少81 267万元;其中,营业利润比上年减少79 750万元;营业利润中投资收益为7 804万元,比上年减少88 709万元。全年基本每股收益0.122元/股。

三、主要财务指标分析

由于条件所限,未取得同类企业的可比性财务比率资料,仅将指标值与甲公司2××7年、2××8年两年历史数据进行对比分析。

(一)短期偿债能力分析(表8-1)

表8-1 短期偿债能力分析表

项目	2××7年	2××8年	2××9年
营运资本/万元	135 662	218 350	155 667
流动比率	25.48	12.29	9
速动比率	23.09	12.24	8.83
保守速动比率	22.2	12.16	8.77
现金比率	8.64	4.38	1.25

从相关指标中看出,公司营运资本三年中以2××8年最高,2××9年较上年减少但高于2××7年水平;流动比率、速动比率、保守速动比率、现金比率连续三年呈下降趋势,2××8年较2××7年流动比率下降13.19,下降幅度高达51.77%;以上各项比率指标下降的主要原因是公司流动资产减少且流动负债逐年有所增加所致,表明公司短期偿债能力持续下降;但仍处于较高水平。

总体来说,公司具有相当强的短期偿债能力。

---

① 国务院原组成部门,2003年3月后,不再保留对外贸易经济合作部,其职能已合并到中华人民共和国商务部。

(二)长期偿债能力分析(表8-2)

表8-2 长期偿债能力分析表

项目	2××7年	2××8年	2××9年
资产负债率/%	18.07	21.1	21.09
产权比率	22.05	26.74	26.73
权益乘数	1.22	1.27	1.27
长期资本负债率/%	17.28	18.31	18.29
利息保障倍数	-82.58	1 823.26	-15.38
非流动负债与营运资本比率/%	0.74	0.46	0.64

从相关指标中可以看出,公司近两年资产负债率、产权比率、权益乘数、长期资本负债率均较2××7年有所提高,但提高幅度不算大,2××8年、2××9年则基本保持稳定;公司利息保障倍数呈负数,表明利息支付有保障,可对其原因进一步分析;非流动负债与营运资本比率呈凹形趋势,但总体比率水平均偏低。这表明公司近两年长期偿债能力略有下降,但从指标本身来看,公司资产负债率处于较低水平,采用负债方式进行融资的空间较大。

总体来说,公司长期负债水平较低,具有较强的长期偿债能力。

(三)资产营运能力分析(表8-3)

表8-3 资产营运能力分析表

项目	2××7年	2××8年	2××9年
应收账款周转率	10	11	10.31
存货周转率	15.83	25.28	82.88
营业周期	58.73	46.97	39.26
流动资产周转率	1.089 4	1.170 1	1.172 9
固定资产周转率	7.09	9.43	11.31
营运资本周转率	1.23	1.25	1.29
总资产周转率	0.3	0.39	0.43

从以上指标来看,公司应收账款周转率三年间起伏不大,2××9年较2××8年略有上升;存货周转率三年来呈大幅上升趋势,特别是2××9年,比率增长幅度达227.85%,在营业收入基本稳定的情况下,应考虑公司是否因存货不足,营业周期指标持续下降,表明资产运用效率逐年提高;流动资产周转度、固定资产周转率、营运资本周转率、总资产周转率三年来呈上升趋势,表明公司资产运用效率逐年提高,但流动资产周转率相对偏低。

但从指标本身来看,存货周转率过高,而流动资产周转率远远低于固定资产周转率,考虑为何流动资产占用资金过高而存货储存却不足?根据财务数据表明,由于公司应收款项占用资金较多,影响其资产周转速度。

总体来说,公司资产营运能力在不断提升,整体周转质量较高。

（四）获利能力分析（表 8-4）

表 8-4 获利能力分析表

项目	2××7 年	2××8 年	2××9 年
营业毛利率/%	16.35	18.73	24.41
营业利润率/%	20.85	49.87	12.72
营业净利率/%	20.12	49.06	11.35
成本费用利润率/%	21.52	53.69	14.15
资产息税前利润率/%	6.38	19.33	5.79
资产净利率/%	6.11	18.9	4.85
长期资本报酬率/%	6.46	19.74	5.65
净资产报酬率/%	7.59	23.49	6.15
基本每股收益/元	0.158	0.481	0.122
市盈率/%	90.82	26.76	99.59

从相关指标中看出，公司除营业毛利率不断提高外，其余各指标三来年均为凸形趋势 2××8 年较上年大幅提高，2××9 年又较 2××8 年大幅下降；结合公司利润表，2××8 年经营状况特殊，有偶然性投资收益增加了营业利润。排除较为特殊的 2××8 年，2××9 年与 2××7 年相比较，除营业毛利率外的各项利润率均有所降低，表明公司获利能力下降；营业毛利率增长而净利率却下降，说明 2××9 年度公司成本费用可能偏高；结合利润表数据，2××9 年度销售费用、营业税金及附加、所得税费用增幅较大，由于各项税费非公司所能控制，应着重考虑销售费用的构成。

基本每股收益指标 2××9 年为三年来最低，此时对甲公司进行投资收益水平不高，但若进行短期投资，可进一步分析其利润分配政策。

总体来说，甲公司 2××9 年获利能力有所下降，但要注意到，这与近两年来全球金融危机可能有一定关系。

（五）现金偿债及获现能力分析（表 8-5）

表 8-5 现金流量分析表

项目	2××7 年	2××8 年	2××9 年
现金流动负债比/%	591.39	370.27	123.65
现金负债总额比/%	72.58	40.92	20.06
营业现金比率/%	46.77	20.78	9.91
每股营业现金净流量/元	0.367 3	0.203 7	0.106 1
总资产现金回收率/%	14.19	8	4.23
净利润现金保证比率/%	2.32	0.42	0.83

从相关指标中看出，甲公司三年间现金偿债比率、获现比率均呈大幅度下滑趋势。

其中，现金流动负债比和现金负债总额比的下降表明公司营业现金流入对债务清偿的保证有所下降,偿债能力在逐年减弱。2××7年因销售商品收到现金较多而净利润并未大幅较长而致使现金流动负债比反常地高达591.39%,表明公司当年现销比重较大且应收款项管理水平较高;2××9年比率最低,财务数据表明其主要原因是经营活动现金净流量大幅减少所致,2××9年营业收入增加而经营现金流量却减少,说明赊销比重较大。现金负债总额比每年均有较大幅度降低的原因是公司经营现金净流量在逐年减少,此现象值得关注。

尽管公司现金偿债比率下滑趋势严重,但就指标本身来看,负债的现金保证程度仍处于较高水平。

公司获现能力评价指标中,营业现金比率、每股营业现金净流量、总资产现金回收率逐年递减,表明获现能力严重下降;而净利润现金保证比率则呈凹型状态,据报表相关数据表明,2××8年因实现净利润较高而致当年比率最低,2××9年该比率上升则由于净利润减少而并非经营现金净流量增加。

总体来说,甲公司获现能力呈下降趋势,若持续下滑,势必影响其偿债能力与获利能力,当然,其获现能力的下降也可能是受全球性金融危机影响而并非公司经营出现问题所致。

四、综合评价

综合上述分析,甲公司营业收入在不断提高,表明公司的市场占有率及销售规模呈现扩大趋势;资产总额基本保持稳定,资本结构中股东权益比重较大而负债比重小,表明公司实行稳健型经营政策;相关财务数据中显示甲公司现阶段财务状况乐观,偿债能力强,资产营运效率较高。

但要注意到,2××7—2××9年三年来公司获利能力持续下降,获现能力也在大幅下跌,这表明公司成本费用水平上升,增加了现金流出量,引起获利能力与获现能力评价指标变动。对利润影响最主要的因素是投资收益项目,2××8年投资收益较上年增长220.71%,使得当年净利润达三年来最好水平;2××9年投资收益仅为上年的8.09%,致使获利指标猛降至三年来最低水平;应关注其投资策略是否存在失误,净利润中对投资收益的依赖较强,说明公司主营业务的经营管理水平及获利能力还有待提高。

除此以外,甲公司还存在其他一些问题:流动比率、速动比率高,流动资产占用过多,势必影响公司获利能力;应收款项占用额较大,影响资产营运能力及获现能力;2××8年、2××9年存货余额减少且存货周转率过高,要考察公司是否存在供应不足的现象;现金资产较多,虽对负债保证程度高,但却加大了机会成本,影响获利能力;公司资产负债率偏低,未能充分运用财务杠杆,影响了获利能力;公司营业收入增长率远低于销售费用增长率,应考虑其营销策略是否恰当。

甲公司若要改善其现有状况,可在扩大市场占有率的前提下,通过适当增加负债比例来优化资本结构;减少应收款项占用额,适当降低流动比率以增强获利能力;在经营管理中,应提高主营业务经营水平、降低各项成本费用、加速现金回流,以提高获利能力及获现能力。若对甲公司进行债权投资,由于公司财务状况良好,债权保证相当充分,基本上不会出现无力偿债的现象;若对其进行股权投资,现阶段公司盈利水平虽有下降,但仍有获利空间且其股利支付率较高,若能排除金融危机影响,应能取得收益。因其市盈率较高,股权投资尚存在一定风险。

知识小结

财务分析报告是在财务分析的基础上,概括、提炼,作出说明性和结论性的书面资料。财务分析报告按其内容、范围不同,可分为综合分析报告、专题分析报告和简要分析报告;按其分析的时间不同,可分为定期分析报告与不定期分析报告两种。

一般来说,财务分析报告应包含提要段、说明段、分析段、评价段和建议段,但在实际编写分析时,要根据具体的目的和要求有所取舍,不一定要囊括这五部分内容。

复习思考题

一、名词解释
1. 财务分析报告
2. 综合分析报告
3. 专题分析报告
4. 定期分析报告
5. 分析段

二、简述题
1. 财务分析报告有哪几种分类方法?
2. 财务分析报告的主要内容是什么?

习 题

南方公司系上市公司,2××9年主要财务报表如表8-6~表8-9所示,请根据下列有关资料进行财务指标分析,并撰写财务分析报告。(公司2××8年普通股加权平均股数为345 100 000股,2××9年普通股加权平均股数为400 100 000股)

表8-6 资产负债表

编制单位:南方公司   2××9年12月31日

会企01表
单位:元

资产	期末数	期初数	负债和所有者权益	期末数	期初数
流动资产:			流动负债:		
货币资金	780 549 872.10	299 149 062.84	短期借款	802 187 760.11	576 370 522.79
交易性金融资产			交易性金融负债		
应收票据	196 794 698.30	49 534 635.55	应付票据		73 000 000.00
应收账款	379 058 312.20	561 886 635.51	应付账款	725 904 234.63	1 056 137 976.98
预付款项	126 294 251.45	106 233 160.33	预收账项	131 484 804.47	42 588 684.34
应收利息			应付职工薪酬	14 698 043.74	23 082 289.65

续表

资产	期末数	期初数	负债和所有者权益	期末数	期初数
应收股利			应交税费	-12 292 934.20	-5 086 737.54
其他应收款	4 925 627.26	5 640 038.73	应付利息	2 004 135.15	2 969 589.21
存货	561 292 569.20	870 957 715.53	应付股利		
一年内到期的非流动资产			其他应付款	19 837 531.18	12 949 447.25
其他流动资产			一年内到期的非流动负债	108 201 520.00	130 000 000.00
流动资产合计	2 048 915 330.51	1 893 401 248.49	其他流动负债		100 000.00
非流动资产：			流动负债合计	1 792 025 095.08	1 912 111 772.68
可供出售金融资产	4 214 437.37	26 908 849.89	非流动负债：		
持有至到期投资			长期借款	24 604 560.00	130 000 000.00
长期应收款			应付债券		
长期股权投资	176 000 000.00		长期应付款		
投资性房地产			专项应付款		
固定资产	579 535 301.53	710 770 820.36	预计负债		
在建工程	414 355 529.05	110 665 295.59	递延所得税负债		1 082 405.25
工程物资	1 994 049.60	4 713 429.15	其他非流动负债		
固定资产清理			非流动负债合计	24 604 560.00	131 082 405.25
生产性生物资产			负债合计	1 816 629 655.08	2 043 194 177.93
油气资产			所有者权益（股东权益）：		
无形资产	81 555 034.04	58 291 503.38	实收资本（或股本）	400 100 000.00	345 100 000.00
开发支出			资本公积	647 023 840.95	110 003 100.14
商誉			减：库存股		
长期待摊费用	577 628.97		盈余公积	58 713 621.51	47 731 655.26
递延所得税资产	11 730 607.03	33 473 326.11	未分配利润	396 410 800.56	292 195 539.64
其他非流动资产			所有者权益合计	1 502 248 263.02	795 030 295.04
非流动资产合计	1 269 962 587.59	944 823 224.48			
资产总计	3 318 877 918.10	2 838 224 472.97	负债和所有者权益总计	3 318 877 918.10	2 838 224 472.97

表8-7 利润表

编制单位：南方公司　　　　　2××9年度　　　　　会企02表　单位：元

项目	本期金额	上期金额
一、营业收入	7 906 006 500.61	6 768 104 021.36
减：营业成本	7 480 716 072.02	6 394 116 271.68
税金及附加	10 268 820.64	10 716 814.21
销售费用	131 385 459.74	104 889 735.93
管理费用	102 285 265.47	82 407 666.20
财务费用	-2 025 781.49	14 784 681.23
资产减值损失	-8 879 682.99	-4 988 044.83
加：公允价值变动收益（损失以"-"号填列）		
投资收益		
其中：对联营企业和合营企业的投资收益		
二、营业利润（亏损以"-"号填列）	192 256 347.22	166 176 896.94
加：营业外收入	13 743 556.48	11 963 701.82
减：营业外支出	3 931 426.66	407 344.92
其中：非流动资产处置损失		
三、利润总额（亏损总额以"-"号填列）	202 068 477.04	177 733 253.84
减：所得税费用	24 207 986.83	367 189.32
四、净利润（净亏损以"-"号填列）	177 860 490.21	177 366 064.52
五、每股收益：		
（一）基本每股收益	0.4445	0.5140
（二）稀释每股收益		

表8-8 财务费用明细表

费用种类	2××9年度	2××8年度
利息支出	67 901 891.79	46 063 650.34
减：利息收入	20 548 978.95	2 083 439.27
汇兑损益	-65 494 287.98	-41 924 024.70
手续费支出	15 158 201.48	10 227 101.53
其他支出	957 392.17	2 501 393.33
合计	-2 025 781.49	14 784 681.23

表 8-9 现金流量表

编制单位：南方公司　　　　　　　　2××9 年度　　　　　　　　会企 03 表　单位：元

项目	本期金额	上期金额
一、经营活动产生的现金流量：		
销售商品、提供劳务收到的现金	9 159 736 064.57	7 344 682 398.45
收到的税费返还	61 264 194.89	49 157 685.34
收到的其他与经营活动有关的现金	36 670 544.94	14 492 227.87
经营活动现金流入小计	9 257 670 804.40	7 408 332 311.66
购买商品、接受劳务支付的现金	8 480 916 318.33	7 026 858 235.19
支付给职工以及为职工支付的现金	171 250 643.88	117 682 218.76
支付的各项税费	93 010 367.78	87 529 937.92
支付的其他与经营活动有关的现金	72 586 850.56	153 139 831.43
经营活动现金流出小计	8 817 764 180.55	7 385 210 223.30
经营活动产生的现金流量净额	439 906 623.85	23 122 088.36
二、投资活动产生的现金流量：		
收回投资所收到的现金		
取得投资收益收到的现金		
处置固定资产、无形资产和其他长期资产收回的现金净额	2 893.00	810 000.00
处置子公司及其他营业单位收到的现金净额		
收到其他与投资活动有关的现金		
投资活动现金流入小计	2 893.00	810 000.00
购建固定资产、无形资产和其他长期资产支付的现金	220 529 303.62	291 592 926.23
投资支付的现金	176 000 000.00	
取得子公司及其他营业单位支付的现金净额		
支付其他与投资活动有关的现金	127 844 476.27	
投资活动现金流出小计	524 373 779.89	291 592 926.23
投资活动产生的现金流量净额	-524 370 886.89	-290 782 926.23
三、筹资活动产生的现金流量：		
吸收投资收到的现金	605 911 013.11	46 006 277.30
其中：子公司吸收少数股东投资收到的现金		
取得借款收到的现金	2 962 988 504.88	1 237 359 045.89
收到其他与筹资活动有关的现金		
筹资活动现金流入小计	3 568 899 517.99	1 283 365 323.19

续表

项目	本期金额	上期金额
偿还债务支付的现金	2 864 365 187.56	800 007 703.10
分配股利、利润或偿付利息支付的现金	127 892 084.02	69 484 061.13
其中：子公司支付给少数股东的股利、利润		
支付其他与筹资活动有关的现金		
筹资活动现金流出小计	2 992 257 271.58	869 491 764.23
筹资活动产生的现金流量净额	576 642 246.41	413 873 558.96
四、汇率变动对现金及现金等价物的影响	-10 777 174.11	-2 181 000.05
五、现金及现金等价物净增加额	481 400 809.26	144 031 721.04
加：期初现金及现金等价物余额	299 149 062.84	55 117 341.80
六、期末现金及现金等价物余额	780 549 872.10	299 149 062.84

项目九

财务综合案例分析

■ **知识目标**

1. 系统掌握企业主要财务报表的分析程序和分析方法；
2. 熟悉各类财务指标的计算与评价方法；
3. 掌握财务分析综合评价方法。

■ **能力目标**

1. 能正确阅读企业财务信息；
2. 能运用多种分析方法对企业主要财务数据作出判断和评价；
3. 独立撰写财务分析报告。

■ **素质目标**

1. 在学习企业财务分析理论的基础上，培养独立分析的能力；
2. 工作中严守职业道德底线，为社会主义经济建设无私奉献。

一、宏远公司经营情况简介

宏远公司（以下简称公司）贯彻在巩固中求发展，在创新中求突破，重点实施"五个创新"，即思维创新、产业创新、技术创新、管理创新和机制创新的总体工作方针，进一步巩固生物医药、商务网络和传统制造业三大产业板块的经营基础，使公司的产业经营能力得到显著增强，同时继续保持盈利能力稳健增长的良好势头。

该公司2××8年年末发行在外的普通股股数为154 356 436.58股，2××9年年末发行在外的普通股股数为154 261 365.23股；2××8年每股股价17.81元，2××9年每股股价18.34元；2××8年股利总额1 543 564.37元，2××9年股利总额135 750 001.41元。

二、宏远公司主要财务报表

宏远公司主要财务报表如表9-1～表9-3所示。

表9-1 资产负债表

编制单位：宏远公司　　　　2××9年12月31日　　　　会企01表　单位：元

资产	期末余额	期初余额	负债和股东权益	期末余额	期初余额
流动资产：			流动负债：		
货币资金	167 143 971.69	158 265 424.73	短期借款	372 653 310.00	306 964 430.00
交易性金融资产	18 984 800.00	19 200 000.00	交易性金融负债		
应收票据	494 386.32	648 047.20	应付票据	1 968 163.13	212 385.42
应收账款	113 252 016.61	93 403 494.87	应付账款	72 585 410.17	43 830 731.22
预付款项	15 440 988.71	11 892 622.40	预收款项	26 616 820.54	3 955 487.80
应收利息			应付职工薪酬	14 005 449.77	21 035 307.05
应收股利	9 614 767.41	6 713 160.69	应交税费	-946 689.07	2 532 319.44
其他应收款	126 745 460.45	81 470 369.93	应付利息	3 239 028.01	316 188.72
存货	132 429 178.63	124 236 195.59	应付股利	17 626 566.48	20 766 202.06
一年内到期的非流动资产			其他应付款	38 635 917.52	15 589 331.16
其他流动资产	9 379 571.69	12 357 579.08	一年内到期的非流动负债	540 051.61	374 115.80
流动资产合计	593 485 141.51	508 186 894.49	其他流动负债	2 301 163.26	964 832.30
非流动资产：			流动负债合计	549 225 191.42	416 541 330.97
可供出售金融资产			非流动负债：		
持有至到期投资	33 530.75	33 530.75	长期借款	2 938 981.04	4 780 663.04
长期应收款			应付债券		

续表

资产	期末余额	期初余额	负债和股东权益	期末余额	期初余额
长期股权投资	306 677 128.05	282 202 497.15	长期应付款	1 049 495.13	1 384 256.56
投资性房地产			专项应付款		
固定资产	154 186 711.21	75 685 781.97	预计负债		
在建工程	1 125 263.08	33 990 210.19	递延所得税负债		
工程物资			其他非流动负债	436 787.99	459 663.19
固定资产清理	3 715.16		非流动负债合计	4 425 264.16	6 624 582.79
生产性生物资产			负债合计	553 650 455.58	423 165 913.76
油气资产			股东权益:		
无形资产			实收资本（或股本）	154 341 567.00	154 341 567.00
开发支出			资本公积	144 823 916.31	144 652 716.31
商誉			减：库存股		
长期待摊费用	502 770.04	2 276 924.88	盈余公积	138 425 739.82	129 953 949.46
递延所得税资产			未分配利润	64 845 047.88	50 356 672.58
其他非流动资产	72 466.79	94 979.68	股东权益合计	502 436 271.01	479 304 905.35
非流动资产合计	462 601 585.08	394 283 924.62			
资产总计	1 056 086 726.59	902 470 819.11	负债和股东权益总计	1 056 086 726.59	902 470 819.11

表9-2 利润表

编制单位：宏远公司　　　　2××9年度　　　　会企02表　　单位：元

项目	本年度实际数	上年度实际数
一、营业收入	589 873 854.45	290 884 492.38
其中：主营业务收入	543 409 409.48	274 506 415.13
其他业务收入	46 464 444.97	16 378 077.25
减：营业成本	459 908 579.12	216 051 041.69
其中：主营业务成本	447 897 722.07	212 988 696.76
其他业务成本	12 010 857.05	3 062 344.93
税金及附加	2 455 496.97	875 693.44

续表

项目	本年度实际数	上年度实际数
销售费用	18 385 198.13	6 138 423.13
管理费用	57 242 553.37	22 173 416.36
财务费用	18 025 945.87	19 908 784.56
资产减值损失	-4 472 761.07	-1 574 340.23
加：公允价值变动收益（损失以"-"号填列）	128 440.00	39 329.28
投资收益	35 159 165.70	39 456 209.38
其中：对联营企业和合营企业的投资收益		
二、营业利润（亏损以"-"号填列）	73 616 447.76	66 807 012.09
加：营业外收入	2 684 783.01	2 977 593.27
减：营业外支出	571 017.40	335 564.98
其中：非流动资产处置损失		
三、利润总额（亏损总额以"-"号填列）	75 730 213.37	69 449 040.38
减：所得税费用	10 014 871.78	7 089 040.00
四、净利润（净亏损以"-"号填列）	65 715 341.59	62 360 000.38
五、每股收益：		
（一）基本每股收益	0.4260	0.4040
（二）稀释每股收益		

表9-3 现金流量表

编制单位：宏远公司　　　　　　2××9年度　　　　　　会企03表
　　　　　　　　　　　　　　　　　　　　　　　　　单位：元

项目	本年度实际数	上年度实际数
一、经营活动产生的现金流量：		
销售商品、提供劳务收到的现金	618 792 377.40	273 963 130.38
收到的税费返还	5 732 265.10	499 773.66
收到的其他与经营活动有关的现金	94 351 550.95	148 564 747.65
经营活动现金流入小计	718 876 193.45	423 027 651.69
购买商品、接受劳务支付的现金	450 001 475.78	218 936 145.41
支付给职工以及为职工支付的现金	44 635 110.86	26 784 249.44
支付的各项税费	28 037 296.83	15 248 983.56
支付的其他与经营活动有关的现金	80 279 496.21	126 620 053.00
经营活动现金流出小计	602 953 379.68	387 589 431.41
经营活动产生的现金流量净额	115 922 813.77	35 438 220.28

续表

项目	本年度实际数	上年度实际数
二、投资活动产生的现金流量：		
收回投资所收到的现金	391 496 525.76	399 170 189.33
取得投资收益收到的现金	42 549 453.80	32 471 756.68
处置固定资产、无形资产和其他长期资产收回的现金净额	121 460.17	10 201 673.34
处置子公司及其他营业单位收到的现金净额		
收到其他与投资活动有关的现金	1 200 000.00	27 720.94
投资活动现金流入小计	435 367 439.73	441 871 340.29
购建固定资产、无形资产和其他长期资产支付的现金	46 068 692.04	32 718 615.16
投资支付的现金	486 886 562.74	408 527 700.00
取得子公司及其他营业单位支付的现金净额		
支付其他与投资活动有关的现金	801 000.00	206 425.68
投资活动现金流出小计	533 756 254.78	441 452 740.84
投资活动产生的现金流量净额	-98 388 815.05	418 599.45
三、筹资活动产生的现金流量：		
吸收投资收到的现金		141 063 878.48
其中：子公司吸收少数股东投资收到的现金		
取得借款收到的现金	448 943 560.00	557 675 280.00
收到其他与筹资活动有关的现金	171 200.00	14 869.65
筹资活动现金流入小计	449 114 760.00	698 754 028.13
偿还债务支付的现金	407 885 636.01	612 782 795.10
分配股利、利润或偿付利息支付的现金	44 278 684.95	27 777 681.54
其中：子公司支付给少数股东的股利、利润		
支付其他与筹资活动有关的现金	5 216 406.88	857 200.00
筹资活动现金流出小计	457 380 727.84	641 417 676.64
筹资活动产生的现金流量净额	-8 265 967.84	57 336 351.49
四、汇率变动对现金及现金等价物的影响	10 516.08	-95 806.65
五、现金及现金等价物净增加额	9 278 546.96	93 097 364.57

（会计报表附注内容略）

三、案例分析

（一）主要财务指标分析

1. 短期偿债能力分析（表 9-4）

表 9-4　短期偿债能力评价指标

指标	2××9 年度	2××8 年度
流动比率	1.080 6	1.220 0
速动比率	0.839 5	0.921 8
现金流动负债比率	0.211 1	0.085 1

由以上短期偿债能力评价指标结合报表数据，公司流动负债合计金额由 2××8 年的 416 541 330.97 元增长为 2××9 年的 549 225 191.42 元，但流动比率、速动比率有微弱减少的趋势，可以知道，公司的流动负债金额变化幅度相对于流动资产来说不是特别大；速动比率虽然由 2××8 年的 0.921 8 下降为 2××9 年的 0.839 5，小于 1，但接近于 1，短期偿债能力并非处于较弱水平；现金流动负债比率则由 2××8 年的 0.085 1 上升为 2××9 年的 0.211 1，表明经营活动产生的现金对流动负债的保障程度在提高。由此可见，该公司的短期偿债能力较强。

2. 长期偿债能力分析（表 9-5）

表 9-5　长期偿债能力评价指标

指标	2××9 年度	2××8 年度
资产负债率/%	52.42	46.89
产权比率	1.101 9	0.882 9
权益乘数	2.101 9	1.882 9
已获利息保障倍数	5.201 2	4.488 4
长期负债与营运资本比率/%	10	7.23
长期负债比率/%	0.42	0.73

$$长期负债比率 = 长期负债 \div 资产总额$$

由上述长期负债比率可知，公司的长期负债金额相对于资产总额及营运资本金额来说比例很小；2××9 年资产负债率与产权比率比起 2××8 年变化不大，表明公司资本结构较稳定；长期负债与营运资本比率较低，表明该公司的短期偿债能力及未来偿还长期债务的保障程度较强；已获利息保障倍数逐年增加并处于一个较高的水平，表明获利能力对长期债务偿付的保证程度较强并逐年提高，可见该公司的长期偿债能力较强。

3. 资产营运能力分析（表9–6）

表9–6 资产营运能力评价指标

指标	2××9年度	2××8年度
应收账款周转率	4.798 2	2.938 9
存货周转率	3.382 2	1.714 4
营业周期/天	181.468 2	332.481 3
流动资产周转率	0.915 6	0.540 2
固定资产周转率	3.524 4	3.626 9
营运资本周转率	12.277 7	2.995 3
总资产周转率	0.514 6	0.304 2

通过表9–6中的指标可以看出，宏远公司除固定资产周转率略降点外，其他的指标相比2××8年都有较大幅度的上升。存货周转率的上升表明该公司在大幅度增加销售的同时，也加强了存货管理，库存每年均维持在同一水平上；由应收账款周转率上升可以看出，公司应收账款管理水平有所提高；存货和应收账款管理加强，使得营业周期大幅度缩短，由2××8年的332.481 3天缩短为2××9年的181.468 2天，说明公司的资金周转速度加快，变现能力有了提高；总资产周转率的上升，表明公司全部资产的管理质量和利用效率有所提高，流转速度加快。

4. 获利能力分析（表9–7）

表9–7 获利能力评价指标

指标	2××9年度	2××8年度
销售净利率/%	12.093 2	22.717 1
销售毛利率/%	17.576 4	22.410 3
资产净利率/%	6.222 5	6.909 9
净资产报酬率/%	13.079 3	13.010 5
每股收益/元	0.426	0.404
市盈率	43.051 5	44.084 2
每股股利/元	0.88	0.01

首先，从表9–7中的指标及报表数据可以看出，虽然该公司的主营业务收入由2××8年的274 506 415.13元上升为2××9年的543 409 409.48元，但2××9年的销售净利率、销售毛利率相对于2××8年来说均有下降，可见该公司在大规模扩大销售的同时，主营业务成本却大幅度提高。究其原因，一方面，可能是行业竞争加剧所引起；另一方面，也可能会是纺织原料大幅涨价造成的；该公司的资产净利率及净资产报酬率均维持在一个较合理而

稳定的水平。综合这两个比率的变动情况，其下跌的影响因素极可能是纺织原料价格上涨。

其次看其每股收益。每股股利稳中有升，股东权益比率基本保持稳定不变；但每股股利变化较大，2××9年每股分红竟高达0.88元，可知公司在权衡当时的市场情况下，并未急于扩张；公司的市盈率较高，表明对该公司进行投资有一定风险，但风险不算大。

5. 现金流量分析（表9-8）

表9-8 现金流量评价指标

指标	2××9年度	2××8年度
现金流动负债比率	0.211 1	0.085 1
现金债务总额比率	0.209 4	0.083 7
现金偿付比率	26.195 7	5.349 5
总资产现金回收率	0.109 8	0.039 3
主营业务收入现金比率	0.213 3	0.129 1
经营现金流量净利润比	1.764 0	0.568 3
每股经营现金净流量	0.751 5	0.229 6
经营活动流入流出比	1.192 3	1.091 4
投资活动流入流出比	0.815 7	1.000 9
筹资活动流入流出比	0.981 9	1.089 4

2××9年的现金净流量较2××8年有大幅的上升。就主营业务收入现金比率来说，它表示每一元的销售收入所能带来的现金净流量。可以发现，2××9年的该指标较2××8年年有很大的上升。原因在于该公司遵照2××9年年初确定的"全力开展3+1工程"，进一步巩固了生物医药、商务网络和传统制造业三大产业板块的经营基础，全年实现主营业务收入543 409 409.48元，比2××8年增长97%；实现每股经营活动产生的现金流量净额0.751 5元，比2××8年增长226%，使该公司保持盈利能力稳健增长的良好势头。

该公司的经营现金流量净利润比2××9年有一个大幅度的上升，其原因是公司在2××9年净利润增长不大的同时，其年末经营活动现金流量增加较多。

2××9年的总资产现金回收率和2××8年相比有所上升，总资产利用的效率和效果比往年要好。虽然公司在扩大规模，其资产总额有所上升，然而，资产的运作还是相当有效率的。联系其各项周转率的上升，可以相信，这里并无多大问题。

2××9年的经营活动流入流出比为1.192 3，表明企业每一元的流出可换回1.192 3元的流入。比值比2××8年有所增长，这是非常好的倾向；2××9年的投资活动流入流出比为0.815 7，比2××8年有所下降，表明公司正大胆地对外扩大投资，加快发展速度；2××9年筹资活动流入流出比为0.981 9，较2××8年1.089 4有所下降，可以看到，2××9年的该比率已接近于1。

（二）杜邦财务分析

杜邦财务分析如图9-1所示。

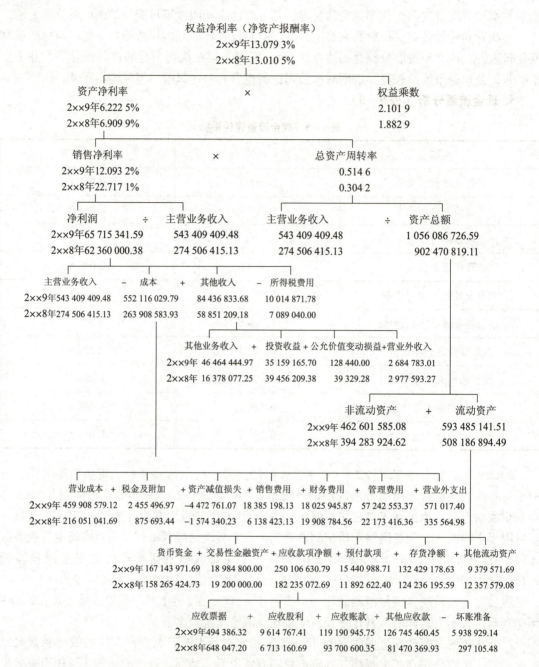

图 9-1 宏远公司 2××8 年、2××9 年年报的杜邦财务分析

从图 9-1 的分析，结合资产负债表、利润表和前述各指标表中各项数据的变化，可以清晰看到前面指标分析的结论。

宏远公司 2××8 年、2××9 年两年权益净利率水平基本相似，分别为 13.010 5%、13.079 3%，处于较高水平，且稍有增长。虽然公司两年权益净利率水平相近，但进一步分析可以发现，维持这一水平的因素则有较大区别：

（1）从权益乘数看，2××9 年较 2××8 年有明显上升，从 1.882 9 上升到 2.101 9，显示公司在 2××9 年开始在较高水平上利用财务杠杆，负债水平从 2××8 年低于股东权益到

2××9年转为稍高于股东权益,因此公司需要注意较高的财务杠杆可能带来较大的财务风险。

(2) 从资产净利率水平看,2××9年为6.222 5%,比2××8年的6.909 9%有所下降,显示公司资产获利能力有所下降。进一步分解财务指标后可以发现,造成这一因素的主要原因是2××9年销售净利率与2××8年相比出现大幅度下降,从22.717 1%下降至12.093 2%,但好在总资产周转率有一定程度的改善,从0.304 2上升到0.514 6。两相综合后,才缓和了公司资产净利率下降的速度。

(3) 公司资产周转速度加快可能是两方面的原因引起的:一是主营业务收入上升,二是资产流动性上升。而从流动资产与非流动资产的比例看,2××9年为1.282 9倍,比2××8年的1.288 9倍反而略微下降,说明资产流动性反而下降。从图9-1还可以看出,其流动资产的增加主要是应收款项净额增加较快,而其中其他应收款上升幅度最大,应收账款等项目也有一定增加。可见,资产周转效率的改善主要是由主营业务收入较资产增长速度更大幅度的上升带来的。

因此宏远公司需要认真深入分析销售获利能力下降的真正原因。

(4) 一般来说,销售净利率下降的主要原因要么是销售水平下降,要么是销售成本上升。从宏远公司的情况看,2××9年主营业务收入543 409 409.48元,比2××8年274 506 415.13元上升了近一倍,其他业务收入也上升近1.84倍,另外公允价值变动损益明显上升,增加2倍多。而公司利润上升的幅度则很少,问题主要出在成本明显上升,而图9-1也恰好印证了这一点,总成本2××9年高达552 116 029.79元,比2××8年263 908 583.93元高一倍。而从成本构成来看,营业成本增长了一倍,税金及附加更大幅增加27倍,销售费用增加2倍,管理费用增加近1.6倍,营业外支出增加不多,财务费用反而有所下降。

(三) 评价与建议

(1) 公司自2××9年退出城市基础设施建设,通过资产置换进入商务网络产业,这为公司利润总额贡献26%,并进一步增强公司的市场运作能力,是成功的转型。

(2) 生物医药产业发展呈良好势头,2××8—2××9年,该产业主营业务收入上升了9.3%(40.97%至50%),并可继续加强此块运营力度。

(3) 随着国际化进程加速,公司巧妙地避开了国际竞争的主战场,研发中医药产品,做到"人无我有,人有我特"。

(4) 公司虽然有能力控制存货的增长,但缺少降低存货的能力,需加以关注。

(5) 公司的获利能力下降,主要原因在于销售成本的上升,应严格控制成本费用的发生。

(6) 2××9年公司在较好的营运状态下,并未急于扩张股本(每股分红达0.88元),说明公司运作相对比较保守、稳健。建议在较高的资产收益情况下,适度采取一些进攻型经营策略,在风险投资、创业市场上有所作为。

参考文献

[1] 袁淳. 财务报表分析[M]. 沈阳：东北财经大学出版社，2010.
[2] 张先治. 财务分析[M]. 北京：中国财政经济出版社，2014.
[3] 樊行健. 财务报表分析[M]. 北京：中国财政经济出版社，2008.
[4] 李桂荣. 财务报告分析[M]. 北京：清华大学出版社，2010.
[5] 袁天荣. 企业财务分析[M]. 北京：机械工业出版社，2018.
[6] 中华人民共和国财政部. 企业会计准则[M]. 北京：立信会计出版社，2021.
[7] 中华人民共和国财政部. 企业会计准则案例讲解[M]. 北京：立信会计出版社，2019.